세계교육론 총서 제7권

교육의
위대한 말씀
후편 1
세계교육론 결론

세계교육론 총서 제7권

교육의 위대한 말씀

후편 1

세계교육론 결론

염기식 지음

한국학술정보

하나님이 천지 만물을 창조하고 쉼 없이 인류 역사를 주재한 데는 그만한 이유가 있다. 세상과 인류를 지극하게 사랑한 것인데, 그 세상과 인류가 그만 종말이란 총체적 위기를 맞이했다. 그렇다면 정말 이런 상황을 어떻게 해야 하는가? 전통적인 종교들이 문제를 해결하고자 하였지만, 그렇게 한 결과로써 인류 영혼은 절반도 구원되지 못했다. 그들이 노력한 결과는 결국 선천 종교로서 도달한 세계관의 한계성일 뿐이다.

그래서 하나님이 인생 삶의 근본부터 전 역사를 관장해 더욱더 구체적이고 폭넓게 인류를 구원하고자 계획을 천명한 것이 곧 **"교육의 위대한 말씀"**이다. 이미 세계적으로 보편화된 교육이란 제도를 통해 죽음 이후의 영혼 세계는 물론이고, 산 자들의 인생 삶과, 그들이 추진해야 할 미래 역사를 말씀의 가르침으로 선도하는 것이 현실적인 구원 역할이다.

교육이 추구해서 달성해야 할 사명 목적을 새롭게 설정해서, 하나님이 교육을 통해 이루고자 하는 보편적인 인류 구원 역사의 장대한 뜻을 아로새기리라.

인류 구원에 공헌할 교육의 보편적 목적

교육은 하늘의 준엄한 명령이다. 왜 명령인지 이유를 알아야 우리는 교육을 통해 인류를 구원할 위대한 사명을 일깨울 수 있다. 『중용』에서 말하길, "교육의 첫걸음은 天命, 즉 하늘의 명령이다(天命之謂性)"[1]라고 하였다. 우리는 어떤 교육에 관한 논의와 실천을 하기 이전에 하늘로부터 뜻을 구하고, 부여된 命을 알고, 받드는 것이 중요하다. 그렇지 못하면 인간을 가르치고자 한 모든 교육 행위가 天命과 어긋나 인류의 영혼을 선도할 수 없다.[2]

본 교육론, 아니 현대 교육론은 지금까지 교육이 지닌 문제점으로부터 출발해야 하는 만큼, 그 요지는 과연 무엇인가? 오늘날 교육이 인간 죄악과 인간성의 황폐화를 저지하지 못하고, 세계의 심판과 종말을 촉발한 것은 하늘의 뜻을 알지 못해서이다. 하나님이 인간을 어떻게 창조하고, 命한 것인지를 알아야 했다. 교육과 天命은 밀접하게 연관되어 있고, 주체는 天

---

1) 『실패한 교육과 거짓말』, 놈 촘스키 저, 강주헌 역, 아침이슬, 2001, p.5.

2) 『중용』은 그러나 선천의 교육관인 만큼, 왜 교육이 하늘의 명령인지에 대해서는 밝히지 못했다. 명령의 주체와 목적을 알아야 함에, 절대적 이유는 오직 한 가지, 하나님이 천지를 창조해서이며, 그래서 교육의 궁극적 목적은 창조 목적(뜻=命)을 밝히고, 구현하는 데 초점을 두어야 한다. 그리해야 인간이 본연의 길을 갈 수 있고, 이루게 됨.

命에 있어, 天命을 받드는 데 **"교육의 위대한 말씀"**이 있다. 교육은 하나님의 대명령이나니, 고래로부터 교육에는 준엄한 天命이 숨어 있다. 이것을 동서양의 지성들이 줄기차게 사상으로 피력하고 천명(闡明)하였다. 그 뜻이 무엇이든 뜻을 이루는 데 있어 이상적인 수단은 교육이었다. 먼저, 하늘의 뜻을 어떻게 알 것인가에 학문하는 목적과 배움의 가치를 두었고, 뜻을 어떻게 전달하는가에 교육자적 사명과 원리의 적용이 있으며, 뜻을 어떻게 구현하는가에 구도자적 실천과 방법이 있었다. 돌이킬 수 없게 된 인간성과 문명 역사를 어떻게 회복할 것인가? 여기에 **"인류 구원에 공헌할 교육의 보편적 목적"**이 있다.

하나님은 종국에 교육을 통한 가르침과 일깨움 역사로 만백성을 구원하고, 그 나라를 건설하길 원하셨다. 하나님은 일찍이 모세를 앞세워 이스라엘 백성을 바로의 압제로부터 구원하여 젖과 꿀이 흐르는 가나안 땅으로 인도하셨듯, 오늘날은 피폐한 인류를 치유와 화평의 땅으로 인도하시리라. 정비공은 고장 난 차를 수리하여 새 차처럼 만들 수도 있듯, 하나님은 능히 창조 권능을 교육력으로 승화시켜 인간성을 회복하리라. 알고 보면, **교육은 인류를 구원할 수 있는 가장 객관적인 방법이고, 가장 확실한 결과를 기대할 수 있는 구원 수단이다.** 나아가 현실적인 제도 안에서 인류를 빠짐없이 구원할 수 있는 사도(使徒=스승) 육성이 가능한 길이다. 위대한 메시지와 가르침과 인격 도야를 병행해야 하나니, 가르침과 깨달음으로 만 영혼 위에 미칠 교육의 보편적 구원 역사를 기대할 수 있다. 교육을 통한 가치 일굼과 목적 설정과 방법의 모색으로 인간성을 회복하는 것이 현실적으로 인류를 구원하는 길이다. 이전에는 교역자들이 하나님을 믿고 신앙하게 하는 것이 인류를 하나님께로 인도하는 주된 방법이었지만, 그렇게 해서 거둔 성과로서는 인류 영혼을 1/3도 구원하지 못했다. 그래서 지금은 방법적인 면에서 만인을 빠짐없이 구원할 수 있는 새로운 길을 마련해야 했는데, 그것이 바로 인류사에서 보편적, 객관적, 합리적으로 확대된 교육이란 제도와 방법을 통해서이다. 교육은 실로 인류를 하나님께로 인도하고, 하나님과 함께해서 교감할 수 있게 하는 최고의 방법이고, 이런 뜻과 목적을 자각해서 구체화하는 것이 **"교육의 위대한 말씀"**이다. 교직은 천직임에, 하나님의 보편적인 구원 뜻을 자각한다면 교직은 그야말로 하늘의 명령을 따르는 온전한 직업이라고 할 수 있다. 장차 만 인류를 구원하고, 이 땅에서 하나님과 함께하는 이상적인 나라를 건설하기 위해서는(지상 천국) 특정 종교들이 표방한 교리의 이념화 실현을 통해서가 아니다. 교육을 통해야 하고, 교역자가 아닌 교육자가 구원 역사의 전면에 나서 하늘의 명령을 충실히 수행하는 사역자 역할을 담당해야 한다.

하나님이 창조한 인간성의 성장과 변화와 개화 과정을 낱낱이 살피고 판단해서 올바른 방향으로 이끌 자란 이 대지 위에 부모도 그 무엇도 아닌, 가르침의 자격을 지닌 선생님밖에 없다. 이분들이 天命을 자각하고 교육적 사명을 수행하는 스승의 역할을 다할진대, 그 직분은 온전히 부름을 입은 "구원의 사도"로서 승화되리라.[3] 지구상에는 곳곳에서 무지하고 차별받고 소외된 하나님의 백성이 있다. 이들이 한 영혼도 빠짐없이 구원되어야 하는 것은 하나님이 이들 백성을 사랑으로 창조했기 때문이고, 그들이 마저 구원되어야 그들과 함께하는 나라를 건설할 수 있다. 그러기 위

---

3) 교육의 위대한 사명은 하늘의 명령, 곧 하나님이 인류를 구원하고자 한 보편적 목적을 수행하는 데 있고, 명령의 소리를 자각하고 직분을 수행하는 자가 교사이다. 그래서 교육은 하늘의 명령[天命]이고, 교직은 천직이며, 교사는 사도(使徒)를 넘어선 천도(天徒)임.

해서는 먼저 인류가 하나님을 바르게 알고, 창조된 본의를 깨달아야 하며, 참된 가치관으로 삶을 헌신할 수 있도록 이끌어야 한다. 그리해야 하나님의 품 안에 안기는 위대한 가르침의 역사, 위대한 교육의 역사, 위대한 구원의 역사가 보편화할 수 있다. 인류가 일군 존재의 역사와 전통과 문화를 한결같이 길이길이 보전하고 계승해야 하는 창조 목적이고, 만개한 꽃으로서 가치 있는 결정체란 사실을 일깨워야 한다. 이 땅과 하늘과 山下와 인간성은 장차 하나님이 건설할 지상 천국의 밑거름이다. 이런 의식의 자각과 지킴과 선도 역할을 무엇이 담당할 것인가? 교육이다. 죄악과 타락을 막고, 환경오염과 자연의 파괴를 막고, 멸망의 자초 요인을 제거하는 데 교육이 앞장서야 한다. 구원의 진리적 불씨를 지피는 데 **"교육의 위대한 말씀"**이 있다.

그래서 이 연구는 과거에 시도한 구원적 방법을 일소하고, 밝힌 본의와 말씀의 역사를 통해 인류의 영혼을 깨우치리라. 교육을 통해 만백성을 하나님의 품 안으로 인도할 대 구원 프로젝트를 마련하리라. 이를 위해 이 연구는 "세계교육론"을 공통된 주제로 하고, 제1권 제호를 『교육의 위대한 사명』-세계교육론 서론, 제2권을 『교육의 위대한 원리』-세계교육론 본론, 제3권을 『교육의 위대한 실행』-세계교육론 각론, 제4권을 『교육의 위대한 지침』-세계교육론 세부 각론, 제5, 6, 7, 8권을 『교육의 위대한 말씀』-세계교육론 결론(전편 1, 2)·(후편 1, 2), 제9권을 『길을 가며 가르치며 생각하며』-세계교육론 부록(교육수상집)으로 구성하였다.

일찍이 동서양의 선현들이 한결같이 이루고자 한 인류의 이상은 언제 어떻게 실현될 것인가? 지난날은 어떤 방법으로도 목적의 달성이 요원했다는 사실을 지적하면서, 기대하건대 교육이 바로 인류가 품은 그 이상적인 꿈을 종합적으로 이룰 실질적인 길이라는 것을 거듭 확인하고자 한다. 이 연구는 "세계교육론"을 통해 인류를 하나님께로 인도할 수 있도록 최선을 다해 완성된 길을 펼치고자 한다. 이 교육적인 사명을 과연 누가 부여하고, 누가 알리고, 누가 수행할 것인가? 하나님이 부여하고, 이 연구가 뜻을 받들며, 사명을 자각한 우리가 모두 실행해야 하리라. 『중용』에서는 "대덕자 필수명",[4] 곧 대덕(大德)을 구현하는 자는 반드시 命을 받는다고 하였다. 그 대덕이 지금은 모든 면에서 종말을 맞이한 인류를 구원할 보편적인 목적이 되어야 함에, 교육 위에 하나님이 命한 창조 목적과 합치된, 인류를 빠짐없이 구원할 진리력이 내포되어 있다는 사실을 알고, 천직 사명을 중점적으로 수행하는 이 땅의 교육자들은 자나 깨나 하늘이 命한 명령의 소리를 귀담아듣고 새겨, 교육으로 이상 세계 건설과 인류 구원 역사에 동참해야 하리라. 지대한 교육적 명령을 행동으로 실천할 수 있길 바라면서⋯⋯ 천직 수행, 그것이 곧 하나님의 명령 수행 과정이자, 자신과 만인류를 구원하는 길이라는 사실을 확신하길 바라면서⋯⋯

2024년 4월
경남 진주에서
염기식

---

4) 『중용』, 제17장.

차 례

제9편

선천 우주론

기도: 하나님, 인류는 정말 무엇을 모르며, 어떤 불가항력적 장벽이 눈을 가리고 있고, 귀를 막고 있기에 인류 전체가 한계성에 처한 줄도 모르고, 종말을 맞이한 줄도 모르고 있나이까? 그 집단적 무지와 차원적인 장벽을 깨우치고 물리칠 수 있게 하여 주소서! 저희 영혼을 하나님의 거룩한 진리 세계로 인도하여 주소서!

말씀: "때에 아말렉이 이르러 이스라엘과 르비딤에서 싸우니라. ······ 여호수아가 칼날로 아말렉과 그 백성을 쳐서 파(破)하니라. 여호와께서 모세에게 이르시되, 이것을 "책에 기록하여 기념하게 하고, 여호수아의 귀에 외워 들리라. 내가 아말렉을 도말(塗抹)하여 천하에 기억함을 없게 하리라. ~(출, 17:8~16)."

증거: 북한, 1950년 6월 25일, 주일날 새벽에 남한 침공. 일본 진주만 공격 때도 그러함. 사탄은 하나님이 경배하는 그 시간을 악용함. 북한 6.25 침략 전 2달 동안 평화 전술 펼침. 사탄의 위장 공세로 침공 당시 우리나라는 거의 무방비 상태로 기습당함. 북한 주민들 자유를 향해 목숨을 걸고 300만 명 월남함. 역사는 거짓되고 위장시킬 수 없다. 역사는 하나님의 진실이다.

제38장 개관(종말 요인)

1. 길을 엶

인류가 숱한 세월 동안 진리를 일구었고, 가르쳤고, 배웠지만, 그렇게 해서도 알지 못하였고, 또 알 수 없었던 것이 있다면 그것은 무엇인가? 인류는 그동안 도대체 무엇을 알지 못해 지금까지 쌓아 올린 문명과 역사가 총체적인 종말을 맞이했는가? (2022. 5. 16. 09:30)

인류의 지성들이 노력했지만 끝내 알지 못하고, 알 수 없었던 앎의 영역과 한계선은 무엇인가? 인간이기 때문에 알지 못한 영역…… 바로 그 경계선을 구분하고, 그 선을 넘어서고 극복해서 그 이상의 것을 밝히는 데 오늘날 이 땅에 강림하신 하나님의 계시 역사와 열린 가르침의 지혜 권능이 있다.

하나님이 강림하심으로써 인류 역사가 새로운 전환점을 맞이한 것은 사실이다. 그렇다면 인류가 그토록 추구하고 이루었음에도, 도대체 무엇을 모르고 무엇에 대해 무지한 탓에, 하나님이 강림할 수밖에 없는 종말 상황과 우주적인 대 전환점을 맞이했는가? 그것을 알기 위해서는?

"선천 우주론"이 낳은 총체적 결과는 한계성을 드러낸 세계의 종말 상황이다. 그렇다면 그런 결과를 낳은 핵심 원인은 무엇이고(무엇을 모르고, 무엇이 부족했고, 무엇을 갖추지 못했기 때문인가?), 이런 문제를 풀고 조건을 갖추어 우주론을 완성할 수 있는 대비책과 해결책은? 선천 우주론으로서는 지금까지 드러난 진리적, 역사적, 문명적 문제를 해결할 수 없나니, 천지를 창조하고 만 역사를 주재한 하나님의 계시 말씀과 권능 어린 가르침의 지혜가 필요하다.

2. 간구

하나님, 이 연구가 "교육의 위대한 말씀 전편 1, 2"를 통해 인류의 영혼을 깨우칠 말씀의 가르침을 받들었고, 이제 후편의 첫 말씀을 받들기 위해 이 새벽 아버지의 신성한 성전 앞에 무릎 꿇었나이다. 결코, 쉽게 주어질 수 없는 말씀 받듦 기회를 통해 부족한 이 자식이 하나님께 나아가 묻고 간구하고자 하는 것은 인간으로서는 풀 수 없는 문제인 동시에, 그렇기 때문에 인류의 궁금증을 대변한 물음이기도 하나이다. 하나님, 아버지는 사랑을 다해 천지 만물과 인류를 창조하였고, 그로부터 숱한 세월에 걸쳐 뜻한 창조 목적을 이루기 위해 노심초사한 것을 믿습니다. 그런데도 오늘날 인류 역사가 당면한 결과는 하나님께서 이 땅에 직접 강림하실 수밖에 없을 만큼 종말적인 상황을 맞이하고 말았습니다.

그렇다면 **하나님이 만세 전부터 주재한 것이 인류 역사이고, 혼신을 바쳐 이룬 것이 지금의 인류 문명인데 도대체 왜, 무엇 때문에 이 같은 결과**

를 맞이하고 말았는가? 여전히 대다수 지성은 인류 문명의 지속적 발전과 역사적 진보를 말하고 또 기대하는 바인데, 그런 생각이 크게 잘못된 것이라면 그들은 과연 세상에 대해 무엇을 잘못 보고 잘못 판단한 것인가? 우리가 모두 관여해서 이룬 것이 인류 역사이고, 힘 모아 건설한 것이 인류 문명인데, 그렇게 도달한 결과가 종말에 처한 확실한 이유? 정말 무엇을 잘못 보고 잘못 생각하고 잘못 이루었기에 현대 문명이 막다른 골목에 다다른 한계 상황에 직면한 것인가? 만인이 확실하게 시인하고 확인할 수 있는 인류 역사의 종말 요인은 과연 무엇인가? **무엇을 몰랐고 무엇을 잘못 추구했기에 그렇게 해서 이룬 역사 결과가 종말적인 위기 상황인가? 하나님, 이 중차대한 인류의 집단적 무지 상태를 아버지께서 말씀으로 지적하고 깨우쳐 주소서!**

그리해야 하나님이 사랑한 인류의 영혼들이 총체적인 파멸의 위기에서 탈출할 수 있겠나이다. 직접 겪고 이루고서도 자각하지 못하고 발견하지 못하는 두꺼운 무지의 장막을 아버지께서 걷어내어 주소서! 이 같은 인류의 집단적 무지를 깨우침이 보혜사 하나님이 이 연구의 후편 전체를 관장하는 말씀의 지침이 될 것을 믿습니다. 하나님, 이 새벽의 성전에 거룩한 진리의 성령으로 임하사 역사하여 주소서! 인류 역사의 **"종말 요인"**을 하나님이 권고할 열린 가르침의 권능으로 깨닫고 극복할 수 있게 하여 주소서! **직면하고도 깨닫지 못하는 종말의 때와 원인을 말씀의 권능으로 밝혀 주소서!**

하나님, 인류는 정말 무엇을 모르며, 어떤 불가항력적 장벽이 눈을 가리고 있고, 귀를 막고 있기에 인류 전체가 한계성에 처한 줄도 모르고, 종말을 맞이한 줄도 모르고 있나이까? 그 집단적 무지와 차원적인 장벽을 깨우치고 물리칠 수 있게 하여 주소서! 저희 영혼을 하나님의 거룩한 진리 세계로 인도하여 주소서! 새 역사, 새 문명, 새 하늘을 바라볼 수 있게 해 주소서! 저희를 이 종말의 때에서 벗어날 수 있도록 길을 인도해 주소서!

3. 성경 말씀

"때에 아말렉이 이르러 이스라엘과 르비딤에서 싸우니라. 모세가 여호수아에게 이르되, 우리를 위하여 사람들을 택하여 나가서 아말렉과 싸우라. …… 모세가 손을 들면 이스라엘이 이기고 손을 내리면 아말렉이 이기더니 …… 여호수아가 칼날로 아말렉과 그 백성을 쳐서 파(破)하니라. 여호와께서 모세에게 이르시되, "이것을 책에 기록하여 기념하게 하고, 여호수아의 귀에 외워 들리라. **내가 아말렉을 도말(塗抹)하여 천하에 기억함을 없게 하리라.**" 모세가 단을 쌓고 그 이름을 '여호와 닛시'라 하고 가로되, 여호와께서 맹세하기를, 여호와가 아말렉으로 더불어 대대로 싸우리라 하셨다 하였더라(출, 17: 8~16)."

인류 역사가 직면한 세계 역사의 종말 상황은 유구한 세월에 걸쳐 인류가 쌓아 올린 역사적 노력과 문명적 성과에도 불구하고 그 결과 초래 원인은 지극히 종합적이고도 상대적이다. 그 직접적인 원인은 인류 자체가 지녔고, 발생시킨 결과이지만, 또 한편으로는 인류 역사를 주재한 하나님의 총체적인 판단과 결단 의지도 함께 작용한다. 무슨 말인가 하면, 잘못을 저질러 놓고 종말 결과를 낳게 한 것은 인류이지만, 그렇게 해서 잘못된 역사를 수습해서 마무리 짓는 것은 인류 전체가 인간으로서 지닌 불가항력적 역량이다. 그래서 다시 말하면, 종말 원인을 가지고 종말 결과를 일으킨 것은 인류이지만, 그런 종말 맞이 상황에 대해 종말의 때를 최종적으로 결정하는 것은 하나님이시다. 즉, 하나님이 선천 세월이 다하도록 인류 역사를 주재하고 때를 따라 즉각적인 심판 역사를 단행하였지만, 그때는 선천 역사를 더 지속하기 위한 처방 대책이었으나, 오늘날 인류가 맞이한 종말 상황은 그런 대책을 말할 때가 아니다. 그렇다면? 더 이상의 처방 대책이 실효성이 없음을 알고, 주재 섭리를 마감할 것을 결단한 것이다. 왜 종말을 맞이한 것은 인류 역사인데 그때의 마감은 하나님이 하시는가? 당면한 인류의 종말 상황은 눈으로 직접 보고 직접 겪고 있는 실제 상황인데도 인류는 그런 종말 맞이 원인을 스스로 지닌 줄 모르고 있고, 지금이 정말 종말의 때인지 아무도 확실하게 판단하거나 공언한 자가 없는 집단적 무지에 빠져 있다. 그래서 세상의 종말 상황은 정말 인류가 직접 맞이했기 때문에 종말이라기보다는 창조 이래 인류 역사를 주재한 하나님께서 한계성에 처한 선천의 인류 역사를 마감할 것을 결단했기 때문에 종말이 임한 것이 아니라, 이미 종말을 맞이하였다. 그런 종말 결단의 때와 원인을 이 자식이 하나님의 전에 나아가 물은 것이니, 여기에 대해 하나님이 인류를 향해 이르신 결단의 의지 표명 말씀이 곧 **"여호수아가 칼날로 아말렉과 그 백성을 쳐서 파(破)하니라." "내가 아말렉을 도말(塗抹)하여 천하에 기억함을 없게 하리라"**이다. 아멘.

4. 말씀 증거

2022. 5. 19, CTS 기독교 TV, 새벽 4시, 생명의 말씀.

제목: "전란 속의 여호와 닛시"

말씀: 북한, 1950년 6월 25일, 주일날 새벽에 남한 침공. 일본 진주만 공격 때도 그러함. 사탄은 하나님이 경배하는 그 시간을 악용함. 오늘날의 젊은이들 비참한 6.25의 진실을 역사의 저편으로…… 잘못된 역사 왜곡을 믿는 것, 또다시 6.25 같은 전쟁 반복될까 두렵다. 구약 성경은 거의 153회가 전쟁 이야기. 전쟁 속에서 하나님의 뜻과 역사적 교훈을 드러냄. 출애굽 전투—목마름, 취약함, 나약함, 피곤함에 지친 이스라엘. 나이 많은 모세. 지팡이 높이 치켜들면 이스라엘이 이기고, 내리면 짐. 같이 붙들어 승리. 이 역사적 교훈을 기억함. '여호와 닛시'는 여호와의 깃발, 승리이다. 아말렉 군사는 야곱의 후손=동족상잔. 6.25도 동족상잔의 비극. 온 국토 폐허. 수많은 희생. 이 비참한 현실의 교훈 세 가지.

첫째: 힘 있는 백성만이, 준비하고 계획한 백성만이 여호와 닛시가 된다. 모세의 영적인 파워. 6.25 당시 남북한 국력 비교. 우리의 전력 8만kw, 북한 80만kw. 병력, 포, 탱크, 비교가 안 됨. 우리가 열세. 지금은 자유 경제로 부흥(2002년 유엔 통계: 남한 만 달러, 북한 300달러). 북한 6.25 침략 전 2달 동안 평화 전술 펼침. 사탄의 위장 공세로 침공 당시 우리나라는 거의 무방비 상태로 기습당함. 북한 주민들 자유를 향해 목숨을 걸고 300만 명 월남함. 하지만 젊은이들, 그 6.25의 진실 모름. 위장된 사상. 지금도 끊임없이 탈북 시도. 전쟁은 하나님이 주관하심. 김일성, 8월 15일까지 부산을 점령하라. 그러나 그 결과는……

둘째: 역사의 교훈을 깨닫는 백성이 여호와 닛시가 된다. 전쟁 가운데서 하나님의 뜻과 계시를 깨달음. 유월절, 장막절 철저히 지킴. 역사의식을 가짐. 세계적인 경제인, 학자, 정치인 배출. 조상의 역사를 지킴. 역사는 거짓되고 위장시킬 수 없다. 역사는 하나님의 진실이다(그것을 바르게 볼 수 있는 눈과 의식을 일깨움). 독일, 유대인 학살의 현장인 포로수용소 그대로 보존. 역사의 교훈 깨닫고 기억함. 그래서 독일이 발전함. 인간은 도덕적 양심이 있을 때 생존할 수 있다. 없다면 독재자의 총구가 기다리고 있다. 전쟁을 통해 하나님이 주신 역사적 교훈 깨달음.

셋째: 신앙의 교훈을 깨달음. 전쟁은 만군의 여호와가 주관하심. 목사 자신은 6.25 동란 탓에 인생의 전환점을 이룸. 동료들이 죽어 나감. 자신도 죽었다면 여러 차례 죽었다. 하나님, 살려 주시면 主의 종이 되겠습니다. 하나님의 살아계심을 체험함. 이 백성들이 깨어서 하나님께 회개하고 기도하면 여호와 닛시가 된다. 한국에는 기도하는 교회가 있다.

5. 길을 받듦

인류 역사는 하나님이 이루신 것이다. 전쟁을 주관한다고 함은 사탄과의 전쟁을 통해 승리하게 한다는 말씀임. 그런데 그 천지 창조 역사, 그 본질의 작용 역사가 사탄의 위장 공세에 가려서 집단으로 알지 못하고 인류 전체가 무지의 늪에 빠짐. 그러므로 이 연구는 그 낱낱의 사실과 진실을 들추어내고 기억해서 기록하고, 그것을 길이길이 후대에 남길 역사적 교훈으로 삼아 깨닫게 해야 한다. 그리하면 하나님의 영광된 구원의 은혜가 영원히 지속하겠지만, 그것을 잊어버리고 찾지 못하면 실패하고 참혹한 패배, 패망을 맞이한다.

그러므로 길은 하나님이 이룬 그 낱낱의 창조 역사, 진리의 성령으로서 이룬 그 가려진 본질의 배제 역사를 밝히고 기록하여(사탄의 위장 공세 탓에 가려진 하나님의 천지 창조 역사와 인류 주재 역사를 낱낱이 들추어내고, 기억해서 기록함) 인류 앞에 역사의 교훈이 되게 하고, 망각하지 않도록 해야 한다. 그 확고한 진리성, 본질성, 창조성, 주재성을 눈 뜨고도 보지 못하고, 무시하고, 애써 거부한 것은 대단히 의도적인 사탄의 위장 공세이다. 그 위세를 남김없이 벗기고 파헤치고 밝혀서 하나님의 영광을 드러내리라.

하나님이 이 새벽의 성전에 진리의 성령으로 임하여 길의 물음에 응답한 말씀은 분명하시다. 왜 인류 역사와 문명은 하나님이 사랑을 다해 이루고 주재한 역사인데도 오늘날의 세계가 종말을 맞이하였는가? 도대체 인류가 무엇을 모르고, 무엇을 보지 못하고, 무엇을 잘못 판단한 탓에 집단으로 차원적인 무지에 휩싸였는가? 그 이유, 그 종말 원인은 인류가 알고 싶어도 알 수 없도록 방해하고, 보고 싶어도 볼 수 없도록 진실을 위장한 사탄의 방해 공작 탓이다. 그러니까 인류는 어리석게도 그 위장 공세에 속아 여태껏 하나님의 창조 역사, 본질 역사, 주재 역사를 분별하지 못해 역사적 종말을 맞이하였고, 정작 종말을 맞이했는데도 사탄의 위장 평화공세에 속아 인류 사회가 지속해서 안녕을 구가할 것이라고 호도한다. 하지만 하나님은 인류의 모든 역사를 주재하는 권능자이시니, 여호와 닛시로 사탄의 모든 위장된 역사를 벗겨내어 진멸하시리라. 사탄과의 전쟁에서 승리하는 것은 사탄의 위장 전술 탓에 볼 수 없었던 하나님의 위대한 창조 역사, 본질의 주재 역사를 후편의 저술 과정을 통해 밝혀내어 하나님의 참 역사를 드러내는 데 있다. 그것을 이 연구에 기록해서 기념하게 하므로 가르침의 대 지침으로 삼으리라. 그리하면 사탄의 역사가 도말(塗抹)되고, 하나님이 직접 대적해 사랑하는 백성을 길이길이 지키리라고 약속하셨다.

하나님의 지침으로 후편의 저술 방향과 목표가 명확해졌다. 지금까지 얼마나 사탄의 위장 전술이 철저했으면 하나님이 진리의 성령으로서 연면하게 역사한 창조 본의를 아무도 알아채지 못할 정도로 가렸을까만, 이제는 하나님이 직접 강림하셨고, 본체를 드러낸 만큼, 만 인류를 진실한 하나님의 세계로 빠짐없이 인도하시리라. 하나님이 창조한 세계의 실상을 말씀의 가르침으로 밝히리라. 인류가 숱한 세월 동안 진리를 일구고, 가르치고, 배운 과정을 통해서도 알지 못했고, 또 알 수 없었던 것은 하나님이 천지를 창조하고 역사하였는데도 그것을 알 수 없도록 사탄이 위장 막을 쳐 가려 놓았다는 사실에 무지했고, 결과로 하나님의 창조 진리, 창조 원리, 창조 본의, 창조 본체를 알 수 없었다. 인류가 노력했지만 알지 못했고, 알 수 없었던 앎의 영역과 한계선은 마치 모세가 손을 들면 이스라엘이 이기고, 손을 내리면 아멜렉이 이겼듯, 사탄의 위장 공세는 하나님이 그 꼬임수를 밝히고 도말하지 않으면 인간의 지력으로서는 알 수 없는 영역이고, 극복할 수 없는 어둠의 경계선이었다.

"선천 우주론"이 종말에 이른 요인과 원인은 무엇이고(무엇을 모르고, 무엇이 부족했고, 무엇을 갖추지 못했기 때문인가?), 이 같은 문제를 풀고 극복해서 세계관을 완성할 수 있는 대비책과 해결책은? 사탄의 위장 전술에 속아 정말 간직하고 기억해서 갖추어야 할 필수 조건인 하나님의 천지 창조 역사를 도외시하고, 창조 본질을 배제하고, 창조 뜻(본의)을 거부한 탓에, 그렇게 해서 이룬 인류 역사가 모든 영역에서 한계성에 직면한 종말을 맞이했다. 그래서 이 같은 역사적 사실과 진실을 깨닫는 데 선천과 후천을 가를 인류 문명의 대전환 역사가 있다.

이 연구가 반복해서 나에 대해서, 인류에 대해서, 그리고 하나님에 대해서 궁금하게 여긴 것은 도대체 인류가 무엇을 모르고, 무엇이 부족했고, 무엇을 갖추지 못했기 때문에 종말을 맞이하였고, 종말을 맞이했는데도 그런 사실을 모르고 공언한 자가 없는가? 그 의문을 이 연구는 하나님이 가르쳐 준 응답 말씀대로 크게 두 가지로 정리하면, 첫째는 천지는 창조되었지만 인류가 창조 역사 사실을 몰랐고, 하나님이 인류 역사를 주재했지만, 그렇게 주재한 창조 뜻과 목적, 곧 하나님의 창조 본의를 몰랐다. 그래서 주어진 한계성이 세계의 종말을 낳았다. 둘째는 이 연구가 간구한 핵심 요지인 **"하나님, 인류는 정말 무엇을 모르며, 어떤 불가항력적 장벽이 눈을 가리고 있고, 귀를 막고 있기에 인류 전체가 한계성에 처한 줄도 모르고, 종말을 맞이한 줄도 모르고 있나이까? 그 집단적 무지와 차원적인 장벽을 깨우치고 물리칠 수 있게 하여 주소서!"** 곧, 하나님의 주재 역사, 그리고 인류 역사가 종말을 맞이한 결과를 보고도 종말이 도래한 때를 알지 못한 이유? 그 집단적 무지의 원인이 사실은 인류가 지닌 자체의 100% 원인 탓이 아니고, 그런 종말 맞이 사실을 알 수 없도록 수단과 방법을 가리지 않고 위장 전술을 편 사탄의 역사 탓이란 일깨움이다. 정말 오늘날 인류가 맞이한 종말의 근본적인 원인이 하나님이 밝힌 바, 사실을 호도한 사탄의 방해 공작에 있을진대, 인류가 맞이한 종말 상황에서도 그 한계성을 극복할 수 있는 일루의 희망이 있으니, 그 길을 하나님이 열린 가르침으로 지침하시리라. 그 가르침을 받들어 위장 공세로 가려진 베일을 벗고 걷어내면 종말이란 한계성을 극복하고, 하나님과 함께할 새 하늘을 맞이할 수 있다. 사탄의 역사 탓에 인류가 보지 못한 하나님의 천지 창조 역사와 본의를 "말씀 후편"을 통해 낱낱이 밝혀 기록하고 기억하게 함으로써, 하나님의 백성을 종말 상황으로부터 구원하고 대대로 지키시리라.

하나님은 종말의 때를 결단하고 구원 역사를 주관하는 절대적인 권능자이지만, 선천 하늘에서는 때가 이른 탓에 사탄의 세력이 팽팽했다고 할 수 있다. 그래서 모세가 손을 들면 이스라엘이 이기고, 손을 내리면 그 틈새를 파고든 사탄의 아말렉이 이겼다. 하지만 때가 이른 오늘날은 하나님이 끝내 그 아말렉을 도말하여 천하에 기억함을 없게 하리라. 이런 사탄의 위장 전술을 원천 차단하고, 발본색원(拔本塞源)하는 데 하나님이 단행할 인류 구원이란 장대한 역사 펼침이 있다. 그렇다면 종말의 때에는 도말될 대상(심판 역사)과 구원될 대상이 확고하게 구분된다. 아울러 하나님의 창조 뜻과 본의와 어긋난 선천 질서는 더 이상 지속될 수 없다. 그리고 하나님으로서도 선천 역사를 마감할 것을 결단한 근본적인 이유는 선천 역사가 도달한 우주론적 한계성, 곧 사탄의 방해 아래 있는 역사를 통해서는 하나님이 끝내 이루고자 하는 이 땅에서의 천지 창조 목적을 실현하고 완성할 수 없으므로, 바야흐로 새로운 역사를 도모하고자 하신다.

참으로 사탄의 위장 전술 탓에 감쪽같이 감추어진 인류가 지닌 종말 요인과 원인으로 인한 종말 진행 상황과, 결과로써 맞이한 종말 때를 전혀 알아채지 못한 무지 탓에 인류 문명이 총체적인 위기를 맞이한 것일진대, 이 연구는 하나님이 계시한 열린 가르침으로 일체의 집단적 무지를 깨우쳐 인류 사회를 구원하는 방향으로 나가게 하리라. 아멘.

제39장 우주론 문제

"교육의 위대한 말씀"은 밝힌 바 "세계교육론"의 저술 과정인 사명, 원리, 실행, 지침에 이은 결론 단계이다. 일련의 서술 역정을 거친 데 대한 종합적 판단인 탓에 저술이 지닌 성격에서도 자못 차이가 있다. 앞의 저술은 지극히 교육론적인 철학과 원리와 실행과 지침을 밝힌 것으로 최대한 객관적인 교육 수단과 방법론에 관한 모색이라고 할 수 있어 심중에 있는 본연의 저술 목적까지는 미처 펼치지 못했다. 그것을 이 단계에서 비로소 적시한다면, 하나님이 종말에 처한 세계와 인류를 보편적으로 구원하기 위하여 교육을 통한 방법을 최적 수단으로 삼았다는 데 있다. 이 같은 의도 관점을 가지고 일련의 과정을 살피면, 하나님이 그 같은 뜻을 가지고 인류를 구원하고자 한 탓에 교육의 사명이 위대한 것이고 원리, 실행, 지침 또한 그러하다. 인류를 보편적으로 구원하기 위해 역사한 탓에 일체가 위대한 것이다. 아울러 이 같은 일련의 교육론 저술은 갈길 모르는 인류 영혼을 하나님에게로 인도하는 길을 트는 것이고, 이를 위해 하나님이 열린 가르침으로 인류 영혼을 교화하고자 하신다. 그래서 "말씀"은 앞의 교육론과는 성격이 구분될 뿐 아니라, 제반 교육적 원리와 지침에 대한 구체적인 가르침 작업 과정이다. 그래서 "말씀 전편"은 하나님의 지상 강림 역사 의미와 이루고자 한 주재 의지 방향을 가닥 잡았고, 지금부터 저술하고자 하는 **"말씀 후편"은 하나님이 때가 되면 인류를 모든 진리 가운데로 인도하**

리라고 한 약속대로 하나님이 강림하시어 밝힌 창조 뜻과 본의와 원리에 근거해서 창조된 바탕 본질인 세계의 形而上學적 진리성을 규명하는 데 주력하리라.

이런 목적으로 초점 잡고자 하는 첫 주제가 **"선천 우주론"**이다. 우주론은 세계의 본질적인 문제인 동시에 세계관적 문제라, 세계의 종말성과 한계성, 심판, 완성 문제가 모두 연관되어 있다. 세계의 종말성 인식이 "세계교육론" 전체를 관장한 이 연구의 문제의식일진대, 선천 우주론이 처한 불가지한 본질적 조건과 한계성 인식은 그대로 "말씀 후편"을 펼치고자 하는 주제이기도 하다. 해결해야 하는 과제이며, 하나님의 계시 지혜로 극복해야 할 저술 목표이다. 사실상 선천 우주론이 지닌 근본적인 문제는 세계의 궁극적인 알파와 오메가를 포함해서 삼라만상 우주와 역사의 존재 이유와 진상 본질을 밝혀야 했는데도 제반 요인을 추정하였고, 더 심각한 것은 그런 요인을 엉뚱한 곳에서 찾고, 오히려 제거하였다는 데 있다. 그 결과, 선천 우주론은 그 무엇을 통해서도 세계에 가로 놓인 진리적, 인생적, 문명적 문제를 해결하지 못했다. 그야말로 세계적 문제를 포괄해야 할 우주론인데 지극히 편향된 방향으로 나아갔고, 그런데도 우주론적 문제를 해결한 전부인 것으로 여겼다. 우주론 영역에서 말한 우주론(cosmology) 개념에 따르면, "우주의 기원과 진화, 그리고 최종적인 운명에 이르기까지의 우주 전반에 관한 연구를 가리키는 용어로 정리된바, 과학 이외에도 종교나 철학 등 다양한 관점에서 접근할 수 있다."[1] 이런 우주론 영역을 보다 확대한다면, 그야말로 "모든 사물과 인간을 포괄해 우주의 기원, 구조,

---

1) 우주론, 물리학 백과.

생성, 변화를 밝히는 것이다."[2]

이런 요인과 영역을 두루 포괄해야 함에도 조건을 충족시키지 못한 탓에, 이 같은 세계적 조건 상태를 일컬어 **"선천 우주론"**이라고 한다. 해결해야 할 것을 해결하지 못하고, 갖추어야 할 조건을 갖추지 못한 것이 분명한데도 그런 사실을 인지하지 못해 부족한 것을 방치한 것은 밝힌 바대로 사탄이 쳐놓은 집단적인 위장 가림 막 탓이다. 이것을 완전히 걷어내어 우주론의 진상 본질을 밝힘과 함께 천만 년 동안 감춘 사탄의 역사적 정체를 밝히기 위해서는 하나님이 태초에 실현한 천지 창조 역사 본의를 밝혀야 함이 불가피하다. 그리해야 선천 우주론이 천지가 창조된 본의를 드러내기 위해 얼마나 분열을 거듭하였고, 역사가 완료되기까지는 인식, 관점, 진리 본체, 세계관, 우주론 할 것 없이 한계성에 처할 수밖에 없었던 것인지를 집중적으로 밝힐 수 있다. 왜 선천의 성인, 覺者, 철인, 지성들이 내세운 진리관, 세계관, 가치관에는 한계가 있었는가? 바로 하나님의 천지 창조 본의와 뜻과 인류 역사를 주재한 의지를 감지하지 못한 탓이라고 할 수 있다. 창조 본체가 드러날 만큼 세계의 창조 본질이 분열을 다하지 못했다고나 할까? 이런 문제는 동서양의 지성사에 모두 해당한다. 유교의 태극론, 理氣론이 아무리 이치로 펼친 우주론이더라도 창조된 본의를 모르고, 창조 본체로 뒷받침되지 못하면 공리공론이 되어버린다. 서양도 조건은 마찬가지이다. 개념적인 방법으로 접근하였나니, 이런 여건을 아우른 선천 우주론은 이 모든 것을 있게 한 창조 본체를 뒷받침하지 못하였고, 창조된 본의를 알지 못한 탓에 일체의 우주론적인 표명 명제가 관념적, 상징적인 도식 상태에 그쳤다. 도생일, 일생이, 이생삼…… 무극이태극, 색즉시

---

2) 우주론, 한민족 문화 대백과.

공, 공즉시색 등등. 이처럼 도식적, 관점적 범주를 벗어나지 못한 근본적인 이유가 바로 실질적인 창조 작용 메커니즘을 밝히지 못해서일진대, 이렇게 세계관적으로 관여된 우주론적 문제를 풀기 위해 하나님이 인류를 향해 열린 가르침의 역사를 펼치고자 하신다. 인류의 선현들이 추구하였고, 정열을 바쳐 탐구했지만 풀지 못한 진리의 실마리가 창조 역사를 실현한 하나님의 총체적인 뜻과 '본의' 안에 있었나니, 이것을 밝힐 수 있다면 인생, 학문, 종교, 문명 영역을 포괄한 우주 기원의 일체 실마리를 풀고, 선천 세계관을 갈무리할 수 있다. **창조 역사와 창조 본의와 창조 본체는 세계에 가로 놓인 존재 구조와 우주 운행의 비밀을 풀 '정석 해석판'이다.** 이를 통하면, 천지 만상의 창조 실상이 확연하게 드러나며, 그 모습을 만인이 보게 되는 그날, 사탄의 실체는 완전히 퇴각하고 말리라.

제40장 선천 우주론 한계

선천 우주론이 한계성에 처한 것은 끝내 세계가 종말에 이르는 요인으로까지 이어졌다. 그런데도 정작 인류는 그처럼 한계성을 지녔고, 한계성에 도달한 사실조차 모르고 있으며, 원인이 무엇인지 알지 못한 것은 세계적인 조건과 무지를 탓하기 전에 모든 사실을 의도적으로 알 수 없게 한 사탄의 위장 전술 탓이다. 이런 사탄의 실체와 교묘한 위장 역사를 구분해서 타파해야 종말인지도 모르고 대비책을 세우지 못한 인류의 멸망을 막을 수 있다. 한계성을 극복하고 구원하기 위해서는 선천 우주론과 연관해서 세계가 종말을 맞이할 수밖에 없는 이유를 정확히 추적해야 한다. 그래서 밝힌 본의에 근거하고 보면, 천지 만물과 역사는 하나님의 천지 창조 역사 실현으로 존재하였고, 구성되었고, 운행된 것인데, 선천에서는 이런 사실을 간과하고 우주론을 세운 데 있다. 그런데도 이런 사실을 무시한 탓에 인류가 정열을 바쳐 진리를 일구었지만, 그것만으로는 우주 운행의 대 비밀인 '창조 방정식'을 풀 수 없었다. 세계를 구성한 핵심 요소인 창조된 역사 과정을 빠뜨린 바에는 아예 식 자체가 성립될 수 없었다. 그러니까 방정식을 세운 명제는 추출했지만, 무엇이 문제이고 왜 더는 진척이 없었던 것인지 이유를 알지 못했다. 색즉시공, 성즉리, 범아일여 등등. 등식으로 명제를 도식화, 구조화하기는 했지만, 양 조건을 연결하거나 작용을 일으킨 메커니즘은 밝히지 못했다. 창조 방정식이 현상적 조건만으로, 혹은 본체적 조건만으로서는 성립될 수 없었다. 그사이에 창조 역사가 필수 요소로 채워져야 했는데, 간과하였다. 그러니까 이런 우주론에 근거한 진리관, 세계관은 온전한 세계적 실상을 드러낼 수 없었고, 인류를 완성된 목적 세계로 인도할 수 없었다. 그것이 지난날의 **"선천 우주론"**이 벗어나지 못한 한계성 요인이다. 무엇 때문에 한계성을 지닌 것인지 이유를 알지 못한 그것이 한계성에 머문 주된 원인이다. 이런 무지 상태에서는 세상 누구도 도대체 무엇이 가능한 것이고, 무엇이 불가능한 것인지를 알고 구분할 수 없었다.

우리는 힘이 빠지면 더는 힘을 쓸 수 없는 한계에 도달했다고 말한다. 한계란 바로 천지가 창조된 탓에 세계적인 본질로서 결정된 것이라, 일체의 가능한 것과 불가능한 것이 그로 인해 세계 안에서 구분되었다. 창조 역사로 경계가 명확해진 것인데, 선천 우주론이 이런 사실을 간과한 탓에 선천 하늘에서는 모든 영역에서 그 경계가 불분명했다. 창조된 역사 결과가 명확한 기준선인데, 빠진 상태에서는 경계가 허물어진다. 판단할 기준도 없어 무엇이 가능하고 불가능한 것인지, 무엇이 옳고 그른 것인지, 무엇이 善하고 惡한 것인지 등 진리와 정의와 선악을 구별할 경계가 사라져 사탄이 활개 치는 세상이 되고 말았다.[1] 이런 상황을 극복하기 위해서는 왜 창조된 사실을 간과한 선천 우주론이 한계성을 지닌 것인지에 대한 이유부터 알아야 한다. 먼저, 우리가 존재한 세계 안에서는 왜 도무지 이룰 수 없고, 성립할 수 없고, 실현할 수 없는 것이 있는가? 그런데도 그것을 무시하고 시도한 결과 실패하고 패배하고 더는 지속할 수 없게 된 상황을

---

1) 명확한 경계선이 없고, 판단할 수 있는 기준이 없으니까 불의가 횡행하고 사탄이 마음껏 활동할 수 있는 것임.

맞이하고 만 것인가? 바로 창조와 연관된 탓에 창조되지 않은 것은 이룰 수 없고, 노력해도 창조 법칙, 창조 원리, 창조 뜻과 어긋나면 불가능하다. 그런데도 문제는 세계가 맞닥뜨린 한계성이 창조로 인해서이고, 창조 원리와 어긋난 탓에 주어진 결과란 사실을 모른다는 데 있다. 이런 여건 속에서는 정말 무엇이 가능한 것이고 무엇이 불가능한 것인지를 판단할 수 없게 되므로, 이런 실상을 일컬어 **"선천 우주론 한계"**라고 한다.

하나님은 창조주이며 전능한 분이시라, 절대적인 권능으로 인류가 이룰 수 없는 불가능한 것을 가능하게 하였고, 그 같은 역사 탓에 가능함이 당연하게 된 세계 안에서 창조된 것은 가능할 수 있게 되었고, 그렇지 못한 것은 불가능한 구분이 생겼다. 그래서 사고하는 능력을 갖춘 인간은 모든 일에 대해 관념적으로는 상정할 수 있지만 현실적, 존재적, 진리적으로 창조 원리를 벗어난 것 일체는 실현이 불가능하게 되었다. 그런데도 지난날은 이런 사실을 알지 못한 탓에 결정적인 오판들이 있었다. 하나님의 창조 역사를 알 수 없게 가림 막을 설치한 사탄의 위장 전술 탓이다. 선천 우주론은 진리관, 역사관, 인생관 할 것 없이 보아도 분간할 수 없는 위장 막에 가려 하나님의 창조 본질과 본의와 주재 의지를 보지 못하는 관점 상의 장애를 지녔다. 그러니까 마치 빛이 통과할 수 없는 부분은 그림자로 나타나는 것처럼, 알 수 없는 영역이 선명하게 드러났다. 그런데 이것은 이 연구의 안목에서만 그렇게 구분되어 보이는 것일 뿐, 세인의 눈에는 여전한 상태라, 이것을 하나님이 열린 가르침으로 일깨우고자 하신다.

이것을 객관적인 관점에서 다시 설명하면, 플라톤이 엿본 이데아와 현상계와의 관계 인식이 있다. 그는 이데아, 즉 본체 세계가 실상이고 현상 세계가 그림자에 해당한다고 했지만, 그렇게 볼 수 있도록 인류의 안목을 완전하게 전환하지는 못했다. 사실상 현상계를 있게 한 창조의 形而上學적 영역이 창조로 드러난 세계 안에서는 가려져 있어 확인하기가 어려운 것이 사실이다. 분열을 본질로 한 세계 안에서는 통합을 본질로 한 바탕 세계를 인식할 수 없다. 그래서 보지 못하는 것을 보게 하고, 차원이 다른 세계로 이끄는 데 열린 가르침의 안내 역사가 필요하다. 왜 **"선천 우주론"** 인가? 선천의 세계적 상황은 일체가 하나님의 창조 본체를 드러내기 위해 긴 세월 동안 분열을 거듭한 것이다. 그러니까 당연히 하나님이 태초에 이룬 천지 창조 실상이 밝혀지기까지는 시기상조적인 문제가 있었다. 이 같은 세계적 조건 탓에 성현, 선지자, 覺者들이 나타나 인류를 향해 그토록 진실을 말했지만, 때가 될 때까지는 알지 못한 사탄의 방해 공작이 유효하였다.

그렇지만 하나님이 강림하신 지금은 우주 본질의 전환 상황과 깊이 연관되어 있다. 하나님이 본체자로 강림하신 역사는 큰 아이러니다. 오랜 분열의 과정을 거쳐 주재된 하나님의 섭리 역사가 완료되었는데도 인류는 정작 그렇게 이룬 역사 사실을 알지 못해 종말을 맞이한 것이다. 왜 인류는 죄악의 고통, 생멸의 고통, 대립의 고통이 극에 달한 파멸 국면을 맞이했는가? 그것은 세상 자체에 원인이 있다기보다는 우주 운행의 전환 때와 본질을 모른 인류 전체의 무지 상태에 더 큰 원인이 있다. 인류 역사는 더 이상 지속될 수 없는 한계성에 도달했기 때문에 종말을 맞이한 것이 아니다. 하나님이 창조 이래로 주재한 섭리 뜻과 밝힌 본의를 모른 탓에 종말을 맞이할 수밖에 없었다. 하지만 하나님은 능히 선천 우주론이 낳은 인류의 종말적 한계를 극복할 수 있으며, 하나님이 강림하신 사실은 미래의 인류 역사에 대한 희망이다. 하나님은 일찍이 모든 것을 갖추고 천지 창조 역사를 단행하셨듯, 오늘날은 일찍이 약속한 천지 창조 목적을 실현할 조건을 완비하고 이 땅에 강림하셨다. 그래서 중요한 것이 바로 인류가 지닌 선천 우주론의 한계성과 무지를 열린 가르침이 일깨우는 역사이다. 그리하면 인류가 벗어나지 못한 선천 우주론의 한계를 극복하고, 세계의 종말 상황을 구원 상황으로 전환할 수 있게 되리라.

제41장 선천 문명 한계

1. 서양

태초의 천지 창조 역사와 함께 창조 본체, 통합 본체, 일체 극을 갖춘 태극 본체로부터 생성된 천지 만물이 각자의 특성을 꽃피우기 위해 분열 중인 세계 안에서 **"선천 우주론"**이 지닌 한계성은 인류가 이룬 문명 영역에도 지대한 영향을 끼친 만큼, 그렇게 해서 도달한 종말 국면을 극복하고자 하는 것이 "말씀 후편"이 펼치고자 하는 전반적인 저술 목표이다. 왜 선천 우주론으로 인해 인류 문명이 종말을 맞이할 수밖에 없었는가 하는 이유를 지적한다면, 하나님이 태초에 천지를 창조하고서도 그렇게 역사한 본의를 밝히지 못했고, 본체를 드러내지 못했으며, 바탕이 된 본질이 분열을 다하지 못해서이다. 이에 따라 인류와 (인간은 전혀 알 수 없음) 진리와 (자체로 본질을 드러내지 못함) 세계가 (스스로 세계를 완성하지 못함) 가로 놓인 장벽을 넘어서지 못했다. 창조되지 않고, 존재하지 않고, 갖추고 있지 않아서가 아니다. 생성 중인 탓에 소정의 과정이 필요했다. 그런데도 지난날은 이런 사실을 무시하고 구축한 진리관, 인생관, 가치관, 신관, 세계관이 완전하고 절대적인 것으로 판단했다. 이런 착각 탓에 '동양 본체론'은 실체성을 증거할 만물과의 관련 고리를 찾지 못했고, 종교인은 하나님과 인간 간을 격리하여 믿음만 요구했다. 그러니까 인류가 몸담을 궁극의 귀의처를 찾고자 해도 출생처를 알지 못하는 바에는 만 영혼이 돌아갈 길을 몰라 방황할 수밖에 없었다. 진리를 추구하는 자 누구라도 자신이 보고 경험한 사실에 대해서 말하고 주장하였지만, 확실하게 규정하거나 확증하지 못했나니, 이것이 선천 하늘이 지닌 세계관적 한계이다. 道는 만물 가운데 편재한 보편적인 실체이며, 선의 이데아는 현상계를 초월해 불변한 것이라고 했지만, 선천 세계가 지닌 조건 안에서는 그 실재성 여부를 증거하지 못했다. 창조는 모든 진리를 생성시킨 뿌리인데, 찐빵에 꼭 필요한 앙꼬가 빠진 격이다. 이처럼 선천 문명을 이룬 제 영역이 분열을 본질로 한 세계적인 조건 탓에 한계성을 지닌 만큼, 그런 요인을 가장 적나라하게 지녔으면서도 그런 사실을 전혀 알지 못한 결과로 인류 문명이 종말에 이르는 데 결정적인 영향을 끼친 **'서양'**, **'철학'**, **'종교'**, **'과학'** 영역에서의 한계성을 하나하나 지적하고자 한다.

먼저, 서양 문명이 한계성에 처한 것은 인류 역사를 종말에 이르게 한 핵심 된 구심체이다. 군이 단정한다면, 인류 역사가 종말을 맞이한 것은 서양 문명의 한계성 탓에 초래된 결과라고 할까? 서양이 주축이 되어 이룬 현대 물질문명은 인류가 지혜를 모아 쌓아 올린 유사 이래 가장 찬란한 결실인 것처럼 보이지만, 사실은 분열 문명이 극대화됨으로 피어난 마지막 화려한 모습이다. 그렇게 극대화된 분열 문명의 종극은 결국 파멸일 뿐이다. 이 시점에서 반드시 돌파구를 찾아 분열 문명을 통합 문명으로 전환해야 하는데, 그러기 위해서는 서양 문명이 파급시킨 한계성 이유를 지금부터 정확하게 추적해야 한다. 그리해야 하나님의 인류 구원 계획이 창세로부터 마련되어 있었고, 그런 방향으로 섭리 된 역사 손길을 추적할 수 있다. 기록된바, 모세를 통해서 이스라엘 백성을 구원하고자 한 하나님의 큰 계획은 과연 어디서부터 시작되었는가? 오래전, 그러니까 모세가 태어난 때로부터 이미 구원 계획에 이바지할 수 있는 인물로 성장했다는 사실로서도 알 수 있듯, 인류 역사가 맞이한 종말 상황은 근대 역사로부터 무르익은 것이 아니다. 종말을 초래할 수밖에 없는 결정 요인을 서양 문명이 오래전부터 지니고 있었다. 그런데도 문제는 이런 사실을 알지 못한 탓에 지적한 것처럼 역사를 추진하는 과정에서 무엇이 가능한 것이고 무엇이 불가능한 것인지를 분간하지 못해 돌이킬 수 없는 대죄를 저질렀다. 그래도 창조된 본의가 밝혀지지 못한 지난날은 저지른 죄악이 유야무야한 상태로 있었지만, 그 경계선을 열린 가르침이 확실하게 구분한다면? 본의 뜻과 어긋난 일체 역사가 심판받게 되리라. 심판 역사는 모든 이에게 닥칠 두려운 역사이기 이전에 본의 밝힘 과정, 그 자체가 사탄의 실체와 죄악을 확실하게 드러내는 준엄한 역사 절차이다.

이에, 서양 문명과 구분되는 동양 문명은 본체 문명이라고도 하거니와, "전통 사회에서 유교는 사실 종교와 철학과 도덕과 정치를 분별하지 않은 통합적 사유 속에서 살았다."[1] 불교 역시 한국 불교에는 통불교 전통이 있어 분열된 교파와 교리를 통합하고자 노력하였다. 도교가 道로부터 삼생만물 한다고 한 것은 만생을 있게 한 근원 바탕인 道가 통합적이란 인식을 가진 것이다. 하지만 서양 문명은 이와 대비된 지체 문명답게 자체의 문명적 본질을 본격적으로 꽃피우기 시작한 "근대적 사유 체계 안에서는 종교, 철학, 도덕, 정치가 서로 다른 체계라, 그 가운데서 어느 하나를 배타적으로 선택하도록 강요하였다."[2] 그것은 분명 현상의 뿌리 영역인 본체를 제

---

1) 『유교는 종교인가(1)』, 임계유 주편, 금장태 · 안유경 역, 지식과 교양, 2011, p.역자 서문.

2) 위의 책, 위의 페이지.

거한 세계 판단이고 인식인데도, 그런 사실을 무시하고 각각의 체계 영역이 독자적이라고 믿었다. 분화된 사유 체계와 분열을 본질로 한 현상(지체) 질서 안에서는 타당한 추구 결과일 수도 있겠지만, 그것이 절대적이라고 여긴 사고 전통 안에서는 각 영역을 하나로 통합할 수 있는 길을 찾기 어려웠다. 그것이 바로 서양 문명이 지닌 결정적인 한계 요인이다. 그만큼 서양 역사 안에서 과학과 종교는 결코 융합할 수 없는 진리 영역이었다. 분열 문명을 극대화시킨 서양 문명이 제 영역을 통합한다는 것은 불가능한 역사적 과제였다. 알다시피, "서양 문화의 기본적 구도는 헬레니즘과 헤브라이즘의 종합 명제[合]라고 하는 것이 통설이다(흄과 칸트의 견해). 특히, 근대 문명은 유럽 근대의 과학 정신과 기독교와의 결합이다. 과학과 종교라는 두 축으로 이루어져 있어 과학은 진리를 추구하며, 기독교 신앙은 善을 추구한다. 과학 정신은 외부 세계를 탐구하며, 사회 발전의 원동력이 되고, 종교적 신앙은 인간의 가치를 추구하여 사회적 갈등을 조정한다. 그래서 겉으로 보면 서양 문명은 과학과 종교가 기능적으로 잘 조화된 구조라, 이렇게 조화된 구조가 동아시아에 앞서 현대화를 실현한 저력으로 지적된다. 하지만 자세히 살펴보면, 서양 문명은 두 개의 축이 모순된 구조를 지닌바, 과학은 비종교적이고, 종교는 비과학적이란 사실이다. 그 결과, 역사적으로는 기독교 진리를 벗어난 과학자들이 이단으로 박해받았고. 상황이 역전된 지금은 과학의 압도적 우위로 진리와 善이란 서양 문명의 기본 구조가 와해된 지경이다."[3] 문제는 이렇게 모순된 구조를 해결할 본체 바탕을 서양 문명 안에서는 찾을 수 없다는 데 있다. 그 절망적인 조건은 진리관, 인생관, 역사관, 세계관 할 것 없이 실로 심각한 지경이다. 근

---

3) 『강의』, 신영복 저, 돌베개, 2014, pp. 30~31.

본적인 이유가 그들의 사유 전통 안에서는 뿌리에 해당한 본체 영역을 볼 수 있는 안목과 인식적 수단을 갖추지 못했다는 데 있다. 곧, **선의 이데아를 관념화하였고, 실재론의 진리성을 거부했으며, 물 자체의 인식을 포기함으로써 중국에는 神이 존재한 사실을 거부한, 지극히 의도적으로 본질 영역을 배제한 역사를 일관시켰다.**[4] 그렇게 해서 쌓아 올린 문명 터전 위에 진화론, 유물론, 과학주의 같은 무신론적 세계관이 꽃을 피우게 되었으니, 이것이 서양 문명이 역사적으로 도달한 정확한 한계 실상이다.

이런 서양 문명의 한계성을 좀 더 소상하게 파고든다면 언급했듯, 칸트가 물 자체를 인식할 수 없다고 한 선언 이후로 후인들은 물 자체, 곧 본체계를 아예 경험할 수도, 이해할 수도 없는 영역으로 단정했다. 그리고 후설 같은 철학자는 철학이 본체 세계에 대하여 대답할 수 없는 물음들 탓에 혼란을 겪는다고 생각했다. 따라서 우리는 경험하는 현상적인 세상에 집중해야 한다. 이것이 이른바 후설이 체계 지은 '현상학'이다. 자신들이 쌓아 올린 사고적 전통 안에서는 해결할 수 없으니까 물 자체(본체계) 영역을 아예 괄호 안에 묶어 놓고 확실히 아는 것만 살핀 방식이다. 이것은 경험 자체와 그 경험이 무엇을 의미하는 것인지 의식의 본질에 집중할 수 있도록 하는 긍정적인 측면도 있지만, 그러나 그 같은 접근 방법과 사고방식으로 도달할 것은 결국 세계관의 한계 벽이다. 현상의 뿌리에 해당한 본체를 배제하고 어떻게 의식의 본질, 현상의 본질, 세계의 본질을 파헤칠 수 있겠는가? 전형적인 본말전도학으로 본색을 드러낸 것이 현상학이다. "인

---

4) 서양 문명은 차원적인 본체를 제거한 역사이다. 플라톤이 이데아와 현상계를 구분했지만, 끝내 이데아의 실체를 드러내지 못함으로써 이후 역사에서는 의도적으로 보편을 거부하고, 실재를 거부하고, 급기야 神까지 거부했다.

간 경험의 목적에 집중하면서 세상에 대한 본질적 논의를 배제한 현상학적 방식을 활용한 하이데거는 그의 저서 『존재와 시간(1972년)』에서, 우리는 자신의 존재를 자각하고 있으므로 현상적인 세계의 일부로서 그 존재를 살필 수 있다"5)라고 하였다. 정말 현상적인 세계의 일부로 존재 일반의 본질을 살피는 것은 가능한 일인가? 현상적 존재만으로 존재와 시간의 문제를 다룰 수 있다고 여긴 발상 자체에 무모함이 있다. 그러니까 설정한 주제는 거창했지만, 그렇게 해서 파고든 결과는 경험할 수 있는 인간 존재 영역에 한정하였고, 그마저 세계 내 존재 안에 머문 용두사미 격이 되고 말았다. 시간과 그 시간을 겪고 있는 인간 존재의 문제, 삶의 목적과 의미, 죽음에 대한 본질적 문제는 전혀 해결하지 못했다. 본질을 배제한 상태에서는 어떤 경우에도 인간이 지닌 본성을 이해할 길이 없다. 그런데도 그런 접근 방식이 옳다고 생각하고 본질을 의도적으로 배제한 역사, 그중에서도 인간이 어떻게 창조되었는가 하는 본의를 간과한 본성 이해가 얼마나 몰상식한 상상을 낳았는가 하는 것은 프로이트의 '정신분석학'을 통해 적나라하게 지적할 수 있다. 그가 세운 정신 분석 이론은 심리학, 교육학 등에 큰 영향을 끼칠 만큼 학문적인 권위를 확보했다. 하지만 그것이 결국 잘못된 이론으로 밝혀진다면 그동안 끼친 해악은 어떻게 수습할 수 있을 것인가? 특히, 인간의 정신 작용 중에서도 '무의식'의 세계를 발견한 것은 큰 학문적 업적으로 평가되지만, 잠재된 삶의 본능, 죽음의 본능, 성적 본능에 관해 펼친 이론은 정말 인간이 지닌 본성을 대변한 것인가? 그런데도 일련의 이론이 사회적으로 파급되고 교육적인 이론으로 적용되었다고 했을 때 초래될 결과는? 창조된 본의와 어긋난 이론인 한 인간의 본성이

---

5) 『철학』, 마커스 위크스 저, 공민희 역, 아르테, 2017, p.298, 300.

더욱 회복하기 어려운 기력을 상실하고, 인류 영혼이 더 깊은 죄악의 수렁에 빠져 헤어날 수 없게 되고 말리라.[6]

또한, 이어서 다룰 서양 철학과 서양 과학 또한 세상의 객관적인 지식을 발견할 수 있다는 생각으로, 논리를 토대로 한 수학을 중요하게 여긴 것도 서양 문명이 쌓아 올린 본질 배제 전통과 무관하지 않다. 그런 학문적 접근 방법과 신념은 하나는 알았는데 나머지를 알지 못한 무지라, 세계는 그렇게 해서 일군 현상적 진리와 객관적 진리만으로 구성되어 있지 않다. 그런데도 급기야 "지식에 관한 진술을 논리적으로 분석하고 기법을 적용한 '분석 철학'"[7]을 탄생시킨 것은 서양 문명이 분열을 본질로 한 선천 문명의 극단에 도달했다는 것을 의미한다. "20세기에 접어들면서 서양은 단일 철학, 이데올로기의 피상적인 면에 지나치게 사로잡혀 문화의 다양성을 부정함으로써 인류 문명을 근대화시키는 데는 공헌했지만, 환경오염 등 물질문명을 절대적 가치로 삼아버린 폐해로 수많은 모순을 만들었다."[8] 어느 한 영역만을 중요하게 여긴 편중 의식도 문제이지만, 근본적인 것은 역사와 문명을 있게 한 필수 작용 요소인 '본질 영역'을 도외시한 상태라, 그런 이유 탓에 서양 문명이 오늘날에 이르러 역사적, 섭리적, 진리적으로 한계성에 처하였다. 알아야 할 것을 알지 못하고, 길러야 할 것을 배제한 탓에 역사적으로는 용서받지 못할 죄악을 저질렀고, 세계관적으로는 이원성, 관념성, 현상성의 문제를 풀지 못했으며, 섭리적으로는 하나님

---

6) 프로이트가 세운 정신분석학의 교육 이론 적용은 인류의 본성을 개선하고 회복시킨 것이 아니고, 오히려 심대하게 타락시켜 세계의 종말 요인을 가속한 서양 문명의 한계성 결과임.

7) 위의 책, p.344.

8) 『동양철학을 말한다』, 이케다 다이사쿠 · 로케시 찬드라 저, 화공신문사 역, 중앙북스, 2016, p.31.

이 부여한 보편적인 인류 구원 기회를 거부했다. 그래서 독일 철학자 슈펭글러는 한 세기 전부터 서양 문명의 몰락을 예고하였다(『서구의 몰락-2권(1918~1922)』. 물론, 그가 말한 몰락 원인이 이 연구의 진단과는 사뭇 거리가 있다 할지라도 더는 서양 문명이 지속될 수 없다는 사실을 예지한 것만은 분명하다. 그런 몰락의 도래 때가 바로 지금이다. 인류가 맞이할 종말은 아무도 알 수 없으므로 늘 깨어 있어야 한다고 했나니, 그때를 이 땅에 강림하신 하나님이 열린 가르침으로 일깨우고자 하신다. 천지 역사를 출발시킨 하나님만이 인류 역사의 마지막 때를 알릴 수 있나니, 그 같은 때의 알림을 서양이 당면한 문명적 한계 사실을 지적함으로부터 이루고자 한다.

즉, **서양은 하나님을 신앙하고서도 하나님이 이루고자 한 창조 뜻을 모른 한계 문명이다.** 하나님을 향해 기도하고 믿음을 지킨 것은 옳은 행위이지만, 진정한 본의 뜻을 깨닫는 데까지는 이르지 못했다. 그들은 사상사에서 본질을 배제한 역사를 의도적으로 수놓음과 함께 역사를 추진한 실질적인 과정에서도 하나님의 뜻과 배치된 길을 가고 말아, 더는 돌이킬 수 없게 된 인류 죄악과 인류 종말을 촉발한 중심 세력이 되어버렸다. 이것을 오늘날의 인류가 깨달아야 한다. 그리해야 인류 역사가 하나님이 지침한 창조 목적을 실현하는 방향으로 나갈 수 있다. 한계성을 극복한 새 하늘, 새 역사, 새 문명을 맞이하기 위해……

2. 철학

　하나님이 천지를 창조하기 위해 몸 된 절대 본체를 이행시킨 창조 본체는 일체를 갖춘 통합 본체라, 어떤 대립도 하자도 모순도 없는 완전한 본체이다. 그런데도 창조 역사로부터 생성을 시작한 선천 세계가 한계성을 지닌 것은 그 역시 창조 역사로 인해 시발된 것이다. 바탕이 된 본체 자체는 그야말로 어떤 모순도 대립도 하자도 없지만, 창조 역사로 인해 세계가 결정화, 상대화, 이원화된 탓에 제반 문제가 발생하였다. 창조로 생성 작용이 일어나게 되었고, 생성하는 중에는 본체와 본의가 완전하게 드러날 수 없으므로 하나님의 주재 의지도 믿음 어린 약속 상태로 대처할 수밖에 없었다. 통합 본체의 미분화 상태는 인류가 세계적 현상을 바라보고 이해하고 인식하는 데도 제약 조건으로 작용하였다. 존재하는 데도 전모를 드러내지 못한 창조 본체의 미분화 상태가 선천의 우주 질서와 진리관, 세계관을 한정했다. 세계의 본질적 조건은 그렇다손 치더라도, 더 심각한 문제는 지적한 대로 인류가 때를 기다리면서 진상과 진실을 밝힐 방법을 세운 것이 아니라, 드러나지 않고 보이지 않는 것을 의도적으로 제거하는 방향으로 나간 데 있다. 하나님이 이 땅에 본체자로 강림하시기까지…… 우리는 기존 질서를 비판하는 절차를 거쳐 새로운 질서를 수립하고자 한 역사적 사례를 보지만, 상대적일 수밖에 없는 세계 안에서는 상대성을 초월한 절대적 관점이 있을 수 없다. 따라서 새로운 질서는 오히려 기존 관점을 포용하지 못한 몰이해로 인한 결과 탓일 수도 있다. 그 적나라한 역설을 이 연구는 경험론, 진화론, 유물론을 통해 적시할 것이다. 긴 세월의 때를 끝까지 기다려야 했나니, 하나님이 진리의 성령으로서 본의 관점을 계시한 이때 인류는 비로소 세계를 온전히 이해할 수 있는 관점을 확보하게 되었다. 무엇보다도 인류가 선천 하늘에서 개진한 **"철학"**이란 진리 탐구 영역이 그러하다.

철학은 궁극적, 본원적 진리를 추구한 학문이자 방법론이지만(본체 본질), 또한 세계적인 조건의 영향 아래서 세계의 분열 중인 본질 상태를 대변한 진리 인식 영역이기도 하다(현상 본질). 결코, 절대적일 수 없는 방법과 관점으로 세계의 본질적 모습을 형상화했다. 당연히 그렇게 해서 표출된 진리적 명제들은 그렇게 해서 제한적인 세계 질서의 한계성에 노출되어 있다. 이것을 볼 수 있는 안목을 열린 가르침으로 지침하고자 한다. 즉, 진리를 사랑한 지성들이 추구한 철학이란 탐구 영역은 창조 본체가 드러나지 못한 선천 하늘에서는 시작과 끝을 알 수 없었고, 일체 결론이 유보된 상태였다는 것이 이 연구의 판단이다. 그들의 形而上學적 영역에 관한 판단이 뿌리에 해당한 본질의 작용성을 밝히지 못한 탓에 진리 인식 면에서 한계가 있었다. 다행히 동양은 수행을 통해 깨달음을 얻고자 한 탓에 미분화된 창조 본체를 엿볼 수 있었지만,[9] 서양은 사고를 통한 이성적 통찰과 분석에 의존한 탓에 인식 수단에 있어 제한이 있었다. 그리고 그런 수단의 제한은 그대로 관점 상의 제한으로 이어졌다. 이런 결과를 좀 더 근원적으로 추적하면, 서양 문명 전체가 이성적인 통찰과 사고적인 인식만으로 形而上學적인 본체 영역을 탐구한 데 원인이 있다. 그 결과, 서양 철학은 이원성의 문제를 극복하지 못했고 관념화, 편협화, 유물화, 분석화 과정을 거쳐 급기야 무신론화의 길로 들어서 세계적 분열을 극대화시킨 종말 국면을 초래하였다.

---

9) 수행을 통한 도야로 내면 깊숙한 곳에 잠재된 영적 의식을 일깨워 세계 본질을 직시함.

칸트는 철학에서 인식론 영역을 집대성한 철학자답게 그가 이룬 업적은 시사하는 바가 크다. 흔히 코페르니쿠스적 전회로 불릴 만큼 '인식의 주체성'을 내세웠지만, 때가 이른 지금은 드러난 문제점을 지적할 수 있다. 그는 분명 진리 세계를 탐구하였고, 그렇게 해서 일군 진리 세계를 펼쳤다. 그런데 그것이 사실과 달리 그가 그렇게 바라본 인식 작용의 결과이며, 그런 인식 조건에 의존할 수밖에 없는 것이었다면? 그리고 그렇게 주체성을 내세운 인식 작용에는 사실을 왜곡한 하자가 도사린 것이었다면? 선천적인 색맹자가 사물을 판단하는 것처럼, 서양 철학은 자신들이 대상을 바라본 인식 수단 자체에 본질 세계를 볼 수 없는 장애를 타고났다는 사실을 모른 채 지난 세월을 보냈고, 지금도 여전히 그와 같은 안목으로 본 것이 세계라고 굳게 믿고 있다. 지적한바, 서양은 오감을 통해 사물에 대한 정보를 받아들이고, 이성을 통해 분별하는 사고적 방법을 주된 진리 탐구 수단으로 삼았다. 이 같은 창구를 통해 그들은 눈에 보이고 세상 위로 드러난 사물과 현상에 대해서는 자세하게 판단하였지만, 문제는 그것만이 세계를 이룬 전부가 아니라는 데 있다. 정확히 말하면, 볼 수 있는 눈과 판단할 수 있는 사고력으로 진리 세계의 절반만 인식했다. 이면에서 작용한 본질 영역은 미치지 못했다. 그런데도 그렇게 해서 세운 진리적 명제와 그런 명제를 기반으로 세운 세계가 온전할 수 있겠는가? 그것을 이 연구가 열린 가르침으로 지적해서 천만 년 동안 가려진 무명의 베일을 벗겨내고자 한다.

"서양 철학은 고대 그리스의 대중문화이자 민속 종교인 신화로부터 분리되면서 비로소 시작되었다고 보는 것이 표준적이다."[10] 중요한 이유는

---

10) 『세상의 모든 철학』, 로버트 C. 솔로몬, 캐슬린 M. 히긴스 저, 박창호 역, 이론과 실천, 2007, p.40.

그런 신화가 사실 또는 현실적 삶과는 동떨어져 있다는 데 있다. 마치 현대인이 미신을 물리치고 과학적으로 사고하고자 하는 것처럼…… 하지만 이제는 과학적으로 판단하는 것이 무조건 옳은 것이 아니란 사실도 알아야 한다. 신화가 지닌 통합적인 본질 특성을 깨달아야 했나니, 그런데도 인류가 지닌 인식의 미분화 조건 탓에 상징적으로 표현되었다. 따라서 신화에서 벗어나고자 한 그리스 철학자의 시도란 신화가 갖춘 본질적 뿌리를 미처 보지 못한 결과에 따른 진리 탐구였다고 할 수 있다. 철학의 시작, 그 동기를 제공한 신화를 포괄하지 못하고 분리된 방향으로 나간 것은 그리스 철학자들의 신화에 대한 몰이해일 뿐이다. 이처럼 옳다고 믿은 전도된 착각이 서양 철학사 전반을 지배했다고 해도 과언이 아니다. 기독교 철학에서 아우구스티누스는 플라톤을 따랐고, 아퀴나스는 아리스토텔레스를 따랐다. 라파엘로가 바티칸의 시스틴 예배당 벽화에서 표현한 것처럼 플라톤은 손가락으로 위(하늘)를 가리켰고, 아리스토텔레스는 아래(땅)를 가리켰다. 두 철학자가 하늘과 땅을 가리킨 것은 진리에서의 추구 방향을 지침한 것이고, 후대의 두 신학자가 그것을 양자택일해서 따른 것은 하늘의 질서와 땅의 질서, 곧 본체계와 현상계를 그처럼 나눌 수밖에 없게 만든 세계 구조 탓이다. 그것은 한쪽만이 오직 진리라고 여긴 역력한 인식의 장애 문제에 따른 결과이다. 왜 양쪽 진리를 연결해 통합하고자 한 시도는 없었는가? 이성을 통해 추구한 이데아계의 관념화와 사고를 통한 접근 방법이 양극단으로 치닫게 하여 도무지 두 세계가 지닌 차원적인 거리를 좁힐 수 없었다. 그러니까 그들은 한쪽 영역을 버리고 한쪽 영역만 절대적인 진리라고 판단할 수밖에 없었다. 즉, 선천 철학은 세계의 이원성 문제를 극복하지 못했다. 창조된 세계를 이원적으로 구분했지만, 뿌리를 찾아서 연결하지 못했다. 이런 문제는 동양도 비슷한 판단 절차를 거쳤다. 퇴계 이황이 이기이원론을 따르고, 율곡 이이가 이기일원론을 펼친 것은 통합적 본체를 다르게 바라본 인식의 미분화 상황이다. 동일한 본체를 두 철학자가 동일한 위치에서 보지 않은 것이다. 즉, 퇴계는 현상적 관점에서, 율곡은 본체적 관점에서 본 것인데, 오히려 서로가 동일한 지점에서 본 것처럼 착각하고 있으니까 판가름이 날 수 없었다.

플라톤과 아리스토텔레스도 같은 조건이다. 그들 철학자의 주장은 결코 절대적이지 않다. 각자 바라본 세계에 차원적인 장벽이 가려진 사실을 알지 못한 것뿐이다. "니체는 서양의 그리스적 유산이 유대-기독교적인 배경과 상충함을 알고, 결국 기독교 역사 전체를 통해 발전되어 온 이 두 유산의 종합을 거부한"[11] 탁월한 철학자이다. 고질적인 인식의 장벽을 어슴푸레하게 보았다고 할까? 서양 역사에서 현상계를 초월해서 본체계를 볼 수 있는 인식의 개진 성과가 없었다는 사실의 확인이기도 하다. 이처럼 인식 상의 장애가 관점 상의 장애를 불러일으켜 진리계, 신앙계, 역사계, 문화계 할 것 없이 선천 문명의 고질적 병폐인 대립, 갈등, 편중, 정복, 절대 의식을 고착화시켜 온갖 모순과 패권 경쟁을 불러일으킨 온상이 되었다. 말로서는 코끼리 다리 만지기식 비유를 하면서도 정작 철학자들이 그와 같은 눈으로 세계를 바라보았다면? 왜 그들은 '실재란 무엇인가'라는 문제에 관해 결론이 날 수 없는 논쟁을 벌인 것인가? 빙산의 일각만 보았고, 그것마저 내세운 주장이 다른데, 어떻게 결론이 날 수 있었겠는가? 물이다, 불이다, 공기다, 원자다 등등. 과연 누가 옳고 누가 그른 것인가? 각자가 내린 판단 안에서는 도무지 판가름이 날 수 없다. 그것이 선천 철학의

---

11) 위의 책, p.405.

실상이다. 그런데도 본체계를 볼 수 있는 눈을 가지지 못했다는 사실을 알지 못한 채 자신이 본 실재 세계가 절대적인 진리라고 굳게 믿었다.

또한, 그들은 유교나 불교에 대한 이해에서도 神이 없는 종교라고 단정하고 있지만, 이런 견해는 과연 옳은 판단인가? 이유는 차치하고, 그것은 바로 기독교가 가진 신관 관점에 따른 독단으로서 지극한 편협성을 대변할 뿐이다. "철학이 과학적이어야 근대적이라는 생각은 사실상 몇백 년 전에 제기된 유럽 계몽주의 시대의 산물이다."[12] 하지만 정말 근대적인 생각일까? 신화로부터 철학이 분리된 경우와도 같다. 과학은 지극히 과학적이어야 하듯, 철학은 지극히 철학적이어야 했다. 세계 안에서의 진리적 역할과 탐구하는 대상 자체가 다른데, 철학을 과학적으로 변신시켜야 한다는 것은 잘못된 시도이다. 인식적 장애가 관점의 편협성을 낳은 결과이다. "과학은 분명 사물의 진리를 밝히는 도구로서 이성과 관찰을 통해 자연의 비밀을 벗겨내고, 자연의 힘들을 활용하며, 새로운 기술을 개발해 간다"[13]라는 측면에서는 문명 발전에 이바지했다. 하지만 그런 성과를 빌미로 "과학은 이미 오래전에 종교의 권위를 무너뜨렸고, 신앙 행위를 미신으로 격하시켰다. 하등한 영장류에서 사람이 유래했다는 다윈의 이론을 과학이라고 맹신하면서 창세기를 눌렀다."[14] 그로 인해 인간의 영성 영역이 짓밟혔고, 인류 영혼이 돌아갈 본향을 잃어버렸다. 본체를 제거한 세계에서는 굴복과 정복과 패전만 있었을 뿐, 포용과 조화와 통합의 역사는 기대할 수 없었다.

---

12) 위의 책, p.47.

13) 『세계관의 전쟁』, 디팩 초프라 · 레너드 플로디노프 저, 류운 역, 문학동네, 2013, pp. 8~9.

14) 위의 책, p.18.

이런 터전을 마련한 근대 "데카르트 철학의 승리는 물질세계를 효과적으로 다루는 방법의 창안으로부터 이루어졌다."[15] 하지만 그것은 분명 물질 영역에 한정한 방법론의 제안이다. 그런데도 그것이 세계에서 독야청청 절대적인 진리 탐구 방법론으로 군림한 것은 본질 영역에 관해서 전혀 문외한이었다는 말이다. 그렇다면 그 이외에 어떤 또 다른 진리 영역이 있고, 그런 영역을 볼 수 있는 인식 수단과 방법이 있는 것인가? 바로 동양에서 전통을 쌓은 수행을 통한 의식적 접근 방식이 있다. "해오란 그저 '아! 그렇구나'라는 관념적 앎이 아니다. 본성과 직결된 의식적 각성인바, 사고적 지각과 이성적 통찰로 얻을 수 있는 것이 아니다. 심신불이(心身不二) 상태에서 주어진 전일적 전회이다."[16] 다시 말해, 수행으로 깨달은 의식적 각성은 관념적 지각이 아니고, 혼연일체 된 정신 도달 경지이다. **서양 철학이 개진한 이성적 사고를 통한 진리 인식 방법은 몸 된 의식과 함께하지 못한 데 문제가 있다.** 그래서 비트겐슈타인은 지적했다.

"이성은 자신의 한계를 설정하거나 자신의 한계에 관해 기술할 수 없다. …… 우리는 그러한 한계 너머에 무엇이 있는지도 말할 수 없다. 우리는 말할 수 없는 것에 대해서는 말할 수 없다."[17]

비트겐슈타인은 왜 이 같은 명제를 강조했을까? 인식할 수 있는 길을 찾지 못한 것이다. 그래서 내린 결론이 바로 "말할 수 없는 것에 관해서는 침묵해야 한다"이다. 하지만 우리는 영원히 말하지 않을 수는 없고, 영원

---

15) 『지식의 역사』, 찰스 밴 도렌 저, 박중서 역, 갈라파고스, 2010, p.464.

16) 『돈점 진리 담론』, 박태원 저, 세창출판사, 2017, p.31.

17) 『세상의 모든 철학』, 앞의 책, p.444.

히 침묵하고 있을 수도 없다. 포기하거나 마냥 기다리고만 있을 수 없는 것이 때가 되면 해결할 수 있어야 했나니, 오늘날 강림하신 하나님이 한계 벽에 부딪힌 온갖 장애물을 걷어내고 안목을 개안시켜, 불가능하다고 여긴 차원 너머의 세계로 만 인류를 인도하시리라.

3. 종교

종교는 선천 문명을 이루었고, 지배하였고, 지금도 긍정적이든 부정적이든 인류 사회에 지대한 영향을 끼치고 있는 문명 영역이다. 그중에서도 세계적인 종교를 일으킨 주역은 성인으로 인준되기도 한 천재적인 종교가의 가르침과 그것을 전승한 경전에 의한 것일진대, 그 권위는 그들 세계에서 거의 절대적이다. 세계와 운명과 미래 역사에 대해 알 길이 없었던 선천 하늘에서 믿을 것이라고는 그들의 인격과 지침뿐이었다. 그것은 정체불명인 하늘의 뜻을 대신하는 권위를 지녔고, 또 그렇다고 굳게 믿었다. 섭리적인 측면에서 보아도 그렇게 부여받은 사명 수행 역할은 때를 맞춰 유효 적절하였다. 열린 의식으로 천명을 깨닫고 몸소 실천함으로써 거룩한 인격을 완성했다. 하나님으로서도 본체와 본의를 당장 드러낼 수 없는 조건 속에서는 그들이 인류 구원 사명을 방편상 대신해서 주재한 것이라고 할 수 있다. 하지만 창조 본체, 그 통합적인 근원으로부터 세워진 **"선천 우주론"**의 한계성만큼은 피할 수 없었다. 하나님이 직접 본체를 드러내지 못한 만큼 天으로서든, 道로서든, 法으로서든, 여호와로서든, 알라로서든, 진리의 화신으로서 대신 뜻을 표명한 것인바, 뜻을 각성하고 수용하는 과정에서는 자못 차이가 생겼다. 그로 인해 발생한 세계관적 문제를 인류가 열린 가르침으로 분별할 수 있어야 한다. 종교는 신앙하는 대상자의 가르침을 근거로 그것을 진리로써 믿고 영혼을 의탁하는 형태가 대부분일진대, 그런 역할로 오랜 세월 동안 하나님의 뜻을 대신한 구원 사명을 충실히 수행했지만, 오늘날은 모든 역사를 주재한 하나님이 진리의 성령으로서 강림하신 만큼, 이제는 세계적인 조건상 드러난 한계성을 지적하지 않을 수 없다.

만 세대에 걸쳐 스승으로서 추앙된 성인과 성현들이 남긴 삶의 발자취를 살펴보면 인류의 본보기가 될 만큼 위대한 인격을 갖추기는 했지만, 그렇다고 해서 모든 것을 깨달아 天命을 완수한 것은 아니다. 신앙인에게 있어서는 가르침과 경전이 절대적이라고 할 수 있겠지만, 통합 본체가 생성 중인 세계 안에서는 그 무엇도 분열 중인 본질적 조건을 피할 수 없다. 이런 이유 탓에, 어떤 영역을 불문하고 그것은 본체 뿌리를 드러낸 완성된 진리일 수 없다.[18] 교감하고 깨달아 차원 높은 신념의 세계를 개창하기는 했지만, 그렇게 해서 일군 道와 法과 뜻이 우주론으로서 완성되기 위해서는 소정의 때를 기다려야 했다. 그때가 도래하면 진인, 미륵불, 재림주가 이 땅에 강림할 것이라고 했나니, 그 같은 역할 소임을 행할 자 과연 누구이겠는가? 오늘날 진리 통합의 완수 위에 진리의 전모 본체자로 강림하신 보혜사 진리의 성령이시다. **하나님의 지상 강림 본체가 유교의 道, 십자가의 道, 佛法의 道, 알라의 道를 완성하리라.** 창조 본체가 드러나면 성인의 道, 그리고 종교 진리의 본질이 확실하게 규명된다. 天命을 받은 성인의 가르침인데도 불구하고 도대체 무엇이 부족했던 것인지 확실하게 지적할

---

18) 성인의 가르침, 覺者가 깨달은 道, 철학자의 세계관적 통찰 등이 모두 그러함.

수 있다. 그렇다면 동양인이 추종한 성인 공자의 경우는? 제자와의 대화를 통해 단적으로 표출된다.

"삶에 대해서도 모르는데 어찌 죽음에 대해 알겠느냐? (『논어』, 선진 편)"

적어도 한 문명체를 이끄는 세계관과 우주론은 종합적, 포괄적이어야 한다. 그중에서도 인간의 인생사 영역은 한 중심에 있다. 그런데 공자는 삶도 모르고 죽음도 모른다고 하였다. 솔직한 토로인 만큼, 진정성만큼은 확인할 수 있다. 그렇다면 우리는 그 같은 성인으로부터 무엇을 묻고 구할 수 있는가? 공자마저도 알 수 없다고 한 삶과 죽음에 관한 문제는 누가 가르쳐 줄 수 있는가? 성인이지만 창조된 본의까지는 계시받지 못한 것이다. 아성인 맹자는 성선설을 세워 유교 道의 기초를 터 닦았지만, 그 설도 인간 본성을 본의에 근거해서 펼친 것은 아니다. 사단(四端) 논리는 창조 본성에 근거한 입증이라기보다는, 그야말로 그렇게 생각한 주관적인 설에 불과하다. 그렇다면 후대에 맥을 계승한 신유학은 여기에 관한 문제를 해결하였는가? 理氣론, 태극론 등등. 어떤 논거를 통해 보아도 삶과 죽음의 문제를 우주론적으로 뒷받침하지 못했다. 하나님의 창조 본체를 완전하게 드러내지 못했다. 나아가 天의 의지성, 天의 본질성, 天의 주재성, 天의 초월성, 天의 인격성, 天의 창조성을 종합적인 우주론으로 완성하지 못했다.

그렇다면 부처님의 가르침은? 팔만대장경을 통틀어 보아도 "세계 창조와 하나님의 존재에 관한 이론은 없다."[19] 정각을 이루고 초전법륜을 굴린

---

19) 『축의 시대』, 카렌 암스트롱 저, 정연목 역, 교양인, 2020, p.484.

이래 수많은 중생의 무지를 깨우쳐 佛法의 세계로 인도했지만, 그렇다고 해서 佛法 자체가 우주론으로서 완성된 것은 아니다. 선천 세월이 다하도록 수많은 수행자가 부처님의 길을 따라 法을 일구었지만, 佛法은 완성하지 못했다. 창조된 본의를 깨닫기까지는…… 그것이 불교가 각성 종교로서 만 중생을 빠짐없이 성불시키지 못하고, 표방한 이 땅에서의 불국토를 건설하지 못한 원인이다. 수행 목적과 깨달음에 대한 목적을 명확히 해야 했나니, 그것이 불교가 이루어야 할 해결 과제이다. 하나님의 독생자인 예수는 그렇다면 복음을 통하여 이 같은 문제를 해결하였는가? 짧은 공생애 기간을 통해서는 한계가 있어 복음을 땅끝까지 전파한다고 해도 그것만으로서는 하나님의 창조 목적을 실현하기 어렵다.

이처럼 불교는 깨달음을 얻고도, 유교는 理氣론을 펼치고도, 기독교는 십자가의 道를 세우고도 창조된 본의를 모른 점은 차이가 없다. 성인의 가르침을 받든 종교로서 철저한 경전, 교리, 신학적인 뒷받침에도 불구하고 우주론으로서는 한계성을 지녔다. 유구한 신앙 맥을 이은 내로라한 세계적인 종교인데도 타 종교, 타 진리, 타 신앙 전통을 포괄할 수 있는 역사를 주도하지 못했으며, 끝내 서로에 대해 상대적인 위치를 벗어나지 못했다. 그 핵심 된 이유가 어디에 있는가? 어떤 종교도 우주론을 완성하지 못한 탓에 인류 역사가 종말을 맞이했지만, 이 같은 위기 상황을 극복할 수 있는 진리력을 발휘하지 못하고 있다. 설상가상, 종교에 대한 몰이해가 봇물 터지듯 쏟아졌다. 영국의 철학자 러셀은 공공연히 말하길, "나는 개인적으로 모든 알려진 종교를 반대하며, 모든 유형의 종교적 믿음이 근절되길 바란다. 종교는 주로 공포에 기초를 둔다. 신비로운 것에 대한 공포, 실패에 대한 공포, 죽음…… 따라서 잔인함과 종교가 잘 어울리는 것은 놀라운 일이 아니다. 종교는 인류에게 이루 말할 수 없는 비참함을 안겨주는 원천으로 여긴다."[20] 하지만 이처럼 부정적인 생각은 종교에 대한 또 다른 편견이자 무지이며 억측일 뿐이다. 성현의 가르침이 절대적인 진리라고 여긴 것은 우리의 전적인 곡해일 뿐이라, 사실은 생성을 거듭하면서 완성을 지향하고 있었다. 이 같은 진리의 본질적인 모습을 꿰뚫는 데 인류의 안목을 일깨울 열린 가르침의 역사가 필요하다. 공산화된 중국 사회에서 학식 있는 지성들이 유교에 대해 비판하길, "그것은 봉건 종법 전제주의의 정신적 지주였고, 중국의 인민을 장기간 우매하게 하고, 낙후시키고, 사상을 경직시킨 총체적 근원이다. 유교의 지위가 있으면 더는 현대화의 지위가 없다. 중화민족의 생존을 위해서는 유교를 조속한 시기에 없애야 한다."[21] 과연 누가 잘못 생각한 것이고, 무엇이 잘못된 것인가? 유교인가, 비판한 지성인의 안목인가? 비판하기에 앞서 유교가 지닌 진리적 가치를 새롭게 할 수 있는 더욱 포괄적인 세계 이해 관점을 확보해야 했다. 때가 이르지 못한 탓에 완성되지 못한 것일 뿐, 성인이 지침한 가르침에 있어 하자는 없다. 문명의 근저를 지탱하면서 인류 역사를 추진시킨 주축 원동력이다. 한겨울의 시냇물은 꽁꽁 얼어 있어도 밑으로는 물이 쉬지 않고 흐르는 것처럼, 성인의 가르침도 생명력은 연면한 것이나니, 그것이 흐르고 흘러 목적한 바다에 이르러 바야흐로 하나 되기에 이르렀다. 종교는 이전에도 그러했거니와 앞으로도 능히 인류 사회가 처한 문명적 한계를 극복할 진리력을 본유했나니, 그 궁극적 가르침과 진리가 과연 무엇인가? 하나님이 강림하시어 계시한 '창조 본의'이다. 그 본의가 성현의 가르침을 완성하고, 종

20) 『인생의 모든 의미』, 존 메셜리 저, 전대호 역, 필로소픽, 2016, p.58.

21) 『유교는 종교인가(2)』, 앞의 책, p.51.

교 신앙의 상대성을 극복해서 만 영혼을 하나님의 품 안으로 인도하리라.

4. 과학

인류는 오늘날 자본주의, 물질적 가치, 과학이 양산한 진리의 홍수 속에 흠뻑 취해 있다. 음주 운전은 정상적인 운행을 방해하는 것이고, 약물에 중독된 자는 자기 의지를 조절하기 어렵다. 현대 인류의 정신, 진리, 문명 상태도 그와 같은 처지이다. **"선천 우주론"**의 한계성이 현대 문명 속에 속속들이 파급된 상태인데, 과학은 서양, 철학, 종교에 이어 그 끝단에 해당한다. 문명을 건설하는 데 있어 본질적인 요소를 제거했고, 독단과 편견과 패권 경쟁을 부추겨 인류 문명을 종말 짓게 하는 데 앞장선 진리 탐구 영역이다. 인류 전체가 파멸할 수도 있다는 위험 신호가 처처에서 감지되고 있는 상태인데도 불나방이 불을 향해 돌진하는 것처럼 추세를 멈추지 않고 있다. 각성할 수 없도록 연막을 친 사탄의 교란 전술 탓이다. 위기 상황에 대처하기 위해서는 냉철한 원인 진단과 함께 지혜로운 처방을 세워야한다. 현대의 대다수 인류가 신봉하는 과학적인 탐구 방법과 작용 원리보다 더 효용 가치가 큰 새로운 진리 추구 방법과 작용 원리가 있다는 것을 인류 사회에 확인시켜 주어야 한다. 그것이 우주론적 측면에 있어서 물질 문명으로부터 본질 문명으로의 대전환 역사이다. 문명적 패러다임과 우주적 질서를 바꾸어야 하는 문제이므로, 현실화한다면 과학은 차지한 독단적 지위를 내려놓아야 하고, 세계를 구성한 일부 진리 영역으로서 물러서야 한다. 어느 누가 판단한다 해도 "우주에 관한 모든 물음에 관해 과학이 답을 해 주리라고 기대할 수는 없다. 인간 지능의 상한선을 영원히 넘어서 있는 자연의 비밀은 충분히 있을 수 있다."[22] 그런데도 과학은 왜 그 같은 가능성과 불가능성의 경계를 무시하고 무한도전이란 영웅심에 도취해 있는가? 심대한 착각 상태로부터 깨어날 수 있는 지혜 탐구 전통과 천지를 생성시킨 본질 세계를 볼 수 있는 안목을 가지지 못한 것이다. 통상, 과학은 알고 있지만 영성에 관해서는 문외한이라, 원인은 과학이 확보한 진리 파악 영역의 한계성에 있다. 과학은 주어져 있고 드러나 있는 자연 세계와 우주를 탐구하는 학문으로서, 자연 대상과 우주가 어떻게 말미암았는가 하는 원인 세계, 근원 세계, 창조 세계를 밝히고자 한 학문이 아니다. 여기에 과학이 우주론 측면에서 지닌 한계성이 있다. 천지자연이 어떻게 창조되어 생성, 존재, 변화, 소멸하는 것인지에 대해 무지한 상태인데도 도대체 어떤 문제를 지닌 것인지 알지 못했다. 자신이 손에 쥐고 있는 물건은 다른 곳에서 찾지 못하는 것처럼, 과학 자체 안에서는 본질 세계를 보거나 극복할 수 있는 지혜를 구할 수 없다. 그런데도 과학은 자체 영역만으로 독야청청했나니, 그런 파급력이 크게 미치면 미칠수록 인류 파멸의 요인만 가중할 뿐이다. 이런 위기를 극복할 지혜는 과학 자체 안에서는 구할 수 없고, 제반 자연 현상의 이치를 생성시킨 제3의 바탕체인 본체계가 지녔다는 것이 이 연구의 판단이다.

알다시피 과학은 서양적인 사고방식이 꽃을 피운 학문으로서 그로부터 열매 맺은 자본주의 경제와 물질문명 등은 유럽 대륙에 국한되지 않고 전 세계에 퍼져 일명 '글로벌한 학문'이 되었다.[23] 하지만 이것이 오히려 더

---

22) 『세계관의 전쟁』, 앞의 책, p.35.

23) 『생각의 역사』, 피터 왓슨 저, 남경태 역, 들녘, 2017, p.1068.

수습하기 어려운 문제를 일으켰다. 서양 문명이 어떤 본색을 지닌 문명인가? 본체계를 의도적으로 배제한 주축 문명이 아닌가? 자체 문명만으로서는 본체 세계를 볼 수 있는 눈이 없고, 한계성을 극복할 대책도 세울 수 없었다는 것이 이 연구의 판단이다. 과학이 학문 영역에서 지배적일수록 다른 영역은 상대적으로 고사하여 폐쇄될 지경이 되었다. 제일 먼저, 본질적인 진리 영역을 담당하여 "세상에 관한 이해의 폭을 넓힌 철학적인 설명부터 과학 이론에 밀려났고 形而上學, 인식론, 논리 영역은 거의 한계 지점에 다다랐다."[24] 물론 철학도 자체 지닌 고유한 가치를 깨닫고 역할을 다하지 못한 이유도 있지만, 중요한 것은 과학의 전권적인 독식 차지 야욕에 있다. 유럽의 대표적인 지성인에 속한 "볼테르는 뉴턴의 과학적 성과에 감명받고 장차 종교적 관념(철학 등)은 과학적 관념으로 대체되리라고 확신했다."[25] 이후 현대 문명은 정말 과학적 관점, 과학적 진리, 과학적 진리 탐구 방법으로 도배되다시피 했다. 진리든 역사든 문명이든 어떤 영역이라도 예외 없이 조화와 균형을 이루었을 때만 지속될 수 있다. 짜거나 싱거운 음식은 손이 가지 않는다. 과학이 주도한 물질문명 패러다임도 그와 같다. 진리 세계의 일부 영역에 속한 과학이 지금은 세계를 이룬 전부인 것처럼 되어버렸다. 깨어진 균형을 바로잡기 위해서는 반드시 사장된 본질 영역을 회복해 문명 안으로 복귀시켜야 한다. 그래서 하나님이 오늘날 이 땅에서 본체자로 강림하셨다. 선천 우주론, 선천 문명, 선천 진리의 제반 영역을 창조 본체 안에서 통합하여 대립, 한계, 모순된 분열 요소를 극복해야 하나니, 그리해야 종말에 처한 인류 문명을 구원할 수 있다. "통섭

---

24) 『철학』, 앞의 책, p.416.

25) 『생각의 역사』, 앞의 책, p.26.

적 形而上學에 따르면, 진리를 발견할 수 있는 유일한 방법이 자연과학적 방법"[26]이라고 믿지만, 이 같은 잘못된 판단과 억측을 타파할 수 있도록 인류가 하나님의 열린 가르침에 귀를 기울여야 하리라.

---

26) 『통섭』, 에드워드 윌슨 저, 최재천 · 장대익 역, 사이언스 북스, 2009, p.44.

제10편

창조 본의론

기도: 하나님의 창조 뜻과 창조 원리와 창조 법칙도 창조 본의에 속하지만, 그것은 이미 앞의 저술 과정에서 밝혔고 증거한 바이므로, 지금 중요한 것은 이 같은 저술 과정을 완수할 수 있도록 한 본의, 그러니까 천지 창조 역사를 증거할 수 있도록 하나님이 성령으로서 역사한 목적, 그 주재 뜻이 궁금하나이다. 처음부터 끝까지 만세 간을 초월해 일관되게 주관한 창조 역사의 본의는 과연 무엇입니까? 그것은 태초 이래 만상의 전체 역사를 꿰뚫는 一心, 곧 하나인 창조 목적=주재 목적=인류 구원 목적과 일치하리라는 것을 믿어 의심치 않습니다.

말씀: "~ 가지가 포도나무에 붙어 있지 아니하면 절로 과실을 맺을 수 없음 같이 너희도 내 안에 있지 않으면 그러하리라. 나는 포도나무요 너희는 가지니 저가 내 안에, 내가 저 안에 있으면 이 사람은 과실을 많이 맺나니, 나를 떠나서는 너희가 아무것도 할 수 없음이라. ~(요, 15: 1~8)."

증거: 인생, 그 열매를 보고 안다. 포도나무 가지에 열매를 맺어야 한다. 많이 맺음. 여러분은 어떤 인생의 열매를 맺을 것인가? 풍성한 열매. 풍성한 열매를 맺길 원하는 하나님의 뜻을 아는 사람이 돼라.

제42장 개관(주재 목적)

1. 길을 엶

하나님이 태초에 실현한 천지 창조 역사는 확실하고 당연한 보편적인 사실인데도 인류는 왜 선천 세월이 다하도록 그런 사실을 감지하지도 증거하지도 못했는가? 믿음은 가졌지만, 창조된 원리는 구체화하지 못했고, 形而上學적으로 인식한 명제들은 각색되었으며, 역사 된 일체의 사실적 근거와 메커니즘을 천만 년 동안 전혀 초점 잡지 못했다. **감지할 수 없을 만큼 비밀에 휩싸였고, 눈치를 채지 못할 만큼 베일에 감싸인 이유?-제1문**

하나님은 성경을 통하여 태초에 천지를 창조하였고, 천지 만물이 태초의 창조 역사로 인해 존재한 사실을 밝혔다. 하지만 어떻게 창조하였고, 그렇게 역사한 사실을 어떻게 확인할 수 있는 것인지는 미완인 과제로 남긴 탓에 이것을 이 연구가 지난날 길의 완수 과정을 통하여 밝혔다.[1] 따라서 이 연구가 그렇게 이룬 저술 성업을 바탕으로 다시 천지 창조 역사를 주제로 하여 본 편을 펼침에 있어서는 이전과는 또 다른 저술 관점 확보가 필요하다. 이 연구는 어려운 저술 과제에 직면해서 출처를 밝힐 때마다 하

---

1) 『본질로부터의 창조(2017)』 외 4권. 앞표지 글 저술 목록 참조.

나님이 계시한 '창조 본의'라는 말을 입버릇처럼 언급하였다. 그렇다면 그 '본의'란 정말 무엇인가? 본 편인 "말씀 후편"은 물론이고, "세계교육론" 전체 중에서도 제일 중심을 차지하는 논거라고 할진대, 이 단계에 이르러서는 그렇게 앞세운 창조 본의를 구체적으로 밝혀서 서술할 때가 되었다.

하나님, 이 자식이 원하옵고 궁금한 것은 어떻게 하여 부족한 이 자식을 택하사 창조 이래 감추어진 창조 역사의 대 비밀을 밝혀 준 것이나이까? **하나님의 창조 뜻과 창조 원리와 창조 법칙도 창조 본의에 속하지만, 그것은 이미 앞의 저술 과정에서 밝혔고 증거한 바이므로, 지금 중요한 것은 이 같은 저술 과정을 완수할 수 있도록 한 본의, 그러니까 천지 창조 역사를 증거할 수 있도록 하나님이 성령으로서 역사한 목적, 그 주재 뜻이 궁금하나이다.-제2문** 그처럼 역사 된 본의를 알아야 전혀 새로운 관점에서 하나님의 창조 권능을 대변할 수 있으리라 사료됩니다. 하나님께서 이 자식에게 오랜 세월에 걸쳐 천지 창조 역사를 증거할 수 있도록 역사한 **"주재 목적"**, 그 뜻을 계시하사 하나님이 이룬 천지 창조 역사를 장엄한 지혜로 펼쳐 만 인류가 직접 진리로서 실감할 수 있게 해주소서! (2022. 5. 28. 23:10)

하나님은 태초에 천지 창조 역사를 완벽하게 실현하였고, 오늘날은 길의 역사를 통하여 천지 창조 역사를 완벽하게 증거하였다. 그리고 이제 바야흐로 그렇게 해서 이룬 성업 역사를 만 인류가 알 수 있도록 열린 가르침의 역사를 펼치고자 한다. **인류가 오랜 세월 동안 헤어나지 못한 무지의 늪으로부터 건겨내고자 함에, 그 뜻을 받들기 위해서는 이 연구가 어디에다 초점을 두고, 어떻게 지침해야 하나님의 교화 권능을 드러낼 수 있을**

것인가? 선천 세월을 다해 하나님이 진리의 성령으로서 이룬 성업 역사를 증거할 수 있을 것인가?-제3문 만생과 만물이 하나님이 창조한 역사의 결과물이고 증거물인데도 그것을 세인이 객관적인 원리와 법칙으로서 이해한 무지를 깨우치기 위해서는 만물과 현상과 법칙이 창조 역사를 통해 생겨난 사실을 알고, 그를 통해 하나님의 창조 손길을 확인할 수 있도록 본의 기준을 세우고 판단 근거를 밝혀야 한다. 그리해야 비로소 인류 모두가 천지 만물이 창조된 사실을 알 수 있는 안목을 틔울 수 있으리라.

지난날, 이 연구는 길을 추구한 과정을 통해 천지 창조 역사를 증거하고, 하나님의 창조 본의를 드러낸 **"세계창조론"**을 저술했지만, 세상은 잠잠하기만 하였고, 세인은 뜻을 이해하지 못하였다. 그러므로 이 단계에서 본 편을 다시 구체화하고자 함에서는 그렇게 증거한 창조론을 어떻게 하면 만인이 이해해서 수긍할 수 있을 것인가에 초점을 맞추어야 한다.

하나님, 부족한 이 자식이 하나님께서 진리의 성령으로서 계시한 창조 본의를 어떻게 펼쳐야 하나이까? 어떤 관점, 어떤 뜻을 받들어 인류를 향해 가르침의 교화 권능을 수행하리이까?

어떻게 설명하고, 어떻게 보이고, 어떻게 증거해야 단번에 깨닫고, 이해하고, 믿을 수 있을 것인가? 그것은 이 연구가 먼저 그렇게 가르칠 방법과 지혜와 근거를 하나님으로부터 받들어 깨닫고, 이해하고, 믿어야 한다. 인류의 지성과 영혼 상태를 고려하고 파악해야 어떻게 가르칠 것인지에 관한 깨달음과 지혜와 방법을 마련할 수 있다.-제4문 이 연구가 먼저 어떤 관점과 목적과 진리를 본유했는가가 중요하다.

동서양의 선현들이 진리를 구하고, 道를 구한 것, 진리와 道를 인식한 것, 명제로 표현한 것, 그것이 왜 창조에 관해 인식한 것이고, 표현한 것인지 밝혀서 인류가 직접 볼 수 있도록 안내하는 것이 본 편의 열린 가르침 목적이다.

이 연구가 길을 추구한 지난날은 하나님이 태초에 이룬 천지 창조 역사를 어떻게 증거할 것인지에 관해 고심했던 것이라면, 이제는 그 같은 사실과 역사를 어떻게 가르칠 것인가에 관해 고심해서 지혜와 권능을 하나님께 간구하리라.

이 연구가 하나님의 창조 본의를 밝혀 인류의 무지를 깨우치기 위해서는 어떤 관점과 입장과 하나님의 뜻을 구해야 하는가?

어떻게 하면 보고도 보지 못하고, 알고도 알지 못하고, 겪고도 깨닫지 못하는 창조 역사에 대해 인류의 집단적 무지를 깨우칠 수 있을 것인가?

창조 역사에 대한 계시 메시지는 성경에만 기록된 것이 아니다. 인류의 전 역사를 통해 하나님이 진리의 성령으로서 살아 역사한 계시 역사를 밝히리라.

성경의 창세기에 드러난 창조에 관한 의문을 해결하고자 했던 과학자들은, 그러나 일체 실마리를 세상 가운데서만 구하려고 한 데 문제가 있었다. 창조의 바탕 뿌리에 해당한 본질의 존재 세계를 애써 거부한 지적 전통 안에서는 당연한 접근 방법이기는 하겠지만, 그곳에는 창조 문제를 진리적으로 해결할 수 있는 정답이 없다. 현상적인 세계 안에서 현상을 일으킨 실마리를 풀려는 시도는 영원히 실패할 수밖에 없다.

아무리 하나님의 천지 창조 역사가 장엄하고 위대하다고 해도 그것이 끝내 인류에 의해 바르게 이해되고 확인될 수 없는 역사라면 무익하다. 그래서 그것을 확인해서 진리로서 증거한 성령의 역사도 중요하지만, 더 나아가서는 그것을 깨우칠 수 있도록 하기 위한 교화 역사는 더욱 중요한 하나님의 창조 권능과 영광을 드러내는 역사이리라.-제7문

하나님의 천지 창조 역사는 천지 만물이 창조되기 이전에 이미 완벽하게 준비된 역사인데, 서양의 지성들은 과학적인 지식과 진화론을 근거로 창조 역사를 통해 다 이룬 결정 사실을 기준으로 세계를 탐구하고 이해하고자 한 태도를 보였다. 이것이 그들이 창조 문제를 끝까지 해결하지 못한 근본적인 원인이다. 이런 문제를 풀기 위해 하나님이 진리의 성령으로서 만세 간에 걸쳐 만 영혼을 통해 진리를 일구게 하셨다.

2. 간구

하나님이 창조하고 지키고 허락한 이 신성한 새벽에 이 자식이 무릎 꿇고 매달려 아버지의 뜻을 구하고자 하나이다. **하나님이 태초에 이룬 천지 창조 역사는 하나님께서 직접 이룬 역사이고, 실현한 역사입니다. 그래서**

이제 구하고자 하는 창조 역사에 관한 뜻은 천지 만물을 어떻게 창조하였는가 하는 본의이기 이전에, 하나님의 가장 심중 깊은 곳에 감추어 둔 '창조 본심'에 관한 뜻을 인류를 대신해서 묻고, 여기에 대해 주신 응답 말씀을 받들고자 합니다.-제5문 부족한 이 자식이 하나님께서 은혜롭게 역사한 모든 성업을 어떤 본의 뜻에 근거해야 서술하고 정확하게 전달할 수 있겠나이까? 태초에 창조를 이룬 역사도 본의이지만, 오늘날 강림하신 하나님이 그 뜻을 밝히고자 한 역사도 본의이고, 그 뜻을 열린 가르침으로 지침해 인류의 무지를 깨우치고자 하는 역사도 하나님의 본의이나이다. 하나님, 이처럼 **처음부터 끝까지 만세 간을 초월해 일관되게 주관한 창조 역사의 본의는 무엇입니까? 그것은 태초 이래 만상의 전체 역사를 꿰뚫는 一心, 곧 하나인 창조 목적=주재 목적=인류 구원 목적과 일치하리라는 것을 믿어 의심치 않습니다.-제6문** 그 뜻을 받들어 이 연구가 만세 간을 초월해 역사한 주재 본심을 지침 삼아 만 영혼의 무지를 일시에 깨우치고자 하나이다. 절대적 권능을 발휘할 하나님의 창조 본의, 역사 본의, 인도 본의, 구원 본의를 이 새벽의 성전에 거룩한 진리의 성령으로 임하여 밝혀 주소서! 말씀해 주소서! 은혜로운 역사가 있길 간절하게 간구하나이다. 아멘.

3. 성경 말씀

"내가 참 포도나무요 내 아버지는 그 농부라. ~ 무릇 과실을 맺는 가지는 더 과실을 맺게 하려 하여 이를 깨끗하게 하시느니라. ~ 내 안에 거하라. 나도 너희 안에 거하리라. 가지가 포도나무에 붙어 있지 아니하면 절로 과실을 맺을 수 없음 같이(천지 창조 역사는 완료되었지만, 계속 역사를 주재하고 섭리한 이유와 목적? 그렇지 않으면?) 너희도 내 안에 있지 않으면 그러하리라. 나는 포도나무요 너희는 가지니 저가 내 안에, 내가 저 안에 있으면 이 사람은 과실을 많이 맺나니, 나를 떠나서는 너희가 아무것도 할 수 없음이라(하나님이 역사하지 않으면 창조된 본의를 알 길 없음. 또한, 뿌려 놓은 창조 씨앗이 싹을 틔우지 못하고, 성장하지 못해 열매를 맺지 못함). ~ 너희가 내 안에 거하고, 내 말이 너희 안에 거하면, 무엇이든지 원하는 대로 구하라(본성의 합일 상태=계시의 교감 원리). 그리하면 이루리라(계시 역사 권능 전달이 가능해짐). 너희가 과실을 많이 맺으면 내 아버지께서 영광을 받으실 것이요, 너희가 내 제자가 되리라(요, 15: 1~8)."

4. 말씀 증거

2022. 6. 9. CTS 기독교 TV, 새벽 4시, 생명의 말씀.
　제목: "내 인생의 풍성한 열매를 맺는 비결"
　말씀: 인생, 그 열매를 보고 안다. 포도나무 가지에 열매를 맺어야 한다. 많이 맺음. 여러분은 어떤 인생의 열매를 맺을 것인가? 풍성한 열매.
　첫 번째-능력의 원천에 붙어 있는 사람은 열매를 많이 맺고, 능력을 공급받아 성공적인 삶을 산다. 길, 진리, 생명 되시는 예수님께 꼭 붙어 있어야 한다. 능력의 원천, 고통받지 않고서는 풍성한 열매를 맺을 수 없다.
　두 번째-열매 맺지 않는 사람은 가지를 침. 매를 많이 맞은 호박꽃은 가운데 아주 커다란 호박을 맺는다. 풍성한 열매를 맺길 원하는 하나님의 뜻을 아는 사람이 돼라. 부모는 자식이 잘되길 원한다. 자식이 잘되면 부모가 영광, 크리스천이 잘되면 하나님이 영광, 하나님은 여러분이 잘되길 원하신다. 이것이 하나님의 뜻(나 자신도 정확하게 표현하지 못한 간구 뜻을 오히려 하나님께서 그 의도를 정확히 아시고 응답하므로, 비로소 하나님께 구하고자 한 뜻이 명확해짐). 이것이 곧 이 연구가 궁금하게 여긴 하나님이 태초 이래 이룬 창조 역사, 주재 역사, 증거 역사, 교화 역사의 본의 목적임.

온전히 성공하는 10가지 비결-자존심 가짐. 강한 신앙, 믿음, 신념을 가짐. 창의력, 책임감, 목표를 정함(비전이 있는 사람). 의사소통의 능력 갖춤. 지혜를 몸에 지님. 상황에 적응할 수 있는 능력 갖춤. 끈기(인내심을 가짐), 통찰력 가짐(보는 눈이 있어야 함). 젊은 패기를 가져야 성공할 수 있다. 포도나무 가지가 포도에 꼭 붙어 있는 것처럼……(하나님이 창조 이래 인류 역사를 주재한 섭리 뜻) 그리해야 풍성한 열매를 맺고 …… 너희가 내 제자가 되리라. 아멘.

5. 길을 받듦

새벽에 눈을 뜨자 곧바로 준비했지만 조금 늦은 상태였다. "생명의 말씀" 증거가 시작되었고, 눈에 들어온 것은 설교 제목, 그리고 귀에는 "풍성한 열매"였다. 말씀의 임하심과 성령의 계시 역사는 "즉문즉답" 상태이다. 보자마자, 듣자마자, 깨닫게 된 즉문이란 무엇이고, 즉답이란 무엇인가? 앞에서 간구한바, 하나님은 태초에 천지 창조 역사를 완전하게 실현하고, 인류 역사를 주재하며, 때가 이른 오늘날은 길을 통하여 그렇게 창조하고 주재한 역사에 대한 본의를 밝히고 증거할 수 있게 하셨는데, 그렇게 한 본의 의도, 곧 본심 목적은 무엇인가? 실현 목적, 주재 목적, 증거 목적…… 그것은 한 마디로 **'열매'를 맺기 위해서이다.** 그것도 풍성하게…… 이것이 이 연구가 하나님께 간구한 질문, 의문, 기도에 대한 응답 말씀이다. 아울러 질문한 초점과 일치한 즉답 말씀은 분명하게 의도를 밝힌 바, 이전에 이 연구가 천지 창조 역사를 증거한 것과는 또 다른 새로운 저술 관점에 관한 지침, 곧 태초에 하나님이 천지 창조 역사를 실현하였음에도 불구하고 지금까지 노심초사 인류 역사를 주재하고, 애써 본의를 밝혀 증거하게 한 본심 의도는 다름 아닌 지금까지 이룬 일체 역사를 결실 짓기 위해서이다. 이것이 지금의 이 연구가 하나님의 속 깊은 뜻을 받들어 **"창조 본의론"**을 체제 짓지 않을 수 없는 이유이다. 설교 제목에서도 '비결'이라고 했듯, 이 말씀은 이전까지는 여러 가지 여건상 밝히지 못한 깊이 감추어 둔 하나님의 본심 비밀이다. 그 본의, 그 본심, 그 주재 뜻을 때가 이른 오늘날 밝혀서 천명하심으로써 지금까지 이루었고 또 이룬, 천지 창조 역사를 풍성하게 결실 짓길 원하셨다(지난날의 천지 창조론이 믿음에 의존했고, 창조 메커니즘이 원리적으로 뒷받침되지 못한 사실을 고려할 때, 창조 본의론 저술을 통해 비로소 창조 역사가 본궤도에 오르고 객관적인 사실로서 증거되어 창조된 세계가 풍성한 결실을 거둘 수 있게 됨. 이것은 하나님이 태초에 실현한 천지 창조 역사와는 또 다른 목적으로 주재된 하나님의 권능 역사임).

불교에서는 깨달음이 '돈오돈수'적인가 '돈오점수'적인가를 놓고 논란을 벌이는데, 인간의 의식과 우주가 충분하게 교감 되고 소통된 상태가 되면(너희가 내 안에 거하고, 내 말이 너희 안에 거하면=완전한 합일 상태) 깨달음도, 계시 역사도, 한순간에 즉각적으로 이루어진다. 그런데도 세인은 뜻을 이해하기 어려울 수 있는데, 이유는 이 연구가 도대체 무엇을 어떻게 기도하고 간구한 것인지에 관한 근거를 알지 못한 탓이다. 이 연구도 하나님이 이룬 성령의 계시 역사를 온전히 파악하기 위해서는 어떤 뜻을 일구었고, 구하고자 한 것인지를(간구) 다시 확인해서 대조해 나가야 한다. 이 같은 '길의 추구 방법론', '계시 역사 수용론', '신인 교감 방법론', '말씀 해석 관점론'이 이전까지는 본인의 주관적인 판단 이해와 교감 된 믿음 안에 있는 상태였다. 따라서 즉문즉답이란 돈오적 계시 작용(수용) 원리를 직감함과 별도로, 이것을 더욱 자세하게 확인하기 위해서는 앞에서 간구한 질문 요지를 일일이 확인해서 대조해야 할 필요성이 있다. 그렇게 하면 아하! **하나님의 영적인 계시 전달 뜻(하나님의 말씀)을 인류가 공통으로 해석할 수 있는 방법론**으로 승화될 수 있을 것이라는 사실을 직감하였다. 곧, 하나님의 계시 뜻을 해석할 수 있는 방법론을 원리적으로 깨닫고, 구조적으로 정형화할 가능성을 인지한 것이다. 이것은 역사상 실로 하나님과 인간 간의 '영적 교감 작용 시대'를 여는 첫 신호탄을 쏘아 올리는 전환 시점이다(2022. 6. 11. 14:50). 지난날 인류가 개척한 계시 수용 형태는 기도에 대해 주어진 결과를 판단한 주관적인 믿음 위에 있었다. 성경 말씀을 통해서는 개념적인 의미 이해와 각자의 방식으로 해석하는 것 이외에는 다른 방법이 없었다. 하지만 이제 이 연구가 제안하고자 하는 것은 우리가 먼저 인간적인 입장에서 하나님께 구하고자 하는 뜻을 기도로써 간구하고, 그렇게 해서 받은 말씀을 대조하는 방식이다. 이런 방법적인 절차에 어떻게 원리적인 작용이 뒷받침될 수 있는가 하면, 인간은 하나님의 몸 된 본체로부터 창조된 자녀라, 차원이 다른 하나님의 계시 뜻을 받아들일 수 있는 영적 수신 체제를 갖추었다. 인간의 사고 작용, 정신 구조, 의식 작용 등이 모두 그러하다. 인류는 그동안 활용 방법을 모른 탓에 활성화하지 못했던 것일 뿐, 하나님은 천지 창조 시 사랑하는 자녀와 소통할 수 있는 비장의 생체 기관을 구안해서 장착해 두었는데, 그것이 곧 인류가 지닌 두뇌란 영민한 사고 작용 기관이다. 그래서 하나님이 깊이 간직한 창조 비밀을 때가 된 지금 밝힌 바인데, 그것이 바로 인류가 지닌 사고 작용이 하나님의 뜻을 수용하고 해석할 수 있도록 구조화된 영적 수신 시스템이었다는 사실이다. 그리고 중요한 것은 오늘날 비로소 그 비밀을 밝혀 정확한 사용 방법을 가르쳐 주신 데 있다.[2] 그것이 과연 무엇인가? **인간의 의식과 하나님의 성령은 일체이고 한 몸이라, 영적으로 짝을 이루고 있다는 사실이다. 그래서 작용상으로는 발신체와 수신체로 되어 있고, 구조적으로는 볼트와 너트처럼 맞대면 꼭 맞아떨어지며, 원리적으로는 작용 시스템이 완벽하게 구조화되어 있어서 인간이 의식을 통해 강력한 믿음과 기도와 기원을 이루면, 간구한 뜻이 하나님께 상달되어 응답한 말씀을 일치된 뜻을 통해 전달받을 수 있게 된다.** 이 같은 영적 교감 작용이 정말 어떻게 짝을 이루고 일치되었는가 하는 것은 바로 앞의 "길을 엶"에서 일군 뜻과 하나님이 계시한 말씀을 대조하면 확인할 수 있다. 반복되는 내용이지만, 하나님과 우리의 영적 본성이 짝을 이룬 사실을 확인하기 위해서는 이 연구의 간구 대 받든 말씀을 재차 대조하는 절차를 거쳐야 한다. 확인

---

2) 하나님이 진리의 성령으로서 강림하시기 전에는 시기상조적인 문제가 있었지만, 강림하신 지금은 하나님과 인간 간에 상호 교감 조건이 충족된 탓이며, 그 전적인 이유는 바야흐로 보편적인 성령의 시대를 열기 위해서임.

을 더 쉽게 하려고 간구 요지를 질문 1로부터 질문 7까지 구분하였다.

제1문: 하나님이 태초에 실현한 천지 창조 역사는 확실하고 당연한 보편적인 사실인데도 인류는 왜 선천 세월이 다하도록 그런 사실을 감지하지도 증거하지 못했는가? ~ 감지할 수 없을 만큼 비밀에 휩싸였고, 눈치를 채지 못할 만큼 베일에 감싸인 이유?
해석: 하나님이 직접 실행하고 주관하였지만, 또한 하나님이 직접 밝히지 않고 가르치지 않으면 아무도 알 수 없다. 그래서 창조 역사가 비밀에 휩싸였다(나를 떠나서는 너희가 아무것도 할 수 없다).

제2문: 하나님의 창조 뜻과 창조 원리와 창조 법칙도 본의에 속하지만, 그것은 이미 앞의 저술 과정에서 밝혔고 증거한 바이므로, 지금 중요한 것은 이 같은 저술 과정을 완수할 수 있도록 한 본의, 그러니까 천지 창조 역사를 증거할 수 있도록 하나님이 성령으로서 역사한 목적, 그 주재 뜻이 궁금하나이다.
해석 1: 풍성한 열매를 맺길 원하는 하나님의 뜻을 아는 사람이 돼라. 부모는 자식이 잘되길 원한다. 자식이 잘되면 부모가 영광, 크리스천이 잘되면 하나님이 영광. 하나님은 여러분이 잘되길 원하신다. 이것이 하나님의 뜻. 이것이 하나님이 천지를 창조하고 주재한 본심, 곧 창조된 본의를 밝힌 뜻이라고 즉답하시다. 다시 말해, 본심의 핵심은 하나님의 인류 사랑에 대한 표현이자 뜻이다. 창조하고 사랑한 인류가 잘되길 원하고 열매 맺길 원하신다. 그래서 하나님은 창조주인 동시에 모를 심은 논의 주인과도 같다. 모를 심었다고 해서, 천지 만물을 창조했다고 해서, 그것만으로 역사가 끝난 것이 아니다. 벼는 농부의 발걸음 소리를 듣고 자란다는 말이 있듯, 그렇게 자나 깨나 인류를 보살피기 위해 창조 역사 이후에 인류 역사를 주재하고 섭리하심. 심었으므로(창조) 열매를 맺고, 가을이 되면 풍성한 결실을 거두기 위해서……

해석 2: "무릇 내게 있어 과실을 맺지 아니하는 가지는 아버지께서 이를 제해 버리시고, 무릇 과실을 맺는 가지는 더 과실을 맺게 하려 하여 이를 깨끗게 하시느니라." 하나님의 교화 권능에는 심판 의지가 다분히 작용한다. 단순히 가르침을 받들고 말고 할 상황이 아니다. 왜냐하면, 가지가 포도나무에 붙어 있지 아니하면 절로 과실을 맺을 수 없음 같이, 포도가 포도나무 가지에 꼭 붙어 있는 것처럼…… 하나님의 주재 목적은 열린 포도가 가지에서 떨어지지 않도록 꼭 붙든 입장이고, 인간적인 조건은 그 가지(하나님)에 꼭 붙어 있어야(신실한 신앙) 한다. 그리하면 하나님이 더 과실을 맺게 하려 하여 이를 깨끗게 하고(보살피고 북돋움), 그렇지 못하면 과실을 맺지 못할 뿐 아니라, 그런 가지는 그냥 놔두는 것이 아니고, 과실을 맺는 가지를 위해 잘라버리고, 마르면 불살라 버림.

해석 3: 예수께서 이르시길, "가지가 포도나무에 붙어 있지 아니하면 절로 과실을 맺을 수 없음 같이……" 이 말씀은 이 연구가 하나님께 질문한 물음, 곧 천지 창조 역사는 완료되었지만, 계속 역사를 주재하고 섭리한 이유와 목적(**"주재 목적"**)에 관해 100% 구조적으로 일치한 하나님의 즉각적인 응답 말씀이다. 선불교적인 깨달음 작용 방식에 근거한다면, 지극히 돈오돈수적이다. 당시 예수는 무슨 의도로 이 같은 비유 말씀을 하였는가? 수많은 세월에 걸쳐 수많은 영혼이 이 말씀을 대했겠지만, 오늘날에 있어 어김없는 사실은 이 순간 고뇌 어린 이 연구의 질문 간구에 응답하기 위해 만세 전부터 예비된 하나님의 말씀이라. 이천 년 전의 예수 말씀과 이천 년 후 길의 간구 뜻이 하나님이 성령으로 임하여 역사한 이 순간에 비로소 완전한 정황 조건으로 일치했다. 하지만 한편으로 보면, 이 같은 역사는 하나님이 이 연구만을 위해 일으킨 특별한 역사가 아니다. 하나님 의 주재 역사는 만유와 만상에 걸쳐 동일하다. 무슨 말인가 하면, **성경에 기록된 말씀은 인류의 만 가지 간구에 대해 응답할 수 있도록 준비된 하나 님의 살아 계신 의중 뜻이며, 만재만능(萬在萬能)한 하나님의 대 완성 지 혜이다.**

제3문: 인류가 오랜 세월 동안 헤어나지 못한 무지의 늪으로부터 건져 내고자 함에, 그 뜻을 받들기 위해서는 이 연구가 어디에다 초점을 두고, 어떻게 지침해야 하나님의 교화 권능을 드러낼 수 있을 것인가? 선천 세 월을 다해 하나님이 진리의 성령으로서 이룬 성업 역사를 증거할 수 있을 것인가?

해석: 하나님의 계시 말씀에는 이 연구가 간구한 모든 물음에 대해 응답 한 말씀이 함축되어 있다. 즉, "너희가 내 안에 거하고, 내 말이 너희 안에 거하면, 무엇이든지 원하는 대로 구하라. 그리하면 이루리라." 하나님과 인류의 본성이 합일하고 뜻이 일치되는 길을 추구하면, 누구라도 하나님 의 말씀을 접하고, 하나님의 권능 어린 계시 역사를 체험할 수 있다.

제4문: 어떻게 설명하고, 어떻게 보이고, 어떻게 증거해야 단번에 깨닫 고, 이해하고, 믿을 수 있을 것인가? 그것은 이 연구가 먼저 그렇게 가르칠 방법과 지혜와 근거를 하나님으로부터 받들어 깨닫고, 이해하고, 믿어야 한다. 인류의 지성과 영혼 상태를 고려하고 파악해야 어떻게 가르칠 것인지에 관한 깨달음과 지혜와 방법을 마련할 수 있다.

해석: 밝힌 바 즉문즉답할 뿐 아니라 만문만답하신다. 그 원리적 요지는 하나님으로서는 인류의 온갖 물음에 응답할 수 있는 지혜와 가르침 시스템을 갖추었고, 이에 응한 인류는 간구한 물음에 대해 즉문즉답되어야 하나님의 살아 계심과 역사하심과 함께하심을 실인할 수 있다. 즉시 이해하고 즉시 믿을 수 있다. 지체되고 부연 설명이 길면 역사한 사실을 확인하기 어렵고, 가르쳐도 잘 이해할 수 없음. 정말 어떻게 설명하고, 어떻게 보이고, 어떻게 증거해야 하나님의 살아 역사하심과 주신 말씀을 단번에 깨닫고, 이해하고, 믿을 수 있을 것인가? 그 방법적 지혜를 즉문즉답 원리로 구체화해 주심. 간구하므로 하나님께서 성령으로 역사하여 부족한 이 자식이 깨닫게 하심.

제5문: 하나님이 태초에 이룬 천지 창조 역사는 하나님이 직접 이룬 역사이고, 실현한 역사입니다. 그래서 이제 구하고자 하는 창조 역사에 관한 뜻은 천지 만물을 어떻게 창조하였는가 하는 본의이기 이전에, 하나님의 **가장 심중 깊은 곳에 감추어 둔 '창조 본심'**에 관한 뜻을 인류를 대신해서 묻고, 여기에 대해 주신 응답 말씀을 받들고자 합니다.

해석: 이 연구가 하나님께 간구한 것은 하나님의 가장 심중 깊은 곳에 감추어 둔 '창조 본심'에 관한 뜻을 인류를 대신해서 묻고, 여기에 대해 주신 응답 말씀을 받들고자 하는 요구였다. 이에 대해 하나님은 증거 말씀을 통해 "풍성한 열매를 맺길 원하는 하나님의 뜻을 아는 사람이 돼라. 부모는 자식이 잘되길 원한다"라고 하셨다. 이 응답 말씀은 어떤 사실에 대한

정보와 비밀을 밝히는 것이 아니고, 하나님이 지금까지 감추어 둔 심중 깊은 속뜻, 곧 본의 본심을 말씀하는 것이다. 하나님의 뜻, 부모의 뜻……

제6문: 처음부터 끝까지 만세 간을 초월해 일관되게 주관한 창조 역사의 본의는 과연 무엇입니까? 그것은 태초 이래 만상의 전체 역사를 꿰뚫는 一心, 곧 하나인 창조 목적=주재 목적=인류 구원 목적일 것을 믿어 의심치 않습니다.

해석: 이천 년 전에 하나님이 독생자 예수를 통해 밝힌 천지 창조 역사의 주재 뜻과 창조 본의 목적은 그것이 온전한 하나님의 뜻 자체이고, 지금까지 인류 역사를 주재하고 섭리한 뜻이며, 오늘날 길을 통해 천지 창조 역사를 증거하고 교화케 할 하나님의 변함없는 본심이다. 그 뜻은 일관된 一心이라, 그것을 이 순간 성령의 계시 역사로 밝히고 확언하였다. 지난날은 예수가 정말 하나님의 독생자인가란 문제로 신관이 갈라졌지만, 오늘날의 인류는 이 순간 예수를 통해서 한 말씀을 통해 예수가 하나님의 독생자인 사실을 확증할 수 있는 영적 판단 안목을 가져야 한다. 무엇을 통해? 이천 년 전에 하나님이 예수를 통해 밝힌 천지 창조 역사의 주재 목적과 이 순간 길을 통해 밝힌 주재 목적이 다르지 않다. 일관된 뜻을 가지고 천지 창조 역사를 주재하였고, 예수의 인류 구원 사역을 감당케 하였으며, 동일한 뜻으로 오늘날은 길의 전 인도 과정을 주재하였다. 무엇이 같고 무엇이 변함없는 것인가? 하나님의 절대적인 본의와 본심, 천지 만물과 인류를 지은 창조 뜻이 변할 리 있겠는가? 그런 사랑의 표현 의지, 곧 창조된 모든 것이 잘 되기를 원하고, 결실을 거두게 하기 위한 주재 목적이……
잘 되고 풍성한 열매를 맺는 것은 인류의 영광이기 이전에 하나님의 영광

이고, 그 이유는 하나님과 인류가 일체인 탓이다. 이 뜻을 깨닫고 충실히 받들진대, 인류는 말씀을 증거한 예수 그리스도의 제자가 되는 영광을 얻으리라.

제7문: 아무리 하나님의 천지 창조 역사가 장엄하고 위대하다고 해도, 그것이 끝내 인류에 의해 바르게 이해되고 확인될 수 없는 역사라면 무익한 것이다. 그래서 그것을 확인해서 진리로서 증거한 성령의 역사도 중요한 것이지만, 더 나아가서는 그것을 깨우칠 수 있도록 하기 위한 교화 역사는 더욱 중요한 하나님의 창조 권능과 영광을 드러내는 역사가 되어야 하리라.

해석: 하나님의 천지 창조 역사를 애써 증거해도 그것을 인류가 이해하고 받들지 못하면 아무런 소용이 없듯, 하나님이 천지 창조 역사를 아무리 완벽하게 실현하고 주재했어도, 그것을 인류가 이해하고 받들 수 없다면 이루고자 한 모든 역사가 헛되다. 열매를 맺지 못하고 결실을 거둘 수 없다. 그러므로 이 연구는 인류와 창조된 모든 것이 풍성한 열매를 맺길 원하는 하나님의 뜻을 아는 사람이 될 수 있도록 하나님이 마련한 열린 가르침 본연의 자세를 견지하리라. 그것이 하나님이 역사한 창조 섭리의 제일 정점에 선 **"창조 본의론"**이 지닌 지대한 저술 사명이다. 절체절명의 과제를 안고, 이제 하나님의 뜻을 받들 길을 출발하리라.

제43장 창조 관점

1. 본의

하나님이 태초에 이룬 천지 창조 역사는 그때나 지금이나 하나님이 역점을 둔 제일의 권능 역사이다. 그리고 지금까지도 끈을 놓지 않은 일관된 역사라, 하나님이 강림하신 오늘날에도 달라진 것은 하나도 없다. 단지 태초에는 창조 역사를 실현하는 데 중점을 두었다면, 이후부터는 그렇게 역사한 사실을 진리로써 밝히는 데 주력한 것인데, 이런 역사마저 완료한 지금은 열린 가르침의 문을 열어 인류의 무지를 깨우치는 데 주력하고자 하신다. 그런 만큼, 이 연구도 천지 창조 역사는 하나님의 뜻을 받들 제일의 교화 주제이다. 밝힌 바대로 본 편은 창조란 무엇인가? 하나님이 태초에 천지를 어떻게 창조하였는가에 관한 문제가 아니고, 창조된 역사 사실을 어떻게 가르칠 것인가 하는 목적을 설정하고, 방법론을 강구해서 이 연구가 펼친 제반 교육 원리를 최대한 적용하는 것이 관건이다. 인류의 창조 조상 아담과 이브는 어떻게 해서 자신이 벌거벗은 사실을 깨달았는가? 바로 금단의 열매를 딴 불순종 탓이다. 순종했을 때는 불순종한 죄악이 없었지만, 선을 넘어선 이후부터 하나님에 대한 인간 죄악이 고개를 치켜들게 되었다. 벌거벗은 사실을 알았다는 것은 인류가 저지른 죄를 알게 된 최초의 각성 인식이듯, 이 연구도 태초부터 지금까지 알지 못한 창조 역사에 대한 무지를 깨우쳐 인류의 집단적 벌거벗음 상태, 곧 저지른 죄악 본성을 각성할 수 있게 하리라. 이런 측면에서 볼 때, 창조 역사에 대해 문외한인 무지를 깨우치고자 하는 열린 가르침의 접근 방법론은 지극히 역설적이다. 창조 역사, 그 본의가 무엇인지를 곧바로 직설해서는 아담과 이브처럼 자신이 벌거벗은 사실(불순종-죄악)을 알지 못한다. 마치 소크라테스가 적용한 산파법처럼, 창조 역사를 알 수 없게 쳐놓은 사탄의 장애물을 걷어내어 하나님의 연면한 창조 본의를 만 인류가 직시할 수 있게 하리라. 정말 인류는 하나님의 창조 역사에 대해 얼마나 무지했는가? 그리고 그런 무지 상태를 극복했을 때의 획기적인 세계 변화 기대는? 창조 역사를 실현하고 주재한 본의를 알아야 그로부터 일군 진리 세계를 이해할 수 있고, 밤낮없이 진리를 탐구한 선현들의 노력, 그리고 하나님이 진리의 성령으로서 역사한 선천의 섭리 역사 상황을 두루 판단할 수 있는 안목을 확보할 수 있다. 인류가 남긴 선천의 지적 유산을 드높은 창조 본의 깃발 아래서 일목요연하게 정리할 수 있을뿐더러, 선현들이 말한 얽히고설킨 진리적 명제를 가닥 잡아서 복잡한 논리와 이치의 숲을 헤쳐 나갈 수 있다. 이것은 과연 가능한 역사인가? 창조주인 하나님이 주재한 역사이고, 진리와 역사 가닥이 모두 창조로 인해 생겨났고 생성되어서이다. 하지만 본의를 자각하지 못하고 관점을 확보하지 못한 지난날은 세상 어디서도 세계관적 한계와 무지가 역력하였다. 하나님이 아니면 무엇 하나 이룰 것이 없다고 함에, 본의를 모른 조건 속에서는 창조에 관한 앎이 지극히 피상적이었다.

창세기에 관한 격론을 다룬 저술을 보면 이 같은 사실을 곧바로 실감할 수 있다. "창조 날들의 길이는 24시간이었는가? 창세기의 창조 기사에 제시된 사건들은 시간 순서대로 되었는가? 지구는 몇천 년 전에 창조되었는가? 진화는 창조의 과정에 포함되어 있었는가? 등등(나머지 주제들은 더욱더 점입가경임-총 11가지 주제)."[1] 창세기에 관한 격론을 가닥 잡고 자 접근한 방법 자체가 제한적이다. 창조 역사는 그야말로 천지가 창조되기 전, 그러니까 시간이 있기 전, 사건들의 순서가 정해지기 전, 지구와 아담과 이브와 노아 홍수가 있기 이전에 이루어진 본질 영역이라, 초점이 완전히 벗어났다. "과학적 증거가 오랜 지구론과 젊은 지구론 중 어느 쪽을 더 잘 지지하는가 등등."[2] 창조 역사를 실현하기 이전에 하나님이 준비한 역사와 실현한 이후에 펼쳐진 결과 역사는 다르다. 그런데도 그들은 창조에 관한 일체 문제를 현상적 관점, 즉 창조 이후에 이루어진 결과적 조건을 근거로 창조 이전의 역사까지 가늠해서 설명하고자 하였다. "오리게네스나 아우구스티누스 같은 경우는 창세기의 날들을 풍유적으로 해석했다. 마르틴 루터가 창세기 제1장의 문자적 해석을 변호한"[3] 것과도 차이는 별반이다. 그들이 가진 판단 관점은 창조 이론의 결과를 따지는 것 이외는 방법이 없었다. 본의에 대한 명백한 무지 탓이다. 그들에 비한다면, 칸트의 고백은 오히려 솔직한 편이다. 그는 "인간의 이성은 神의 존재를 증명할 수도, 부정할 수도 없다고 했는데, 이를 두고 후인들이 神의 존재는 증명할 수 없다고 곡해하여 종교를 이성의 영역 바깥으로 몰아냈고, 한편으로는 神의 존재를 부정할 수 없다고도 하여 종교가 이성의 영역에 머물 수 있도록 하였다. 이것은 종교와 과학 간의 갈등을 푸는 칸트식 타협안이었

---

1) 『창세기 격론』, 칼 헨리 외 저, 로널드 영블러드 엮음, 김태범 역, 송인규 해설, 한국기독학생회 출판부, 2020, p.차례.

2) 위의 책, p.74.

3) 위의 책, p.13.

다."[4] 과연 그러한가? 이것은 어쩌면 그들이 도달한 창조 역사에 대한 무지 상태를 가늠하는 현주소일 뿐이다. 본의를 모른 탓에 창조 역사를 주관한 하나님을 알 수 있는 길까지 막아버렸다. 창조란 가림 막에 가려 하나님을 보지 못한 것이다. 이런 문제를 본의로써 풀고 열린 가르침으로 깨우쳐야 함에, 그런 관점에서 보면 지혜로운 선현들은 또한 미비한 조건 속에서도 본의에 근접한 각성 상태를 확인할 수 있다.

"대부분 인도학자는 초기 우파니샤드의 중심 사상을 비밀스러운 가르침에서 찾았다. 비밀스러운 가르침이란 바로 대우주의 원리인 브라만과 소우주의 원리가 같다"[5]라는 것인데, 창조적 인식이 뒷받침되지 못한 상태이다 보니 스승의 가르침은 공개적일 수 없는 비밀스러운 지혜에 속했고, 미비한 조건 탓에 가르침 역시 조심스럽고 어려운 문제였다. 바로 이같은 문제를 열린 가르침이 풀고자 함에, 우선적인 절차로서는 실현된 창조 역사부터 증거할 수 있어야 했고, 증거한 지금은 비밀스러운 가르침 단계를 넘어 열린 가르침으로 비밀을 풀고자 한다. 살필진대, "동양의 주렴계는 道學의 시조로 여겨진바, 『태극도설』과 『통서』를 지어 음양오행의 이치를 밝혔고, 그런 후에야 道의 큰 근원이 하늘에서 나온 것이 명백하게 의심스럽지 않다고 하였다."[6] 하지만 그렇게 지목한 '하늘'이 바로 하나님이며, 창조로 인해 도학이 성립된다는 사실은 몰랐나니, 그가 밝힌 음양오행 이면에는 다름 아닌 하나님의 창조 본의가 함축되어 있었다. 이처

4) 『철학 콘서트(3)』, 황광우 저, 웅진지식하우스, 2012, p.188.

5) 『우파니샤드』, 김세현 역해, 동서문화사, 2016, p.16.

6) 『宋史·도학전』, 권 427.-「정이천 리철학의 이론적 체계에 관한 연구」, 박호석 저, 대구한의대학교 대학원, 박사, 2015, p.28.

럼 말하고도 알지 못한 창조 비밀을 깨닫게 하려고 열린 가르침은 창조 역사로 인한 것이 정말 창조된 역사 탓이란 사실을 알 수 있는 본의 관점을 정확하게 초점 잡는 작업이 필요하다. 하나님이 태초에 천지 만물을 어떻게 창조했는가 하는 메커니즘을 밝히는 것도 필요하지만, 그렇게 해서 이루어진 역사 사실을 정확히 꿰뚫어 볼 수 있는 관점을 확보하는 것도 필요하다. 특히, 열린 가르침으로 인류의 무지를 깨우치고자 하는 교화 관점을 정립하는 과정에서는 자칫 관점을 잘못 세우면 본의가 왜곡되어 동문서답하는 결과를 낳을 수 있다. 태초의 천지 창조 역사는 누구도 경험하지 못한 사실이지만, 하나님이 진리의 성령으로서 모든 사실을 일깨운 진리 역사를 펼친 만큼, 그것을 종합적으로 통찰하면 본의 관점을 확보할 수 있다.

예를 들어, 성경에 기록된 하나님의 명칭이 단수냐 복수냐 하는 것은 문법적으로 따져서는 존재 본성을 판가름할 수 없다.[7] 이 연구는 오직 진리의 성령으로서 역사한 하나님을 체험함으로써 드러난 역사적인 특성을 가지고 하나님의 본성에 대해 말할 뿐이다. 진리의 성령으로서 만세 간에 걸쳐 창조된 본의를 계시하셨나니, 그 같은 역사 사실을 열린 가르침으로 밝히고자 한다. 그렇게 확보한 본의 관점이란 과연 무엇인가? 바로 태초의 천지 창조 역사는 이미 실현되었고, 본의는 인류의 선현들이 정열을 바쳐 진리를 탐구한 과정을 통해 모두 일구어졌다. 하나님이 진리의 성령으로서 주재한 대 성업 역사이다. 이와 같은 기본적인 입장과 관점을 가지고 이 연구는 과연 하나님이 주재한 천지 창조 역사의 본의가 무엇인지를 초점 잡고, 핵심 된 진리를 밝힐 때가 되었다. 그렇게 해야 확보한 뜻을 어떻게 가르칠 것인가 하는 교화 방법을 구체화할 수 있다. 창조된 본의가 밝

---

7) "우리의 형상을 따라 우리의 모양대로 우리가 사람을 만들고……"-창세기, 제1장 26절.

혀지지 못한 선천에서의 창조 역사는 온갖 상상과 추측으로 관망 된 신화적 영역이었다고 해도 과언이 아니다. 다양한 생각들이 개진될 수밖에 없는 여건인바, 그래도 그런 생각을 크게 나눈다면, 두 가지 영역으로 구분할 수 있다.

"고대로부터 살펴본다면 어떤 우주 창조론에서도 이 세계가 無로부터 생겼다는 생각은 보이지 않는다. 그렇다면 이 세계는 어떤 원초적인 창조자에 의해 만들어진다. 그 창조자의 첫 번째 행위는 종종 자신을 창조하는 (즉, 현시) 일이거나, 혹은 형태 없는 이전의 단일체나 카오스를 분할하는 일이었다."[8] 그것이 神이든 물질이든 차이점은 문제가 아니다. 무언가 있음을 전제하고, 그것을 근거로 창조 작업이 있었다고 여긴 발상이 중요하다. 그리고 나머지 한 가지는 최초 有를 전제하지 않은 절로, 그냥, 자화 창조론이다. 노자의 무위자연론, 진화론 등등. 아무리 추측한 상상이라고 해도 우리는 어떤 생각이 더 상식적이고 합리적인가 하는 것 정도는 가늠할 수 있다. 고대인의 생각을 통해서도 확인할 수 있듯, 아무것도 없는 無로부터 천지가 창조되었다는 것은 이치로 일반적인 세상 법칙과 어긋난다. 그런데도 현대 과학을 신봉하는 대다수 지성이 후자를 정설로 인정하고 있다는 것은 본의를 모른 무지이다. 어떤 경우에도 후자 창조론은 때가 되면 허물어질 운명을 지녔다. 그렇다면 기독교가 교리로 채택한 "無로부터의 창조"란? 창조 역사에 앞서 神이란 존재를 전제했다는 점에서는 최초의 有를 인정한 창조론에 속한다. 하지만 문제는 그다음부터이다. 하나님이 전격 無로부터 일체 만물을 창조했다고 하므로, 이것은 하나님의 절대 권능에 의탁한 창조론으로서 세상 법칙과 어긋났다. 여기에 운명을 같이

---

8) 『세상의 모든 철학』, 앞의 책, p.53.

한 기독교 신앙의 한계성이 함께 도사렸다. 이처럼 창조에 관한 사고 유형 중 심지어 기독교 창조론마저 자격 상실로 판정되는 만큼, "無로부터의 창조"론이 떨어져 나간다고 한다면, 우리는 남은 최초 有에 근거한 유형으로부터 본의에 근접한 창조론을 추적할 수밖에 없다. 그것이 비록 고대인의 생각으로서 신화적이라고 할지라도 본의에 입각하면 충분히 이해할 수 있는 창조론 유형에 속한다. 예를 들면, 중국 신화에서는 "처음에 혼돈이 있었고, 거대한 혼돈의 알 속에서 반고라는 존재가 잉태되었다. 반고는 하늘이 무너질까 두려웠다. 그래서 자기 손을 뻗어 하늘을 받치고 섰다. 시간이 지나면서 반고는 자라났고, 그에 따라 하늘은 땅과 멀어져 갔다. 그렇게 1만 8천 년을 버티던 반고는 죽음에 이르렀다. 그의 시체는 세계가 되었고, 눈은 태양과 달이, 피는 강과 바다가 되었으며, 뼈와 살은 산과 언덕을 이루었다."[9] 머리맡에서 읽어 주면 어린아이나 재미있게 들을까 한 얼토당토않은 전승 신화 같지만, 반고의 시체가 세계를 이룬 천지 창조의 근거가 되었다는 점은 애써 단절시킨 기독교 창조론보다는 더 합리적이다. 때가 된 만큼, 인류는 "無로부터의 창조"가 얼마나 상식과 어긋난 창조론이고, 세계와 하나님과의 관계를 단절시킨 결과를 초래한 것인지를 깨달아야 할 때가 되었다. 알다시피, 고대의 플라톤은 이데아와 현상계를 분리했지만, "플로티노스는 세계가 초월자인 神에게서 유출된 것이라고 하였다."[10] 일명 '유출설'이라, 천지 만물이 神으로부터 직접 유출되었다고 함에, 이것은 분명 神과 세계와의 관계를 돈독히 한, 최초 有를 전제한 창조론 유형에 속한다. 단지 메커니즘 면에서 보완이 필요한 고대 철학자의 창

9) 『지적 대화를 위한 넓고 얕은 지식 제로』, 채사장 저, 웨일북, 2019, p.250.
10) 『아우구스티누스 & 아퀴나스』, 신재식 저, 김영사, 2008, p.79.

조론이다. 그리고 플라톤과 플로티노스의 생각을 살핀 아우구스티누스는 창조에서 하나님의 권능을 강조하고자 "無로부터의 창조"설을 세웠다. 하지만 그것은 지적한 것처럼 하나님의 창조 역사를 더는 논리화, 원리화할 수 없도록 깊은 수렁에 빠뜨리고 말았다.

그렇다면 이 연구가 하나님의 창조 역사를 밝히고 또 증거하는 과정에서 일관시키고자 한 본의 관점은 무엇인가? '최초 有'를 상정한 창조론을 하나님의 계시 뜻에 따라 메커니즘화한 "본체(본질)로부터의 창조"가 그것이다. 다시 말하면, **하나님이 몸 된 본체를 근거로 천지 만물을 창조했다고 본 관점이다.** 이 같은 관점 확보 하나로 일체의 신관, 세계관, 우주론의 옳고 그름을 판가름하고, 진리관의 완성 여부를 결정할 수 있다. 이것이 정말 본의인 것은, 이 관점에 근거하면, 지난날 얽히고설킨 일체의 진리 실마리를 풀어헤칠 수 있지만, "無로부터의 창조"는 속수무책이다. 그만큼 하나님은 천지 만물과 인류를 사랑을 다해 자체를 닮은 제2의 분신 창조 역사를 실현했다.[11] 지난날은 창조 역사가 하나님의 본체에 근거한 사실을 알지 못한 탓에 숱한 철학자, 신학자, 지성인이 천지 창조 역사를 증거하고자 했지만 실패하였다. 그래서 이 연구는 열린 가르침의 교화 방법론도 이미 모든 것을 갖춘 "본체로부터의 창조" 관점을 견지하고자 한다.

"플라톤은 세상에 대한 타고난 지식이 과거 존재의 기억이기에 영혼의 불멸을 입증한다"[12]라고 하였다. 인간은 창조에 관한 비밀, 원리, 본의를 태어남과 함께 이미 본유했다. 하나님의 계시 뜻을 받드는 핵심 작용은 하나님과 한 몸을 이룬 우리 자신이 모두 지니고 있기 때문이라고 한 것처

---

11) "나에게 제2의 자기(육신, 아트만)가 태어나게 되기를!"-『우파니샤드』, 앞의 책, p.24.

12) 『철학』, 앞의 책, p.102.

럼, 천지 창조 역사는 만생과 만 영혼과 만 진리의 영원한 출생 본향이다. 그만큼 창조는 이미 실현된 역사이고, 진리는 그렇게 해서 이미 결정되었으며, 인류는 그 같은 창조 원리와 비밀을 함축한 창조 역사 실현의 결정체이다. 그래서 불교에서는 "자기 자신의 본마음이 바로 부처의 마음이며, 자신의 본래 성품이 곧 부처의 성품인 것을 깨닫는 것"[13]이 수행의 돈오적 원리이며, 방법이라고 적시하였다. 그 부처의 성품이 다름 아닌 이름을 달리해서 말한 하나님의 창조 본체이다. 하나님의 본체로부터 창조된 탓에 우리가 자체 본성을 견성하면 하나님(부처)의 본체(본질, 본성, 마음, 성품)와 직결된다. 본마음이 부처의 성품이란 사실을 깨닫는 것이 수행의 목적이고 방법론인 것처럼, 이 연구도 동일한 지향 목적과 방법으로 자체 본성을 직시하여 하나님의 창조 본성을 깨닫게 하는 것, 이것이 하나님의 본의 관점에 입각한 열린 가르침의 궁극적인 교화 목적이다. 道, 覺, 法, 진리, 본성을 완성하므로, 만 인류가 하나님의 참모습을 뵐 수 있게 하리라.

2. 인식

1) 창조 인식 관점

이 연구가 지난날 길의 완수 과정을 통하여 천지 창조 역사를 증거했다는 것은 말만의 주장이 아니다. 일련의 사실을 재차 입증함과 함께 인류의 무지까지 깨우칠 열린 가르침의 본분을 다해야 한다. 그러기 위해서는 먼저 하나님이 밝힌 창조 본의를 논거 해서 규정하는 작업이 필요하다. 가르

---

13) 『돈점 진리 담론』, 앞의 책, p.29.

침을 펼치기 위해서는 가로 놓인 인식적 장애부터 걷어내는 것이 급선무이다. 이 연구도 본의를 받들기까지는 겹겹의 장애 꺼풀을 걷어내야 했거니와, 인류도 놓인 여건은 마찬가지이다. 알고 보면, 선현들은 본의를 진리적 명제로 표명해 놓고서도 왜 그것이 창조된 본의란 사실을 알지 못한 것일까? 그 원인에 다양한 유형의 인식적 장애가 있었다. 이것을 지적함으로써 이미 엿본 것을 깨닫게 하고, 무엇 때문에 알지 못한 것인지 이유를 밝혀야 한다. 그 같은 앎의 단계에 머물러 있어서는 영원히 깨달을 수 없다. 실재하는 존재와 본의 사이에는 인식 상으로 차이가 있는데, 지난날은 의도적으로 인식하는 데만 중점을 둔 진리 판단을 앞세웠다(칸트의 코페르니쿠스적 전회). 하지만 엄밀하게 분열 중인 세계 안에서 존재하는 인간은 본질적인 측면에서 이미 제한이 있고, 그로 인해 주어진 인식 상의 조건을 피할 수 없다. 아울러 개개인이 지닌 사유 상의 차이, 그리고 상대적인 관점에 따른 장애도 있다. 이런 제반 장애의 꺼풀을 벗겨야 본의를 깨우치는 방향으로 나갈 수 있다.

먼저, 본의를 알지 못한 탓에 두드러진 인식 상의 장애는 인간이기 때문에 어쩔 수 없는, 존재적 위치와 처한 상황에 따른 제한이다. 단자론을 세운 라이프니츠의 철학 체계에 따르면, "神은 무한히 많은 실체, 혹은 모나드(monade)들을 창조하며, 각 실체는 우주에 대한 특정한 한 관점이라고 하였다."[14] 아무리 실체가 무한하더라도 그것을 모두 포함할 수 있는 전체적인 관점이 있지만, 각 실체는 우주에 대하여 자체로서 처한 부분적인 관점일 뿐이므로 지극히 한정적이다. 이렇게 처한 관점의 고정성과 결정성은 그대로 인식하는 조건이 된다. 이 같은 전체와 부분 간의 차이가 창조

---

14) 『변신론』, 고트프리트 빌헬름 라이프니츠 저, 이근세 역, 아카넷, 2014, p.12.

된 본의를 파악하는 데도 제한적인 조건으로 작용했다. 하지만 그것은 드러난 조건이 아니다. 그래서 알 수가 없었지만, 이제는 가로 놓인 인식적 장애 이유를 안 이상, 그것만 걷어내면 무지 상태를 벗어날 수 있다. 라이프니츠는 실체(단자)가 처한 조건 속에서도 모나드가 조화되는 것을 경이롭게 여긴 만큼, 전체 관점을 확보한 창조 본의가 드러나기까지는 미비한 조건 속에서도 하나님과 모나드 간은 두루 통하였다. 그래서 선현들은 선천 하늘에서도 비록 제한적이기는 하지만 본의를 엿보았고, 또 일군 진리 탐구 역사를 점철시켰다. 하나님의 창조 뜻과 전체자로서의 관점은 작동하였지만, 단지 한꺼번에 드러날 수 없는 조건상 각자의 해석과 추측이 난무하였다. 그런데도 인식자의 입장에서는 드러난 존재 조건을 모두 동원한 탓에 그렇게 해서 본 세상과 확보한 정보가 전부이고 합당한 것으로 판단했다. 우물 안 개구리가 보는 하늘처럼…… 그래서 오늘날 이 연구가 밝히고자 하는 본의 관점, 곧 하나님의 열린 가르침이 절실하다. 선천 인류가 극복하지 못한 관점 상의 한계와 그로 인한 인식 상의 장애를 고려한다면, 그들이 왜 창조된 본의를 아전인수격으로 보고 말할 수밖에 없었는가에 대한 이유와 조건 상태를 알 수 있다. 그렇게 본 관점이 그대로 인식의 조건을 결정짓는 것이므로, 이런 기준을 가지고 보면, 선현들이 각성해서 말한 진리적 명제들을 폭넓게 이해할 수 있다.

밝힌 바 "노자는 무위를 근본의 극치로 삼았나니",[15] 비록 본의와는 어긋나 있지만, 당시 노자가 어떤 세계적 조건 속에서 인식의 장애 탓에 그와 같이 판단할 수밖에 없었는지 이해할 수 있다. 이것이 진정한 열린 가르침이 지닌 담당 역할이다. 기화론자들이 말한 "道는 무형의 정기들이 혼

---

15) 『한국과 중국 선사의 유교 중화 담론』, 문광 저, 불광출판사, 2020, p.128.

돈된 상태로 있는 총체적인 세계이다. 즉, 천지가 유형, 유명의 상태로 있는 총체적인 세계와 대비시킨 것인데",[16] 왜 道를 혼돈된 상태로 표현했는가 하면, 그로 인해 드러난 유형, 유명의 총체적인 세계를 한꺼번에 파악할 수 없었기 때문이다. 그런데도 道는 무한한 氣를 혼연일체 된 상태로 통관한다(원기)는 점에서, 혼돈이란 표현은 사실상 道 자체가 아니고, 인식 상의 그늘이었다는 것을 말한다. 따라서 장애를 걷고 혼연일체 된 道의 본체 모습을 볼 수 있다면, 그것이 바로 천지 만물을 지은 하나님의 창조 본체를 통합적으로 보았다는 사실을 알게 된다. 나아가 道의 성격에 대해 "무상지상(無象之象)"[17]이라고도 하였다. 道는 비록 무규정적이어서 일정한 모양이 없지만(無象), 그래서 오히려 그곳으로부터 무한한 형상이 나올 수 있었기 때문에 단순한 무상이 아니다. 그렇다면 어떤 무상인가? 그것은 그렇게 알 수 없는 영역에 우리가 지닌 인식 상의 제한, 곧 가려진 장애물이 도사렸다. 그것을 무상이란 개념으로 표현하였다. 모나드와 인간과 세계가 처한 존재 조건으로서는 알 수 없는 제한성이 그것이다. 본의도 마찬가지이다. 천지 만물을 창조한 역사는 전체자이자 창조주인 하나님이 역사하여 계시하지 않으면 알 수 없는 차원 영역이다. 그래서 선천의 노자는 무상이면서도 무한한 형상을 낳은 하나님의 창조 본체를 무규정적인 道란 개념으로 표현하였고, 그러면서도 무한한 다양성을 낳고 무한한 형상을 이루는 가능태로 표현하였다. 그런 만큼, 혼돈은 단순한 무질서함이 아니다. 만상을 있게 한 본체인 탓에 자체는 규정 이전의 바탕 본체로 존

---

16) 「왕필의 현학과 승조의 반야 사상 비교 연구」, 이현석 저, 원광대학교 대학원, 불교학, 석사, 2016, p.15.

17) 『노자 도덕경』, 제14장.

재할 수밖에 없었다. 하지만 본의를 모른 "무상지상" 인식 상태에서는 인류가 영원히 가려진 장막을 걷어낼 수 없다.

> "道가 物이 됨은 오직 황홀(恍惚)할 뿐이다. 황홀함이여 그 가운데 형상이 있고, 황홀함이여 그 가운데 物이 있으며, 그윽하고 깊음이여 그 가운데 精이 있으며, 그 精은 참으로 참되며, 그 가운데 信이 있다."[18]

道의 현묘(玄妙)성을 찬탄해 마지않으면서도, 인식의 장막에 가려 인류는 선천 세월이 다하도록 道의 창조적 진상을 보지 못했다.

우주 운행과 세계의 생성 본질은 보편적으로 호환되는 법이다. 서울서 본 하늘과 부산에서 본 하늘이 때와 장소가 다르다고 해서 다른 하늘일 수 없다. 창세기 제1장 첫 시작을 보면, "태초에 하나님이 천지를 창조하시니라"라는 말씀과 함께, "땅이 혼돈하고 공허하며 흑암이 깊음 위에 있고, 하나님의 神은 수면에 운행하시니라." 이처럼 무상한 道적 상태, 통합된 바탕 본체에 대해 하나님이 가라사대, "빛이 있어라"라고 명하심과 함께 천지 창조 역사가 시작되었다. 노자가 道의 성격과 형태를 통해 무상지상과 유상만상을 구분하였듯, 창세기에서도 창조 이전인 땅의 혼돈, 공허, 흑암의 깊음과 창조 이후인 낱낱의 창조 대상이 구분되어 있다. 그래서 알고 넘어갈 것은 창조 역사를 단행하기 이전에도 무상지상인 창조 본체, 통합 본체(태극 본체)는 존재했다는 사실과, 그것이 단지 바탕이 된 본체 상태이기 때문에 인식이 미칠 수 없어 혼돈, 공허, 흑암 등으로 표현한 것이다.

---

18) 『노자 도덕경』, 제21장.

그러므로 우리가 깨달아야 할 것은 창조 이전의 무상지상 상태는 세상적인 근거로서는 표현할 수 없는 것인데, 세계적인 조건을 고려하지 않은 지난날의 창세기 해석이 전혀 엉뚱하게 결론을 내리고 말았다. 이에, 창세기 제1장 1~2절을 다시 살펴보면, "하나님이 천지라고 불리는 최초의 덩어리를 無에서 창조하였다고 함에, 이 같은 해석 근거는 이 덩어리가 하나님의 손으로부터 창조되었을 때 형태가 없었고, 비어 있었다고 본 관점에 있다."[19] 세인이 천지라고 불리는 최초의 덩어리를 왜 無에서 창조하였다고 생각한 것인가 하는 것은 道를 무상지상이라고 규정한 것과 비슷하다. 이것은 인식이 미분화된 상태에서 세계 본질에 대한 호환 인식이다. 그냥 아무것도 없는 無가 아니다. 창조 이전은 지적한 대로 생성하기 이전의 통합 본체 상태라, 누구도 인식이 미칠 수 없다. 그 같은 제한성을 고려한 무상지상이란 道의 본체 상태(땅의 혼돈, 공허, 흑암……)로부터 창조 역사가 이루어졌다. 명백히 아무것도 없는 "無로부터의 창조"가 아니다. 無한 본체 존재에 근거한 것인데, 그것이 곧 이 연구가 창조 역사의 핵심 근거로 내세운 하나님의 몸 된 창조 본체이다. 상제보다도 먼저 있었다고 한 바로 그 道이다. 그런데도 아우구스티누스는 무상지상인 바탕 본체의 창조 역할을 알지 못하고, "無로부터의 창조"설을 펼쳤다. 인식하지 못한 無한 바탕에서 이룬 창조 역사와 바탕 없는 "無로부터의 창조" 역사는 전혀 다르다. 전자는 인식적인 조건 탓에 주어진 관점이고, 후자는 바탕에 따른 조건을 전제하고 펼친 판단이다. 그래서 인식적 관점은 본의만 깨치면 바로잡을 수 있지만, 바탕을 무시한 판단은 명백한 오류이므로 전면 폐기되어야 한다. 그래서 창세기 제1장 1~2절의 내용도 사실은 창조 이전의 본체

---

19) 『창세기 격론』, 앞의 책, p.90.

상태를 명시한 표현으로써 인식 상의 제한 조건을 고려한다면, "본체로부터의 창조"를 뒷받침한다. 그런데 노자가 구분한 창조 이전인 무상지상과 창조 이후인 유상만상을 구분하지 못한 무지, 그러니까 유상만 보고 무상을 보지 못한 "無로부터의 창조"설(아우구스티누스)을 받아들인 기독교는 만유의 主인 하나님의 몸 된 본체를 잘라버린 격이 되고 말아, 언젠가는 창조론으로서의 진리력이 고갈될 것이었다.

또한, 『금강경』에서는 "머무는 바 없이 그 마음을 내라"라고 함에, 불교의 연기법에 근거한 교의는 그런 것이 아니겠지만, 분명한 사실은 그런 존재 조건이 세상의 질서 안에서는 갖추어질 수 없는 것이 분명할진대, 이같은 상태인데도 굳이 마음을 내어야 한다면, 그것은 그런 원인 조건과 무관한 상태에서 일체의 마음을 낸 창조 이전의 바탕 본체를 일컫는 것이리라. 따라서 노자의 무상지상, 창세기의 無에서의 창조, 불교의 아무 원인 없이 마음을 내는 것 등은 창조 이후인 현상적인 질서 안에서는 성립될 수 있는 근거가 없다. 열린 가르침은 바로 이 같은 사실을 확실하게 밝힘으로써 본의를 알지 못한 인류의 무지를 빠짐없이 깨우치리라.

2) 유무 창조 인식

"소크라테스 이전 철학자 중 엠페도클레스, 아낙사고라스, 데모크리토스는 일원론과는 거리가 먼 다원론자였다. 그들은 사물에는 다양한 종류가 있다고 주장했는데, 특히 아낙사고라스는 수많은 종류의 물질만큼 수많은 원소가 있다고 하였다. 그리고 無로부터는 아무것도 생겨날 수 없으므로 이 모든 원소 각각은 언제나 존재해 왔음이 틀림없다"[20]라고 하였다.

---

20) 『세상의 모든 철학』, 앞의 책, p.82.

그리고 그들이 숙고해서 내린 판단에 있어 하자는 없다. 하지만 그들은 세계가 어떤 요소에 기초를 두었다거나, 혹은 어떤 하나의 질서에 의해 통일되어 있다고 생각한 일원론자의 주장과는 대립할 수밖에 없었는가? 그것은 자체 확보한 관점과 전제한 조건 안에서는 아무런 문제가 없는 것 같지만, 사실은 분열하는 세계 안에서의 다원론은 그 같은 세계가 지닌 현상적인 특성을 대변한 탓에 가로 놓인 근원적인 문제를 해결할 수 없었다. 이유는 다원이란 다름 아닌 일원으로부터 발원되어서이다. 그런데도 그들이 끝까지 다원을 고수한 것은 다원의 뿌리에 해당한 일원은 통합적인 본체라, 자체 지닌 존재 조건으로서는 확인할 수 없어서였다.

"서양적 사고방식의 근간을 제공한 고대 그리스의 철학자들은 만물은 어디에서 유래하는가, 무엇으로부터 창조되었는가, 자연에서 발견되는 사물로의 다수성은 어떻게 설명해야 하는가?"[21]라는 문제에 대해 고심하였다. 이런 과제를 추적하는 과정에서 최초 철학자로 일컬어진 탈레스는 모든 것이 물에서 나왔다. 아낙시만드로스는 세계(우주)가 '아페이론', 즉 무한하고 무규정적인 어떤 것에서 발달했다. 아낙시메네스는 공기가 모든 사물의 근원이다……라고 하였다. 물론 아페이론 같은 요소도 포함하고 있지만 사물의 근원을 대부분 같은 물질로부터 구했다는 점은 전통적인 서양 사고의 문제점이다. 명확히 지적한다면, 같은 현상 차원 안에서 궁극적인 바탕 요소를 찾은 데 있다. 결과로써 그들은 일원과 다원 문제, 만물의 유래와 창조된 근거를 추적하는 데 있어 실마리를 찾지 못한 악순환에 빠졌다. 지적한 대로, 정말 無로부터는 아무것도 생겨날 수 없다고 한 전제는 사고적, 논리적, 이치로 부인할 수 없는 조건이다. 따라서 존재 문제,

---

21)　소크라테스 이전 철학자, 위키백과.

근원 문제, 다양성 문제를 다른 방식으로 접근해야 했지만, 안타깝게도 그런 전제 원칙을 거부하고 오히려 다른 차원을 모두 폐쇄해 버렸다. 그러니까 모든 원소 각각이 언제나 존재해 왔다고 판단할 수밖에 없었다. 이것은 정말 현상계 안에서는 있을 수 없는 억지 명제이다. 차원을 한정한 탓에 차원이 다른 근원 뿌리가 잘려 버린 장애성을 단적으로 드러내었다. 이 같은 오판 사례는 서양의 지적 전통과 세계관 구축 과정에서 비일비재하게 나타난 바라, 그 문명적 무지를 열린 가르침이 **"유무 창조 인식"** 논거로 일깨우고자 한다.

　말 그대로 無로부터는 아무것도 생겨날 수 없다. 그런데도 현실을 둘러보면 밤하늘에는 수많은 별이 반짝이고, 세상에는 무수한 동식물이 존재하며, 이런 사실을 가늠하고자 한 인류까지 생존하고 있다는 점에서 존재함과 생겨남 문제를 풀기 위한 다양한 접근이 이루어졌다. 여기에 대해 기독교에서는 神을 정답으로 내세웠지만, 지적했듯 無로부터는 그 무엇도 생겨날 수 없는 우주 법칙을 위배했다. 진화론도 생존경쟁, 적자생존으로 종의 기원과 종의 다양성을 설명했지만, 그렇게 존재하게 된 것이 처음에는 없었던 그 무엇인 한[無], 無한 절대 법칙을 어긴 것은 마찬가지이다. 즉, 진화적 방식으로서는 없었던 존재가 생겨날 수 있는 조건과 성립 가능성 자체가 불가능하다. 또한, 동일 차원 안에 있는 진화 메커니즘은 창조론이 아니다. 그들이 무엇을 보지 못했고, 잘못 안 것인가 하는 무지 영역이 분명하게 구분된다. 존재한 원소들이 언제나 각각 존재해 왔다고 함에, 그것은 사고로서 전제한 한계성 조건을 스스로 설정한 격이다. 그렇다면 가능한 방법은? 가려진 인식 조건의 장애 벽을 허물어야 한다. 즉, 無에 대한 개념을 "아무것도 없다"에서 경험상, 근거상, 본질상 인식이 미치지 못한 탓에 有한 것을 無한 것으로 본 것이라고 사고를 전환하는 것이다. '최초 有'를 일관되게 전제한 상태가 된다. 그리하면, 최초 有를 無로 전환할 수도 있고, 존재한 有로부터 발현시킴에 있어서는, 인식 영역은 물론이고 실체적으로도 차원을 넘나든 전환을 이룰 수 있다. 그리고 이 같은 작용 역사를 통관하는 중심에 하나님이 태초에 실현한 천지 창조 역사가 있다.

이에, 이 같은 원칙에 근접한 사고 전통으로서는 '동양 본체론', 그중 중국인이 펼친 有와 無에 대한 개념과 이치 통찰이 있다. 즉, 왕필은 노자의 사고 전통을 이어 "有는 無에서 시작한다"라고 한 견해를 밝혔다. 그 타당한 이유는 다시 논거하기로 하고, 먼저 반대되는 견해부터 살펴보면, "곽상(?~312)의 독화론(獨化論)이 있다. 그는 배위(267~312)의 완전히 아무것도 없음의 無개념[空無]을 계승해, 왕필과 다르게 개별 사물 안에서 근거를 찾았다."[22] 이런 관점이나 주장은 동서와 고금을 통해 보편적이라, 서양의 아리스토텔레스, 동양의 주기론자도 비슷한 사고 유형에 속한다. 근원 된 뿌리를 보지 못한 장애 탓에 드러나게 된 사고적 패턴이다. 단일한 현상 세계인 有 차원에서는 有에 대한 근원 문제를 해결할 수 없게 된, 꼬리에 꼬리를 문 오판 인식이다. "처음으로 생겨나는 것은 스스로 생겨난다"라고 말한 것은 참으로 현상적 질서 안에서는 성립할 수 없는 억지 논리이다. 굳이 이유를 지적한다면, 창조 이후에 발생한 원인으로부터는 해결할 수 없고, 창조 이전인 본체 단계에서부터 실마리를 찾아야 한다. 즉, 하나님은 제 원인(창조)이 발생하기 이전에 일체 有한 조건을 갖춘 통합 본체로 존재하였다. "처음으로 생겨나는 것은 스스로 생겨난다." 본체적 관점에서는 맞지만, 현상적 관점에서는 틀린 것인데, 엉뚱한 곳에서 해답

---

22) 「왕필의 현학과 승조의 반야 사상 비교 연구」, 앞의 논문 pp. 12~13.

을 찾은 격이다(곽상의 논리로 돌아감). 완전히 아무것도 없는 無를 전제한다면 "無가 변화하여 有가 될 수 없을 뿐만 아니라, 有도 또한 변화하여 無가 될 수 없다."[23] 꼼짝달싹할 수 없는 단일한 有 차원 안에서는 끊임없이 생겨나게 하는 모든 것은 홀로 스스로 생겨난 것이 되고, 단지 스스로 生하는 것이 될 뿐이다. 차원의 고립화, 폐쇄된 인식, 곧 '독화'이다. 전제를 잘못한 탓에 자기가 자신을 옭아매어 버린 인식적 오류이다. 잠재된 無적 有를 확인하지 못했다.

관점의 고립으로 인한 인식 상의 한계는 대승 불교가 펼친 空과 無 사상을 통해서도 확인할 수 있다. 불교가 중국 사회에 전파되었을 때 처음에는 중국인들도 오해한 것처럼 空은 無가 아니었다. 노자와 왕필이 펼친 無는 일체 有를 生하게 한 無이지만, 불교의 空은 정반대로 일체 有를 소멸시킨 無이다. 空은 일체 연기를 일으킨 뿌리인데도, 그것은 정작 본체로서의 알맹이가 없는 공허한 그 무엇일 뿐이다. 왜 그런가? 연기는 현상적 차원에 머문 독화적 因이기 때문이다. 따라서 원인이 소멸하면 더는 인식할 수 없으므로 空化되고 만다. 제행무상이자 제법무아 상태이다. 『반야심경』에서는 "본디 생기는 것은 없다. 사라지는 것도 없고 …… 늘어나는 것도 없고, 줄어드는 것도 없다"라고 함에, 이것은 본의에 근거한 창조 본체 상태를 일갈한 것이 아니다. 無가 有를 낳은 경계선 상에서 無한 바탕 본체를 보지 못한 상태이다. 실상은 창조 본체 상태인데, 현상적 차원에 머문 탓에 가려진 부정 인식이다. 이런 가명(假名)의 空性에 대해 중국 승려 승조는 '非有非無'라는 말로 표현하였다. 존재도 아니고 비존재도 아닌 것이 空이라고 함에, 그것은 도대체 어떻게 존재한 상태인가? "有도 아니고 無도 아

---

23) 『장자주』, 「知北遊」, 곽상 저.

닌 것이 최고의 진제(不有不無者 第一眞諦)인가?"[24] 여기에 답하길, "또한 有가 있어서 無가 있으므로, 有가 없다면 어디에 無가 있겠는가? 無가 있어서 有가 있으므로, 無가 없다면 어디에 有가 있겠는가? 그러므로 스스로 有인 것은 곧 有가 아니고, 스스로 無인 것은 곧 無가 아니다."[25]

알고 보면, 연기법에 따라서 인연의 길을 추적한 결과로 현상계 안에서 존재한 모습이 그러하다는 것이다. 有無 앞에 붙은 非 역시 결국 현상적 차원을 벗어나지 못한 인식 상의 경계를 표시한 것이다. 차원 밖의 본체를 꿰뚫은 것이 아니다. 진정한 본의에 근거한다면, 非有인 동시에 非無란 無의 有化를 가능케 했고, 有의 無化를 가능케 한 하나님의 창조 본체를 말한 것이다. 그리고 그렇게 해서 지어진 인간도 창조 역사를 기점으로 하나인 존재가 창조 이전에는 명백히 非無이고(본체), 창조 이후에는 명백히 非有이다(피조체). 그래서 굳이 따진다면, 승조의 非有非無란 空에 올인할 개념이 아니므로 차원을 달리해 이해함이 마땅했다. 오류를 바로잡아 초점을 명확히 해야 열린 가르침으로 인류의 무지를 깨우칠 수 있다. 그리해야 有도 아니고 無도 아닌 하나님의 창조 본체가 최고의 진제로 승화된다.

> "만물은 진실로 그것이 有가 아닌 까닭이 있으며, 그것이 無가 아닌
> 까닭이 있다. 有가 아닌 까닭이 있으므로 비록 有이지만 有가 아니
> 며, 無가 아닌 까닭이 있으므로 비록 無이지만 無가 아니다."[26]

그렇게 논거한 까닭의 근거와 비밀은 정말 무엇인가? 바로 창조가 지닌

---

24) 「조론의 상즉관 연구」, 양순애 저, 경북대학교 대학원 윤리교육학, 박사, 2012, p.127, 163.

25) 『注維摩結經』, 「大正藏」, 3권, 1775. 菩薩品, 僧肇選, p.362.

26) 『肇論』, 「大正藏」, 45권, 1858. 不眞空論, 僧肇選.

비밀이다. 그래서 본의만 알면 풀 수 있다. 만물이 有가 아닌 까닭과 無가 아닌 까닭을 동시에 밝힐 실마리란? 하나님의 창조 본의에 비장된 열쇠가 있다. 그것을 알아야 無와 空이 지닌 차이를 구분해서 세계를 이해할 수 있게 되는 해석판을 가진다. 한마디로 중국의 有無 개념은 상호 호환이 가능한 사고방식이지만, 空 개념은 有를 연기로써, 無를 空으로써 칸막이를 해 계속적이고 끊임없는 연기의 고리만 이어지도록 하였다. 만물이 만약 無라면 마땅히 일어남[起]이 없어야 하는데, 일어남이 있는 것은 무슨 이유 때문인가(승조)? 단지 無란 한마디 말로 해결할 수 있는 문제인가? 언젠가는 누군가가 여기에 대해 답해야 했나니, 無는 因을 발할 수 없다. 그런데도 無가 온갖 因의 발원지가 된 것은 無가 모든 원인을 일으킨 창조 본체이기 때문이다. 연기법을 계승한 空觀의 핵심인 "연기된 제법은 어떠한 상황에서도 자성이 있을 수 없다"[27]라는 명제만으로서는 세계상에 가로놓인 존재의 궁극적인 有無 실마리를 풀 수 없다. 그래서 지성사를 통틀어 그런 기대를 우리는 중국인이 추구한 사유 전통 속에서 걸어봄 직하다.

알다시피, 노자는 만물은 有에서, 有는 無에서 난다고 한 의미심장한 명제를 인류 사회에 던졌다. 여기서 "無라는 개념은 제로(0)를 의미하지 않는다. 인간의 인식을 초월한다는 측면으로서의 無이다."[28] 사고적으로 아무것도 없음으로 판가름한 것이 아니다. 존재적으로 생성 과정을 염두에 둔 상태에서 인식 작용까지 고려했다. 파르메니데스는 "존재하는 것을 두고 '없다'라고 말할 수 없다. 그래서 無라는 것은 있을 수 없다. 無에서 모든 것이 시작되었다는 말은 사실이 아니다. 모든 것은 반드시 존재했고,

---

27) 「왕필의 현학과 승조의 반야 사상 비교 연구」, 앞의 논문, p.131

28) 『강의』, 앞의 책, p.264.

아무것도 아닐 수 없기에 앞으로도 존재할 것이라고 본다"[29]라고 하였다. 영원한 것이 있음, 곧 有를 전제했으며, 또 예견하였다. 이처럼 有를 본질로 한 세계 속에서는 아무것도 없는 절대 無가 설 자리가 없다. 그런데도 無란 개념과 인식이 존재하는 것은 有의 변증법적 변화를 불가피하게 한다. 그런 조건의 영향으로 有가 과정상, 생성상, 인식상, 존재상으로 불가피하게 변증 되었다. 또한, 변화의 주된 요소에 생성 운동으로 인한 존재적, 인식적 요소가 작용했다. 거듭 말해, 창조된 세계 안에서의 일체 존재는 有를 근거로 했다. 온통 有한 하나님의 몸 된 본체를 바탕으로 삼은 삼라만상 존재는 이미 有한 본체 차원 안을 벗어날 수 없다. 사고적으로 유추할 수 없는 절대 無의 유일한 존재 가능성은 창조되지 않은 것이지만, 그것은 관념상일 뿐이고, 창조된 세계 안에서 없음이란 불가능하고, 아무것도 없는 곳에서는 무엇도 생겨날 수 없다. 이것이 엄밀하게 존재한 세계가 지닌 법칙이다. 이런 법칙 기준에 따르면, 기독교의 "無로부터의 창조", 불교의 제법무아로 일체가 자성이 없다고 한 연기와 空 개념은 본의 궤도를 이탈했다. 그래서 노자가 말한 無란 개념은 그들과 차이가 있다. 최초의 有를 전제했으며, 無는 有의 변증 형태란 사실을 분명하게 밝혔다.

즉, 노자는 "道[無]는 보려 해도 보이지 않고, 들으려 해도 들리지 않고, 잡으려 해도 잡히지 않는 감관을 초월한 그 무엇이다(『도덕경』, 제14장)"라고 했다. 존재함에도 인식적으로 가려진 본체 상태이다. 그런데도 서양에서는 인식으로 제공된 실상만 절대시하여 인식적인 조건으로 파악할 수 없는 것 일체는 존재하는 대상에서 제외해 버렸다. 감각적인 조건상 우리는 드러난 것은 볼 수 있지만, 감추어진 것은 볼 수 없다. 절대로 존재하지

---

29) 『철학』, 앞의 책, p.44.

않아서가 아니다. 道, 그러니까 뭇 존재를 이룬 바탕 본질이 그러하다. 왜 그것은 감관을 초월해 존재하는가? 창조하였기 때문이고, 잠재된 상태에서 발현되기(생성) 때문이다. 이런 변화 메커니즘을 알아야 노자의 無 개념을 이해할 수 있다. 동양의 『역전』에서는 그렇게 감추어진 것과 드러난 것을 形而上과 形而下로 구분했으며, 일명 철학적 개념으로 '본체 대 현상'이라고 한다. 기독교에서는 하나님이 없으면 천지가 창조될 수 없다는 사실을 필연적으로 여겼듯, 중국인도 만물의 모습은 본체로부터 생겨나며, 본체가 없으면 만물의 모습이 생겨날 길이 없게 된다고 여겼다.[30] 최초의 有를 전제한 것인데, 그 필유(必有)를 기독교에서는 神이라 하였고, 중국인은 본체라고 하였다. 그리고 기독교는 神이 시공간을 초월한다고 했고, 중국인은 道가 감관을 초월한 것이라고 했다. 비슷한 사고 구조이며 인식인데도 서양은 왜 동양의 사유 체제를 이해하고자 한 노력이 없었는가? 자체 문명에 대한 우월의식과 본체 문명의 가치를 알지 못한 서양 문명의 무지 탓이다. 그 같은 몰이해는 비단 본체 영역에만 해당하는 것이 아니다. 이성적 사고와 객관적 사실만으로 진리 세계를 판단한 탓에 자신들이 신앙한 神마저 존재한 사실을 증명하는 데 실패했는데도 자체 인식 수단에 잘못이 있다는 것은 발견하지 못했다. 문명적 자만과 세계 지배 야욕 탓이랄까? 하지만 이제는 그들이 보아도 보지 못한 감추어진 세계가 있다는 사실을 알았다면, 여태껏 세계를 탐구한 현상 위주의 진리 인식 방법에 대한 전면적 수정이 불가피하다. 그들은 미래 역사에서 기대되는 통합 문명을 주도하고 초월 문명을 창달할 수 있는 자격을 잃었다. 하나님이 태초에 심은 창조 나무에 열매를 맺지 못하게 했다. 그런 나무는 뿌리

---

30) 『보편철학으로서의 유학』, 나성 저, 이학사, 2017, p.94.

째 뽑아 불태워 버릴 것이라고 한 하나님의 심판 경고는 결코 빈말이 아니다. 하나님의 창조 본의, 그 진리 가지에 열매를 맺지 못하게 한 문명은 때가 되면 제거되어야 할 심판 대상이다. 그런 결과가 초래되지 않도록 인류는 주목해서 동양의 본체 문명을 자세히 살펴야 한다. 알고 보면, 현상화된 것 일체는 잠재한 것이 나타났다는 뜻인데, 그렇게 해서 존재한 것을 볼 수 있는 눈(진리 인식 수단, 방법)을 가지지 못한 서양 문명이 어떻게 대성할 수 있고, 항구적일 수 있겠는가? 세계의 생성 운동 특성은 천지 만물이 창조되어서이고, 잠재된 본체가 바탕 뿌리로 작용해서인데, 그것을 보지 못했다. 道의 본체를 無라고 했나니, 그것은 결코 절대적 無가 아니다.[31] 그런데도 이 같은 본의를 알지 못한 선천의 覺者들에게 있어서 잠재된 無란 현묘(玄妙), 진공묘유(眞空妙有) 등으로 표현할 수밖에 없었다.

이에, 본체를 氣로 규정한 장재는 말하길, "그들은 하늘의 은밀한 곳을 가리켜 텅 비었다(空虛)고 하는데, 이것은 그들이 다만 현상만을 알기 때문이다. 그들은 본체를 인식할 줄 몰라 그들의 견해는 편벽되다."[32] 표면상 有와 無는 상대적인 개념인 것 같지만, 생성상 이들은 절대 有가 無有→有로 이행된 상태이다. 따라서 장재는 "본체[無]는 바로 氣(본질)이기 때문에, 이것의 존재 성격은 有이지 無가 될 수 없다"[33]라는 생각을 가졌다. 이 같은 有無의 변증 경계를 하나님의 존재 위치에서 본다면, 창조주는 시간과 공간이 나기 이전, 우주가 생기기 전에 존재한 분으로서 시공이

---

31) 『강의』, 앞의 책, p.268.

32) 『張子全書』, 「繫辭上」.-『보편철학으로서의 유학』, 앞의 책, p.96.

33) 위의 책, p.97.

끊어진 자리에 정좌해 계시다.[34] 인식적, 생성적으로 無한 자리일 뿐, 절대로 존재하지 않는 것이 아니다. 이것을 굳이 나타내어 좌표를 설정한다면, 시공을 초월한 '선재 有'의 형태로 존재했다. 삼라만상 일체는 잠재된 有의 발현인바(현상화), 이런 사고 유형의 단적인 표현이 곧 "본체(본질)로부터의 창조" 명제이다. 천지 간에 절대적인 無란 없다. 세계와 존재와 현상은 有한 창조 본체에 바탕이 되었고, 그로부터 유구한 세월을 거치면서 생성, 변화, 주재, 섭리 되었다. 인류 역사도, 종의 발생도, 무수한 별의 신생도, 윤회 · 재림 · 삼세실유 · 시공을 초월해 존재한 하나님의 영원한 존재성도 그러하다. 내재, 잠재, 발현은 모두 "본체로부터의 창조" 바탕 안에서 생성성을 시사한 인식 상태이다. 그런데도 지난날은 묘유로 표현된바, 오늘날 밝혀진 본의에 근거할진대, 창조 본체의 잠재성과 생성 여력과 창조된 역사 사실을 확실하게 시사한 인식이다. 이처럼 본의 관점을 확보했을 때, 만인은 비로소 '동양 본체론'의 진면목을 아는 이해 관점을 확보하게 된다.

알다시피, 노자는 "道可道 非常道 名可名 非常名 無名天地之始 有名萬物之母"(『도덕경』, 제1장)라는 말을 남겼다. 널리 알려진 만큼이나 해석도 분분하지만, 본의에 입각하면 논란을 한꺼번에 잠재울 수 있다. 하나님이 강림하셔서 문을 연 열린 가르침의 역사 탓이다. 즉, 하안을 필두로 한 왕필은 "無를 근본으로 하고, 有를 말단으로 한 '우주 본체론'을 세워 無를 세계에 존재하는 모든 것(萬有)의 기초요 근거로 삼은바",[35] 그 이유를 본의로써 뒷받침해야 한다. 일단, 왕필은 "만물 존재의 근거는 어떤 구체적

34) 『부처님이 계신다면』, 탄허 저, 나가원, 2013, p.236.

35) 『노자철학과 도교』, 허항성 저, 노승현 역, 예문서원, 1995, p.125.

인 물질적 존재가 아니며, 구체적인 물질적 규정성을 초월하여 아무런 형상도 없는 존재라고 하였다(以無爲本). 일명, 근본[本]을 體라고도 불러"[36] 그의 현학을 '현학 본체론'이라고도 한다.[37] 그런데 이 같은 본무 인식과 논리 전개 명제는 본의로서 모두 뒷받침할 수 있다. 정통 적자에 해당한 기독교의 "無로부터의 창조"설은 배척하고, 아무런 연고가 없을 것 같은 한 철인의 주장을 하나님이 섭리적으로 지지했다는 것은 예사로운 일이 아니다. 대개 동양에는 기독교적인 창조론이 있는가 하고 반문하지만, 그것은 본의를 모른 무지일 뿐이다. 알고 보면, '동양 본체론'에는 본의를 엿본 창조 인식이 지천으로 깔려있다. 그것을 볼 수 있는 안목을 열린 가르침이 일깨우고자 한다. 즉, 노자는 道로부터 천지 만물이 생겼다고 하였고, 하안과 왕필 같은 현학자는 無로부터 천지 만물이 현상했다고 말한 것은(以無爲本), 인격적인 하나님의 얼굴을 미처 보지 못한 상태에서 창조에 관한 순수한 본의 인식인 것이 분명하다. 어차피 道, 無, 神은 선천 하늘에서 드러나지 못한 하나님의 본체 모습을 지칭한 것이다. "여기서 本無란 아직 色法이 존재하지 않았을 때 먼저 無가 있었다는 뜻이다. 따라서 無로부터 有가 나왔다. 無가 有 앞에 있으며, 有는 無 뒤에 있다."[38] 이런 논리는 모두 '최초 有', 하나님의 선재성, 창조 역사를 창조 이전과 창조 이후로 구분한 공통된 인식 패턴이다. 그래서 그 같은 본의에 관한 진리 인식을 본체적으로 완성해서 강림하신 것이 보혜사 하나님이다.

---

36) 위의 책, p.126.

37) "無야말로 세계 만물의 본원이다. 有는 그저 만물의 구체적인 형식일 뿐……"-『지도로 보는 세계사상사』, 허원중 엮음, 전왕록·전혜진 역, 시그마북스, 2009, p.155.

38) 「조론의 상즉관 연구」, 앞의 논문, p.63.

하지만 본무를 앞세웠다고 해서 그것이 본의를 다 드러낸 창조론으로서 완성되는 것은 아니다. 인식한 진리를 메커니즘적으로도 입체화시켜야 했는데, 그런 창조 본체로서의 작용 역할을 시사한 것이 바로 道의 순환에 관한 생성성 인식이다. 천하 만물을 낳은 창조 본체로서 역할을 감지한 탓에, 道는 생성의 첫 시작 단계인 본무 역할과 함께 마지막 단계인 귀착점 역할까지 담당한다. 본체로부터 생성된 일체를 다시 본체 자리로 돌아오게 한다.

> "무릇 만물은 다양하고 복잡하게 변화하지만, 각각은 그 근본으로 돌아간다."[39]

즉, 모든 존재는 無에서 나와 전개되고 변화하는 것은 물론이고, 현상화된 有적 변화는 다시 그것이 나왔던 無로 돌아간다.[40] 왜 그런가? 有함을 본질로 한 창조 세계 안에서는 완전한 소멸이 없다. 존재한 형태만 변화하는데, 그것이 차원을 넘나든 탓에 인간의 인식력이 미치지 못하는 '無한 有' 상태이다. 이 같은 본질 세계 안에서의 순환 운동을 통하면 선천에서 메커니즘이 결여된 윤회, 재림, 생사, 영생에 관한 작용 비밀도 실마리를 풀 수 있다. 대다수 문화권에서는 일체 존재가 생멸함과 함께 완전하게 소멸하는 것으로 알고 있지만, 실상은 그렇지 않다. **滅은 다름 아닌 한 존재가 생성을 마친 차원적 변화의 경계선에 있다.** 칸트가 물 자체를 인식할 수 없다고 한 그 有와 無 사이의 경계선 말이다. 그리고 분열이 끝나면 생

---

39) 『노자』, 제16장.-『王弼集校釋』, 樓宇烈 校釋, 中華書局, 1999, pp. 35~37.

40) 위의 논문, p.200.

성을 시작한 본래의 본체 자리로 돌아간다. 이 같은 순환 사이클은 전체적으로 본체란 작용 세계 안에서(있음=有) 태어나서 '있음'으로 존재하다가 현상계에서 퇴진함과 함께 다시 본래 자리로 돌아가는 것이다. 결코 사라진 것이 아니다. 드러나 인식이 미쳤고, 사라져 인식이 끊어진 차이만 있다. 전체를 포괄한 본체 안에서는 어떤 존재도 완전히, 그리고 영원히 소멸할 퇴출로는 없다. 왕필은 "만물, 만형 그것은 '一'로 돌아간다고 했나니, 無가 근본이 되고, 有가 말단이 된다고 한 無本有末[崇本息末] 인식이 이것을 근거로 하였다. 無에는 다양성을 하나로 귀착시키는 통일의 뜻이 내포돼에",[41] 이것이 하나님의 창조 권능이사 통합 권능이다. 어떤 명제와 논리를 앞세워도 왕필은 창조 인식을 뒷받침하지 못했고, 완성하지 못했지만, 천지 만물을 창조한 하나님은 왕필의 명제와 논리를 단번에 완성하나니, 無가 근본인 것은 하나님이 본체자로서 자체 본체에 근거해 천지 만물을 창조해서이고, 有가 말단인 것은 有는 창조된 결과체로서 창조 역사의 최종 열매이기 때문이다. 그런 역할을 한 道, 無란 창조 본체가 눈에 보이지 않는가? 가려진 차원의 가림 막, 인식의 장애물, 무명의 그림자를 걷어내어야 했나니, 진정 진리가 진리인 것을 분별할 수 있을 때, 인류는 이 땅에 강림하신 하나님의 거룩한 존안을 뵈옵게 되리라. 본질 영역에 이르러 무력화된 인식력을 회복해서 하나님의 참 본의를 꿰뚫는 혜안을 가지게 되리라.

3) 무위 창조 인식

有와 無, 그리고 道와의 관계에 있어서 無는 일단 존재한 有에 대해 생

---

41) 「왕필의 현학과 승조의 반야 사상 비교 연구」, 앞의 논문, p.71.

성적, 인식적으로 구분한 것이고, 道는 그런 경과와 관념적 구분, 분별 인식 내지 변화와는 상관없는 근원 된 본체 자체이다. 그래서 有를 有만으로 보면서 그것이 전부이고, 절대적인 체제라고 본 현상적 관점과 달리, 이면의 有가 無한 무형의 形而上學 단계까지 직시한 동양 본체론은 본의에 매우 근접한 진리 통찰이다. 그런데도 선천에서의 인식인 만큼, 문제를 안고 있다. 無야말로 만물의 근본이라고 했지만, 그런 본질 바탕의 작동 시스템을 무위적이라고 말한 것은, 그렇게 판단하고 해석한 것 일체가 본의를 모른 무위의 그림자이다. 창조된 역사 과정을 통째로 빠트린 세계관적 한계를 노출한 상태이다. 그 같은 조건 속에서는 아는 듯 모르는 듯 "有와 無는 성질이 같으며, 다만 이름이 다를 뿐이다. 有는 만물을 탄생시킬 수 있는데, 有는 無에서 탄생한 것이므로, 無는 有를 끊임없이 낳을 수 있다"[42] 라고 하였지만, 그것이 정말 무슨 뜻이고, 어떻게 해서 그러한 것인지는 누구도 이해하거나 설명하지 못했다. 일반적인 견해로서 "道는 언제나 무위이면서도 하지 않은 것이 없다. 道는 만물을 주재하는 것이 아니며, 만물 그 자체이다."[43] 까고 또 까도 껍질 그것이 전부인 양파처럼, 이렇게 말하고 저렇게 말해도 알맹이는 어디서도 확인할 수 없다. 도대체 무위인데 모든 것을 행한다는 역설을 어떻게 받아들여야 하는가? 이런 문제를 안고 있는 노자의 무위자연(無爲自然)론은 완성되지 못한 우주론이고, 창조에 관한 인식이지만, 진리로서 열매 맺길 기대할 수 없다. 무위 상태를 벗어나지 못했고, 무위인 이유를 설명하지 못한 것은 본의에 가려진 인식의 장애 탓이다. 창조 이전에 존재한 바탕 본체는 창조되기 이전인 탓에 창조

---

42) 『지도로 보는 세계사상사』, 앞의 책, p.68.

43) 위의 책, p.68.

역사 이후로 생성된 질서 조건으로서는 파악할 수 없다. 그래서 모든 有를 탄생시킨 바탕 본체로서의 道는 인식상 無이다. 道가 이러할진대, 작용 시스템인 무위도 동일한 조건이므로 부정적으로 표현할 수밖에 없었던 것이니, 곧 무위이지만 하지 않는 것이 없다. 無한 상태인데도 모든 것을 행하고 있다고 하는 역설적 작위 영역이다. 작동하였지만 인식이 미치지 못한 창조 시스템에 대해 그것을 표현할 수 있는 인식적 근거는 현상적인 질서뿐이다. 그래서 불교는 無한 본체 바탕 영역을 현상적인 질서를 기준으로 그것을 부정함으로써 궁극적 실체를 드러내는 방법을 택했다. 그렇게 해석하는 것은 자유이지만, 본의 지체에는 변함이 없다. 그저럼 헤어나지 못하는 인식의 한계성 영역을 벗어날 수 있도록 하나님이 계시한 열린 가르침에 귀를 기울여야 한다.

차치하고, "무위자연 사상은 노자의 철학 체계에서 매우 중요한 자리를 차지한다. 그만큼 무위는 우주의 본원인 道의 근본 법칙으로서 道의 덕성, 즉 현덕(玄德)의 중요한 내용이다."[44] 노자는 사람은 땅을 본받고 …… 道는 자연을 본받는다고 하여 자연을 천지 만물을 낳고 운행하고 주재하는 근본적인 질서 체제로 인식했다. 하지만 날카로운 통찰과 달리 정작 세인은 진의를 이해하지 못했다. 창조된 일체 시스템을 함축한 탓에 자연은 천지 운행의 근본 바탕으로 본 것인데도 본의를 몰라 이해할 길이 막혀 있었다. 자연은 창조 시스템의 결정판인데도 여기에 대한 인식이 전무한 선천 인류의 무지 상태를 가늠할 수 있다. 그러니까 창조를 엿본 인식이지만, 통상적으로는 자연=무위="목적도 없고 의식도 없고 작위도 없고 욕망도 없다. 즉, 道는 아무것도 하는 바가 없으면서 아무것도 하지 않는 바가

---

44) 『노자철학과 도교』, 앞의 책, p.46.

없다(無爲而無不爲)"[45]라고 이해했다. 아무것도 하는 바가 없는 것 같지만, 아무것도 하지 않은 바가 없다면 상식적으로 무형의 작위가 있었다는 것인데, 고지식하게 아무것도 하지 않는 무위에만 의미를 집중시켰다. 인식이 미치지 못한 무지 상태를 알아채지 못한 것이다. 자체의 실존 의지에만 머물러 제3의 구속 의지를 알아채지 못한 것이다. 이런 무지 상태를 열린 가르침이 분명하게 지적하고자 한다. 무엇이 문제인가? 창조된 역사 과정을 알지 못한 것이다(본의). 마지막 세트가 진행 중인 경기장에 들어선 사람이 있다면, 현재 진행 중인 점수만 보고서는 누가 이기고 누가 지고 있는 것인지 판가름하기 어렵다. 마찬가지로 자연은 완벽하게 창조되었고 이미 역사가 완료되었는데 그런 창조 과정, 곧 본의를 알 길 없는 선천의 인류 눈에 비친 자연의 완벽한 운행 시스템은? 우주의 조화 원리에 대해 감탄하면서도 정작 결론은 천지 우주가 자체의 전개 원리를 따랐다고 판단했다. "사람의 힘을 더하지 않은 그대로의 자연(무위)"이라고 하여, 人爲와 대비시킨 개념 이상의 진척이 없었다. 인간 의지와 무관하게 완벽한 질서 체제를 유지하고 있는 작용 시스템에 대해 인류가 통째로 기억을 잃은 상태인데, 여기에 대한 문제성은 각성하지 못하고, 오히려 문제 되는 인식 상태를 궁리를 다해 합리화시키는 데 급급했다.

무위에 대해 어떤 목적도 없고 의식도 없고 작위도 없다고 한 것은 진화론이 취한 논리 구조와 같다. 진화론은 망각한 창조 과정을 어떤 작위도 없이 무수한 세월을 담보로 우연에 우연이 겹친 결과라고 하였다. 이것은 정말 선천 인류의 못 말리는 무지이다. 오죽하면 플라톤이 '동굴의 비유'를 말했을까만, 정말 그들은 제한된 인식 장벽으로 둘러쳐진 동굴 안에

---

45) 위의 책, p.47.

완전히 갇혀버렸다. 그들이 진리 탐구의 수단으로 삼은 이성적 사고 자체가 본의를 인식할 수 없는 탓이다. 無의 영역, 그곳은 결코 인간의 힘과 의지와 계획과 목적[人爲]이 개입될 수 없다. 인류가 잠든 사이에 하나님이 이룬 역사인 탓에 인식이 미칠 수 없는 한계 영역일 뿐이다. 그런데도 그런 人爲적 조건을 기준으로 원인조차 불분명한 자연을 본받으라고 했다. 창조로 인해 구축된 작용 시스템을 간과한 결과이다. 자연을 혼돈이 아닌 최고의 질서(코스모스)로 인식하며, 그것이 우리가 본받아야 하는 질서라면 거기에 대한 당위 이유도 밝혀야 했다. 그리해야 최고의 가르침이 된다. 그런 뜻에서 人爲를 없애라는 것은 인간이 가진 편견과 욕망이란 장애물을 제거하라는 말일 수도 있다. 하지만 무위 지경에 도달했다고 해서 본의까지 알 수 있는 것은 아니다. 그러니까 열린 가르침이 있기까지는 선천 하늘을 온통 가로막은 세계관적 장애물을 걷어낼 수 없었다. "자연은 스스로 끊임없이 창조하면서 스스로 끊임없이 변하는 것이다"[46]라고 했을까만, 한편으로는 하나님의 천지 창조 목적과 의지와 역사와 과정의 개입 사실을 의도와 다르게 명시한 것도 된다. 그 고차원인 차원 방정식을 인류가 직시해야 한다. 세상에 존재한 무엇도 자신을 끊임없이 창조하면서 스스로 끊임없이 변화하는 것은(자생, 자화 시스템) 불가능하다. 인류는 부모로부터 태어났고, 타고난 유전인자를 물려받았다. 그런데도 이런 법칙을 깬 자생, 자화란 다름 아닌 하나님의 천지 창조 역사를 시인한 역설적 인식이다. 자생, 자화는 세상 안에서는 불가능한 시스템인 탓에, 가능한 것은 하나님이 태초에 실현한 천지 창조 역사밖에 없다. 최고인 창조 시스템을 말한 것인 동시에 창조 시스템에 대한 무지 상태를 함께 나타낸 인식 상태이다.

---

46) 『철학의 모험』, 이진경 저, 푸른 숲, 2005, p.90.

"밖으로 道에 의지하지 않고, 안으로 자기를 말미암지 않으며, 의연히 스스로 얻어 홀로 이루어진다(곽상의 독화론)."[47]

　　선천 역사를 통틀어 그렇게 된 이유를 밝힐 수도, 근거를 확인할 수도 없는, 세상의 질서 조건으로서는 해명할 수 없는 주장인데, 열린 가르침은 어떻게 설명할 수 있는가? 본의를 모른 무지 탓이고, 인식이 미치지 못한 한계성 탓이란 지적만으로서는 부족하다. 그렇다면? 열린 가르침은 그 '어떻게'에 관한 이유를 명백하게 밝혀야 인류의 무지를 깨우칠 수 있다. 왜 무위자연적인 이해와 자생, 자화 시스템 인식이 인류의 세계관적 관점을 구조적으로 제한한 것인가? 창조 역사와 함께 유구한 우주 생성의 알파와 오메가를 하나님이 장악하고, 몸 된 본체로 알파와 오메가를 통합하고 있어서이다. 그러니까 인간의 인식 영역이 생성으로 드러난 과정(역사, 경험, 현상……)에만 한정되어 누가 보더라도 절로, 그냥, 자화된 것으로 보였다. 이처럼 조건이 녹록지 못한 탓에 선현들이 애써 道, 이데아, 理, 보편, 神, 실체에 속한 본질적 요소를 포착은 하였지만 주기론, 유명론, 유물론, 진화론, 현상학, 분석, 과학주의 세계관 등이 득세하여 인류가 나고 가야 할 본체 바탕 뿌리와 단절시키고 말았다. 인류는 이처럼 본의에 무지한 결과로 도달한 인류 문명의 총체적인 종말성을 깨달아야 한다. 인식적 무지와 관점의 한계를 더 이상 방치할 수 없는 시한성을 깨달아 고사 위기의 인류 문명을 되살리고, 제3의 본질 문명을 이 땅에 건설해야 하리라.

---

47) 『장자』, 「大宗師注」, 곽상 저.

4) 동양 창조 인식

노자란 동양의 철인은 2500년 전에 『도덕경』을 통해 "시간 이전의 시간과 공간 이전의 공간에서 모든 것이 통합된 거대한 질서를 말했다."[48] 하지만 이것은 『노자 도덕경』을 해석한 지성의 판단이다. 해석이란 노자가 한 말에 대해 이해를 보탠 설명인데도 시간 이전의 시간과 공간 이전의 공간이라고 한 道의 상태에 대해 감이 잡히는 것은 없다. 꽃을 보면 아름답다고 느끼면서도 무슨 꽃인지 이름은 모르는 경우가 있듯, 道도 사고적으로 유추할 수는 있지만 직접 실감하지는 못한다. 보고, 듣고, 해석은 해도 창조된 세계 안에서 道가 지닌 특성을 직접 인식할 수 있는 근거가 없다. 해결할 수 있는 것은 오직 이 땅에 강림하신 하나님이 진리의 성령으로서 계시한 본의에 근거했을 때, 그렇게 한 관점에서 보면 선현들이 道에 대해 말한 것은 대부분 하나님의 창조 본의를 엿본 인식이다. 하나님이 진리의 성령으로서 계시한 지혜였다. 창조된 역사는 몰라도 바탕이 된 본체는 엿볼 수 있는데, 그것은 모두 창조된 본의와 연관된 명제들이다. 서양의 기독교가 펼친 창조론은 믿음은 지켰지만 본의와는 어긋나지만, 동양의 유·불·도 삼교는 오히려 본의와 근접한 창조론을 펼쳤다. 그런데도 자체 문명권 안에서는 어느 쪽도 시대를 초월해 하나님이 계시한 역사 사실은 눈치채지 못했나니, 이것을 때가 이른 오늘날 열린 가르침으로 일깨우고자 한다.

가톨릭 신부인 마테오리치가 선교를 목적으로 중국 사회에 발을 내디뎠을 때 동양에도 하나님 개념과 비슷한 天이란 단어가 있고, 상제를 향한 믿음이 있다는 사실을 발견하고, 하나님과 동일시한 논리로 중국인들

---

48) 『지적 대화를 위한 넓고 얕은 지식』, 앞의 책, p.270.

에게 하나님을 이해시키고자 하였다. 심증은 가는데 물증이 없을 때의 곤혹처럼, 그도 심증만큼은 확실하게 天[상제]=하나님인데, 그런 사실을 확실하게 논거를 두지 못한 것은 마테오리치 역시 본의를 미처 알지 못해서이다. 그것은 기독교의 하나님도 본의를 밝힐 때를 기다린 선천 하늘의 하나님으로서 오늘날 강림하신 보혜사 하나님과 본질은 같되 격이 달랐다는 뜻이다. 그래서 열린 가르침이 필요하다. 동양의 天이 하나님답게 완성된 모습을 갖추지 못한 상태만 고려한다면, "하늘이 命한 것을 본성이라고 하고, 본성을 따르는 것을 道"[49]라고 한 천관 인식을 충분히 이해할 수 있다. 세상 이치와 존재한 근거를 전적으로 하늘에 둔 것이나니, 그처럼 하늘이 命한 것을 본성이라고 한 것은 하나님이 태초에 말씀으로 천지를 창조하였다는 선언과 같다. 그 말이 곧 그 말이다. 믿음, 신념, 사고 구조가 같다. 나아가 天이 命한 본성을 따르는 것이 道라고 한 것은 道, 그것이 천지 만물을 지은 창조 법칙이란 말과 진배없다. 성실한 것은 하늘의 道이고, 성실하려고 노력하는 것은 사람의 道이다. 天道와 人道가 짝을 이루었고, 天道가 人道를 이끈 本이다.

> "道의 본원을 하늘에 돌리며, 天의 덕성을 체인하고 확충해야 천지의 화육을 도울 수 있고, 천지와 하나가 될 수 있다(『중용』, 제12장)."[50]

人道에 대한 명백한 창조 본성 규정으로서 하나님이 완전하심같이 인

---

49) "天命之謂性 率性之謂道."-『중용』, 제1장.

50) 『유교는 종교인가(1)』, 앞의 책, p.471.

간도 완전할 수 있는 추구 방향 지침이다. 그만큼 동양의 천인합일 지향은 충분히 창조적인 인식으로 뒷받침된 것이고, 그것은 곧 본체 창조 원리를 따른 의식 자체이다. 알다시피, "無로부터의 창조"는 하나님과 인류 사이를 영원히 이격시켰지만, 동양은 道, 본성, 人道의 본원을 天에 둔 탓에 (본체에 근거한 창조 인식) 기독교인 못지않게 天과의 교감 관계(화육 도모)를 돈독히 했다. 天의 덕성을 체인해서 확충하면 天과 하나 될 수 있다는 사실을 믿어 의심치 않았다. 일체 연결 바탕이 하늘이 命함(말씀)에서 비롯된 "본체로부터의 창조" 인식에 있다. 기독교인은 막연하게 기도로써 초월적인 하나님과 연결되는 고리(교감 관계)를 찾았다면, 동양인은 자체 지닌 본성이 하늘과 직접 연결되어 있다는 사실을 알고(몸 된 본체 창조) "天道와 본성을 일관한 설을 제창하였다(맹자)."⁵¹⁾ "道의 큰 근원이 하늘에서 나온다(道之大願出於天-『漢書』)." "우주가 곧 내 마음이고, 내 마음이 곧 우주이다(宇宙便是吳心 吳心卽是宇宙-『육구연집』)."⁵²⁾ 宇宙心과 自我心이 짝을 이루면서도 직결되어 있다고 믿었다. 人이 天의 바탕이 되고, 天의 본체로부터 인간이 창조되어서이다. 내 마음은 우주의 마음이 투영된 거울인데, 단지 그 같은 본원에 대해 하나님이 아닌 天이라고 부른 것은 본의를 정확히 알지 못한 선천에서의 포괄적인 지칭 개념이다. 하지만 근원에 대한 인식적 방향만큼은 정확했나니, 道의 큰 근원이 하늘에서 나온다고 한 것은 즉각적인 창조 道로서 창조 원리를 직시한 것이다. 그래서 大道이다.

51) "仁을 실천함으로써 天을 안다(踐仁以知天-공자)."→"자기 마음을 다하여 性을 알고, 나아가 天을 안다(盡心知性知天-맹자)."-「중용사상 연구」, 조명휘 저, 동국대학교 대학원, 박사, 1991, p.8.

52) 『유교는 종교인가(1)』, 앞의 책, p.466.

알다시피, 천지의 근원처(본원)를 추적하는 문제에 있어서 진화론은 일체 근거를 존재한 종이 변화하는 데 초점을 맞추었지만, 동양에서는 道가 천지의 근원이라고 했고, 태극으로부터 만물이 화생했다고도 했다. 누가, 그리고 무엇이 옳은 판단인가? 태극은 무형의 본질체를 지칭한 것이다. 일단 존재한 종, 만물, 만상과는 차원이 다른 그 무엇을 상정한 것인데, 이것이 서양이 취한 '현상적 접근 관점'과는 현격한 차이를 지닌, 천지 만물의 근원에 관한 '본체론적 접근 관점'이다. 나아가 하나님의 천지 창조 역사와 연관된 인식이기도 한데, 정작 동양인들은 무관하게 여겼다. 이 같은 무지를 깨우쳐 유관한 근거를 열린 가르침이 밝히고자 한다. 즉, 주희의 체계에 따르면, "만사 만물은 모두 태극이 체현(體現)된 것이고, 그런 체현이 사람에게 있는 것을 性이라고 부른다. 태극은 완전무결한 본체이고, 일체의 사물은 모두 태극의 빛을 함께 나누어 받는다. 태극이 완전무결하므로 인성에 체현된 것도 응당 완전무결하다."[53] 그야말로 하나님은 완전한 神이고, 그런 하나님이 이룬 천지 창조 역사도 완벽한 것이며, 그런 하나님과 닮은꼴로 인류가 天性을 이어받아 창조되었다는 말인데, 선천 인류는 왜 태극의 본체적인 역할과 하나님의 창조적인 역할을 연관 짓지 못했는가? 그 실마리가 바로 만사 만물이 모두 태극의 체현이라고 한 데 있다. 태극의 화현, 곧 하나님의 몸 된 본체로부터 천지가 창조된 탓에 태극의 본체론적 인식은 모두 창조론적 인식으로 귀결된다. 본의를 알아야 비로소 태극과 창조와 하나님을 연결할 수 있다. 바로 맹자로부터 주희에 이르기까지 인간의 본성이 善하다고 한 것은 하나님의 완전무결한 창조 본성을 유전자로 이어받은 인류의 태생 비밀에 대한 동양적 이해 인식이다.

---

53) 위의 책, p.104

물론, 그런 완전한 바탕 본성으로부터 왜 인욕과 죄악 본성이 발현되는가 하는 것은 또 다른 이유가 있어서이지만, 인류는 먼저 긍정적인 관점에서 근본적인 태생의 비밀을 깨우쳐야 바탕이 된 본성을 고무하고 존엄한 가치를 회복하는 방향으로 나갈 수 있다. 그러기 위해서는 道, 태극에 가려진 비인격적인 실체성 껍질부터 벗겨내어야 한다. 아무리 "만물이 유일하고 궁극적이며 절대적 존재인 브라만으로부터 발산되어 나온다"[54]라고 주장해도, 본의를 알지 못하면 신비주의로 치부될 뿐이다. 창조적 접근 인식을 완성하고 선현들의 통찰 관점을 포괄해야 하나님이 이룬 천지 창조 역사를 결실 지을 수 있다. 애써 일군 진리적 명제들이 어떻게 창조 본의를 엿본 인식인가 하는 것은 주자학을 받아들인 조선 성리학자의 理와 氣에 대한 세계관적 관점과 치열하게 논거를 둔 견해들을 통해서도 확인할 수 있다.

먼저, 그들의 논거 근거인 주자의 견해부터 살펴보면, 주자는 태극을 理氣 개념과 연계해서 "태극은 다만 천지 만물의 理일 뿐이다."[55] 즉, 태극을 천지 만물의 초월적 근원으로 규정한바, "一物이 있기 이전에도 천하의 公共之理는 있다"[56]라고 하였다. 이에 대해 "율곡은 理와 氣를 나눈(이기이원론) 입장은 따르면서도 태극의 초월적인 실재성에 대해서는 견해를 달리했다. 끊임없이 변화하는 氣에 내재하는 理로서 태극을 파악할 뿐, 초월적인 理는 생각하지 않았다. 氣, 즉 음양은 本有이며, 태극 또한 음양의 근

---

54) 『생각의 역사』, 앞의 책, p.434.

55) "太極但是天地萬物之理."-『주자어류』, 권 1.

56) 『주자어류』, 권 94.

저로서 本有한 것이다."[57] 태극, 즉 理가 독립해서 초월적으로 선재하지 않는다면 理의 소재란? 바로 氣 속에 理가 내재한다고 본 것이다. 이것은 서양의 아리스토텔레스가 플라톤의 초월적 이데아설에 대해 형상과 질료가 존재 안에 함께한다고 한 견해와 같다. 누구의 주장과 판단이 정당한가? 아직도 역사상 숙원의 과제로 남아 있는 것은 각자가 바라본 관점 상의 차이 탓인데, 옳고 그름으로 판가름하려고 한 데 이유가 있다. 여기서 주자와 플라톤이 태극과 이데아를 천지 만물에 대해, 혹은 현상계에 대해 초월한다고 말한 것은 기독교가 하나님을 만사와 만물을 초월한 神이라고 한 것과 같다. 그래서 짚고 넘어가야 하는 것이 '이선기후설'이다. 진위를 따지기 전에 "초월적 본체로서의 理가 선재한다는 주자의 입장에 대해 율곡은 태극은 항상 理와 氣의 불상리(不相離) 측면에서, 또한 氣의 존재 근거로서 내재해 있다고 한 대비 판단 자체이다."[58]

우선, 理의 선재설을 본의 관점에서 보면, 창조에 대한 인식인 것이 분명하다. 여기에 대해서는 노자도 비슷한 명제로 밝힌바 "무언가 뒤섞여 이루어진 것이 있으니, 이것은 천지보다 먼저 생겨났다"[59]라고 한 말과 일맥상통한다. 아직도 해명할 길 없는 선현들의 아리송한 명제가 의미하는 바는? 다름 아닌, 창조 과정에서의 하나님의 존재 위치와 역할에 관한 언급이다. 기독교에서도 태초 이전부터 하나님의 존재 사실을 당연시한 상태에서 창조 역사가 이루어졌다고 하였다. 그렇다면 창조 역사 실현과 무관하게 하나님은 본래부터 존재했다는 말이기도 하다. 이것은 道와 理가 선

57) 「율곡의 이기지묘에 관한 연구」, 박찬용 저, 동국대학교 대학원, 철학, 석사, 2001, p.8.
58) 위의 논문, p.12.
59) "吾不知誰之子 象帝之先."-『노자 도덕경』, 제4장.-『지도로 보는 세계사상사』, 앞의 책, p.12.

재했다고 하는 것과 동일한 말이기도 하다. 그런데 왜 율곡과 아리스토텔레스는 이런 견해를 부정했는가? 창조 이전에 존재한 하나님의 본체에까지 인식이 미치지 못해서이다. 하지만 초월적인 理와 이데아를 존재 안으로 끌어내린 것도 굳이 따진다면 틀린 것은 아니다. 본체로부터 창조된 탓에 존재 안으로 이행되었다. 그래서 확실하게 선을 긋는다면, 理는 논리적으로 선재한 것을 넘어 시공간적으로도 선재했고, 그러면서도 동시에 시공간 안에서도 함께 내재했다. 창조된 세계 안에서는 동시에 존재하는 것이 불가능하지만, 理는 그야말로 초월적으로 존재한 창조 본체인 탓에 시공의 분열성과 무관하게 동시에 존재할 수 있다. 율곡은 理와 함께 氣도 본래의 존재성을 주장한 바, 근원을 따진다면 理와 氣는 본래 하나인 태극 본체인 것이 맞지만, 창조된 역사 과정을 거친 탓에 理가 氣로 이행되었다. 그래서 理氣는 二物이 아닌 一物이며, 理와 氣는 창조 역사 과정에서 理에서 氣로 이행되었고, 理가 氣化됨과 동시에 태극[理]도 음양으로 양의되었다. 그래서 율곡이 음양[氣] 역시 本有한 것이라고 한 것은 본래 一物인 근원을 따진다면 맞지만, 관점상 理가 지닌 창조 본체로서의 작용이 있기 전에는 氣의 작동이 일어나지 않았으므로 틀렸다. 본의에 대해 무지했다는 뜻이다. 이런 장애 요소는 이후의 논거에도 계속 영향을 끼쳐 理氣의 불상리(不相離)를 내세우고, 떨어질 수 없는 존재 안의 내재 뜻을 고수한 것은 자체 지닌 장애 안목을 드러낸 것이다. 반대 견해인 불상잡(不相雜)도 반쪽 관점인 것은 마찬가지이다. 이것은 각자가 처한 위치에 따라 초월적인 불상잡과 내재적인 불상리로 구분된 것뿐이다. 하지만 본의 관점에서 보면, 구분한 왼손도 자기 손이고 오른손도 자기 손인 점에서 이론이 없다. 불상리와 불상잡은 창조로 인해 변화된 과정상 구분된 것이므로 결국은 한 몸으로부터 생긴 차이이다. 그래서 본의 관점은 창조된 현상계의 논리 숲을 헤쳐 나가는 확고한 이정표가 된다. 창조된 역사 과정을 따라가면 그렇지 못해 헝클어진 창조 역사의 실타래를 일목요연하게 정리할 수 있다.

이에, 율곡은 초월적인 창조 본체(理, 태극)를 보지 못한 인식적 장애와 벗어나지 못한 세계관적 한계성을 노출했지만, 현상적 측면에서 氣를 우선시한 것은 현상을 일으킨 氣의 본질적 특성을 인식한 것이다. 먼저, 율곡이 一而二 二而一이란 명제를 내세워 理와 氣가 一物이면서 二物이고, 二物이면서 一物인 묘합(妙合)적 관계라고 한 이기지묘(理氣之妙) 논거는 "퇴계가 주자의 전통적인 이기이원 견해를 고수하면서 이기불상잡 측면을 강조한 것과 대조된다. 즉, 퇴계는 理는 귀한 것으로, 氣는 천한 것으로 여기고, 氣보다 理를 더 우위에 두었다. 절대적 우위자인 理는 氣의 주재자로서, 혹은 氣에 명령하는 것이다. 氣에 구속됨이 없는 것이므로 理와 氣를 섞어서 一物이라고 할 수 없다"[60)]라고 하였다. 하지만 반대한 율곡은 理氣는 곧 一物이라고 하였다(이기지묘). 지적했듯, 근원으로 따진다면 理氣는 본래 一物인 것이 맞다. 그래서 二物이라고 한 퇴계에게도 문제는 있지만, 율곡 역시 一物을 판단한 근거는 존재에 내재한 理氣이기 때문에 一物을 주장하는 것은 사고적 유추일 뿐이고, 사실상은 창조의 이행 과정에 무지한 현상적 질서 관점이다. 一物의 본체적 역할을 인지하지 못한 탓에 理氣 一物을 내세운 논리적 근거를 말하는 데도 시묘(之妙), 즉 묘합으로 표현했다. 창조 과정에 대한 본의를 알지 못함에 대한 인식 상태이다. 사사건건 퇴계는 주지적, 불상잡, 초월적 관점에서 이기호발(理氣互發)설을,

---

60) 『퇴계전서』, 상권, p.46.-위의 논문, p.13.

율곡은 주기적, 불상리, 내재적 관점에서 기발이승일도(氣發理乘一途)설을 주장한 바, 결코 한 위치와 측면에서 본 이설이 아니다. 퇴계 관점은 理가 氣로 이행된 창조의 후행 관계를 연결 짓지 못한 物이고, 율곡 관점은 창조 이전 理의 본체적 역할을 알지 못한 物이다. 이런 차이에도 불구하고 율곡은 氣적인 관점에서 理와 대비된 氣의 특성만큼은 분명하게 나타내었는데, 이통기국(理通氣局)설이 그것이다.

理는 통하는 데 비해 氣는 국한된다는 뜻이라, 여기서 "理가 통한다(理通)는 것은 본말이 없고 선후가 없다. 반면에 氣가 국한된다는 것은 氣가 有形·有爲한 것이라 본말이 있고 선후가 있다는 뜻이다. 승강비양(升降飛揚)함에 있어 쉼이 없고, 만물 가운데 나타나지 않는 곳이 또한 없으니, 이것은 氣의 차별성, 개별성, 특수성 때문이다."[61] 그래서 사고적으로 유추하고 대비하기는 했지만, 氣가 왜 형적(形迹)에 간섭된 것인지에 대한 설명은 없다. 밝힌다면, 理는 천지를 창조한 바탕 본체로서 현상계의 분열 질서를 초월한 탓에 본말이 없고 선후가 없다. 반면에 氣는 창조 목적을 발현시켜야 하는 탓에 분열을 본질로 하며, 목적의 다양성을 구현하기 위해서는 개개 존재로서 결정될 수밖에 없다.

이처럼 동양의 선현들이 일군 본체론적 사고와 접근 방법과 세운 명제는 한결같이 하나님의 창조 본의를 엿본 인식이 태반이다. 이것을 해석하지 못하면 인류가 펼친 '천지 창조론'을 완성하지 못하고, 만세 전부터 하나님이 이루고자 한 천지 창조 목적을 이 땅에서 실현할 수 없다. 그래서 하나님이 강림하시어 열린 가르침의 문을 여셨나니, 말씀 한마디 한마디를 만 인류가 놓침 없이 받들어야 하리라.

---

61) 위의 논문, p.30.

3. 바탕

"영구히 변치 않는 절대로 확실한 것을 神이라고 믿어 의심치 않았던 시대에 데카르트는 그런 神을 제쳐놓고, 변치 않는 절대로 확실한 존재를 찾으려고 하였다. 그가 산 17세기는 그야말로 혁명적인 변화의 시대로서 지금까지 절대 확실하다고 믿어온 모든 것이 뒤집히고 허물어지고 있었기 때문이다. 그래서 알고 있는 지식을 모두 無로 돌리고, 오랜 사색을 통해 이 같은 결론에 도달했다. '내가 존재하지 않으면 이 모든 것은 존재할 수 없고, 내가 존재하는 것은 지금 내가 존재한다고 생각하고 있기 때문이다. 그래서 나는 생각한다. 고로 나는 존재한다.' 이런 자각이 철학의 역사, 나아가 인류의 정신사를 완전히 바꾸어 놓았다."[62] 데카르트의 시대나 지금의 시대나 인간이 발을 디딘 땅과 바라보는 하늘이 달라진 것은 없다. 그런데도 인류의 정신사와 세상이 달라진 것은? 데카르트처럼 자신이 품은 의문에 대해 답을 얻은 각성 탓이다. 지금 자신이 생각하고 있는 존재 상태, 그것이 바로 고심 끝에 발견한 영구불변, 절대 확실한 존재란 자답 인식인데, 변치 않는 절대 확실한 존재를 찾으려고 한 데카르트가 손바닥 뒤집듯 바꾼 생각, 즉 절대 존재를 관점의 변화로 찾았다는 것은 아이러니하다. 더군다나 그처럼 확고부동한 존재라고 생각하고 있는 우리는 모두 생자필멸하는 인간이다. 그처럼 확실하게 존재한다고 생각한 데카르트도 지금은 이 세상에 없다. 인간이 생각으로 이룬 인식과 일체 판단은 확신한 것과 달리 유동적이며, 관점은 변한다. 자신은 가만히 앉아 있어도 타고 있는 차가 달린다면 움직여지게 되는 것처럼, 생성과 변화를 본질로 하는

---

62) 『업그레이드 먼 나라 이웃나라(프랑스)』, 이원복 글·그림, 김영사, 2019, pp. 18~19.

세계 안에서 존재하는 인간이 이 같은 조건 속에서 절대 변치 않고 절대 확실한 것을 찾는다는 것은 그런 시도 자체가 절대적인 모순 행위이다.[63] 자체 안에 몰입한 탓에 세계 본질적 조건을 망각한 아전인수 결론이다. 이 같은 인식과 방법론(『방법서설』)에 기초해서 세워진 것이 서구 근대 문명이라, 유동적인 관점으로 세운 문명인 탓에 때가 되면 또다시 유동적인 관점에 의해 허물어질 운명이다. 데카르트의 진리 인식과 판단은 과연 어디에 잘못이 있었고, 관점상 착각을 일으킨 것인가? 그것을 아직도 분별하지 못하고 있는데 인류의 무지가 있어, 그것을 일깨우는데 열린 가르침의 교화 사명이 있다.

언급한 대로, 인류는 영구히 변치 않는 절대로 확실한 것이 존재한다고 믿어 의심치 않았던 시대가 있었다. 그 대상을 기독교는 神, 힌두교도는 梵, 불교도는 法, 유교도는 태극, 노자는 道라고 여겼다. 그런데 이들은 어찌하여 이름도 다르고 설명도 다르고 존재한 형태에도 차이가 있는가? 그리고 그러한 조건을 가진 불변한 것은 아예 존재하지 않는다고 한 부류까지 있는가? 원인은 오히려 그러한 조건에 합당한 形而上學적 본체의 존재 여부에 있는 것이 아니다. 그렇게 판단한 인간의 생각과 관점에 문제가 있다. 믿은 바대로 바탕이 된 절대 본체가 변할 리는 만무하다. 반면에 인간의 생각과 관점은 변하고 또 변한다는 사실은 만인의 상식적인 생각과 진리성을 대변한다. 누구라도 자체 진리를 바라본 관점이 완벽하다고 확신할 수 있는가? 없다면 불변한 본체를 볼 수 없는 관점 상의 한계 요인은 무엇인가? 바로 바탕이 된 본체 자체가 현상계 이면에 잠재해 있어 인

---

63) 인간은 현상화된 존재이고, 세계 역시 분열 중이라, 데카르트가 생각으로 일군 모든 진리 인식과 확보한 관점은 가변적이라는 것, 이것이 곧 불변한 진리임.

식이 미치지 못하였고, 분열을 다하기까지는 파악하기가 어려웠다는 데 있다. 그래서 노자는 말했다. "道라는 것은 있는 듯 없는 듯 황홀한 척한다. 그러나 그 가운데 象이 있고, 그중에 物이 있으며, 깊고 어둡되 그 가운데 精이 있다."[64] 즉, "道는 감각적으로 인식할 수 없는 미묘 황홀한 것이로되, 이성적으로는 확실하게 인식할 수 있는 존재자로서 우주의 만반(萬般) 현상의 본원, 본체가 되는 보편적 존재이다."[65] 여기서 이성적이란 것은 상식적, 합리적, 논리적 유추로서 바탕이 된 본원 본체를 직접 체인한 상태가 아니다. 벌써 판단에 있어 장애 요인이 따랐다. 먼저, 상식적이자 합리적이란 나무는 뿌리가 있는 것처럼 삼라만상 존재는 그것을 있게 한, 바탕 본체가 있다는 생각이고, 논리적이란 뿌리는 땅속 깊이 묻혀 있어 볼 수 없지만, 나무가 있으면 뿌리가 있다는 것을 판단하는 것이다. 나무와 뿌리를 모두 확인할 수 있는 완벽한 조건을 갖춘 상태에서 하는 말이 아니다. 즉, 나무를 보면 뿌리가 있다는 사실은 알 수 있지만, 그러나 뿌리 모양이 어떻고, 어디까지 뻗어 있는지는 설명하기 어렵다. 파보지 않고서는 알 수 없는 한계가 있다. 무엇이 가로막고 있어서인가? 뿌리를 덮고 있는 흙이란 물리적 장벽이다. 이런 요인은 노자가 밝힌 道를 통해서도 여실하게 확인할 수 있다. 단지 形而上學적인 본체 道에 대해 무엇이 장애 요인으로 작용한 것인지에 차이가 있을 뿐…… 道가 만반 현상의 본원 본체인 보편적 존재란 말은 분명 창조를 염두에 둔 인식이다. 그런데도 작용한 실태에 대한 파악에서는 노자 이래, 한 지도 진척이 없었다. 그만큼 바탕 본체로서의 道는 우리의 시각이 땅속까지 미치지 못하는 것처럼 인식이 도달하

---

64) 『노자 도덕경』, 제21장.

65) 「노자 교육사상의 현대적 가치」, 배형근 저, 광주경상대학 논문집, 제6집, p.48.

지 못하는 한계가 있었다. 하지만 道도 만상을 이룬 보편적 존재자인 한, 능히 바탕 본체다운 창조 역할을 수행한 것이다. 현상적 관점에서는 만상을 이룬 바탕 본체가 존재한다는 사실을 부정할 수 있지만, 그것이 단순한 바탕이 아닌 창조 본체라면 사정이 달라진다. 지난날은 대개 현상적 관점에서 道가 만반 현상의 본원 바탕이라고 이해한 탓에 道의 형체와 존재 역할을 개념적으로 규정하는 데 그쳤다. 하지만 道가 천지 창조 역사를 수행한 바탕 본체 역할을 한 것이라면 사정이 달라진다. 그런데도 이런 사실을 전혀 감지하지 못한 것이 선천 인류의 실상이다. 땅은 나무와 뿌리를 가르는 구분선이듯, 창조는 形而上과 形而下를 구분 짓는 보이지 않는 경계선인데, 그 선을 보지 못했다. 그 경계선은 그대로 인식이 미치지 못하는 한계선이기도 해, 노자 역시 道는 말하고도 道의 창조적 역할까지는 말하지 못했다. 창조 역사 이전과 창조 역사 이후에 대한 원인과 결과, 본체와 현상, 形而上과 形而下의 경계를 확실하게 구분할 수 있어야 만상을 이룬 본원 세계는 물론이고, 그렇게 해서 이룬 결과 세계까지 존재한 근거를 명확하게 드러내어 태생의 비밀인 창조 메커니즘을 밝힐 수 있다. 지금까지 설명하지 못한 道의 形而上學적 본체 특성을 규정할 수 있다.

그래서 살펴보면, 동양의 주자는 태극과 음양에 대해 태극은 理요 氣는 음양이라고 하면서 다음과 같이 말하였다. "천지의 사이에 理와 氣가 있으니, 理는 形而上의 道이고, 物을 生하는 근본이다. 氣는 形而下의 器이고, 物을 生하는 具이다. 그러므로 人物이 生함에 반드시 이 理를 받은 후에 性이 있고, 반드시 이 氣를 받은 후에 形이 있다."[66] 이것은 밝힌 바대로 인간이란 존재가 理를 받아 본성이 규정되고, 氣를 받아 형태가 결정되었

---

66) 『주자대전』, 권 58, 「답황도부」.

다고 하는 설명만으로 그칠 수 없다. 形而上과 形而下가 구분된 이유, 더 나아가 理와 氣로 인해 性과 形이 결정된 작용 메커니즘까지 밝혀야 했다. 즉, 理와 氣를 形而上과 形而下로 구분한 것은 천지가 창조된 과정과 연유와 뿌리를 밝힌 인식이다. 창조 역사가 실현되지 않았다면 세계가 본체(形而上)와 현상(形而下)으로 구분되지 않았으리라. 하지만 그렇게 구분할 수밖에 없는 필연적 요청과 인식의 경계선에 창조 역사가 있다. 그런데 선현들은 形而上과 形而下를 가른 경계선인 창조 역사를 미처 알지 못했다. 그래서 창조 이전의 본체 바탕인 形而上學적인 道, 理……가 왜 현상의 분열 질서로 인해 형태가 불분명한 것인지에 대한 이유를 알지 못했다. 이처럼 전혀 분별 의식도, 구분된 이유도 모른 무지를 깨우쳐 그것이 바로 창조 본의를 엿본 진리 인식이었다는 사실을 밝히는 것이 열린 가르침의 목적이다. 본의를 일깨우는 것은 하나님의 천지 창조 역사를 완성하고 천지 창조 목적을 실현하기 위한 일환이기도 하다. 이런 본의 관점이라면 동서양을 막론하고 엿보기는 했지만, 제자리를 잡지 못한 形而上學적인 본체 관점을 정착시킬 수 있다. "물질세계의 모든 것에는 영원하고 변함없는 형상(이데아)이 있다"[67]라고 했나니, 그러한 판단과 신념을 뒷받침할 수 있다. 주자가 理와 氣를 形而上과 形而下로 구분한 것이나, 플라톤이 세계를 이데아계와 현상계로 나눈 것은 창조 역사에 따라 그처럼 구분하고 나눌 수밖에 없었던 동일한 인식 구조이다. 만상의 이면에는 바탕이 된 초월 본체, 곧 창조를 이룬 形而上學적 본체가 존재했나는 뜻이다. 道가 창조 본체 역할을 한 만큼, "만물이 道이고, 또한 道가 만물"[68]이라고 한 것은 당

---

67) 『축의 시대』, 앞의 책, p.536.

68) 「왕필의 현학과 승조의 반야 사상 비교 연구」, 앞의 논문, p.34.

연한 등식 명제이다. 따라서 "道는 참으로 믿을 만한 것이지만, 作爲가 없고 形이 없다. 전할 수는 있지만, 말로써 설명할 수 없으며, 얻을 수는 있지만, 눈으로 볼 수 없다."[69]

창조된 본의에 무지한 만큼, 그리고 오감에 가려진 만큼의 인식에 따른 솔직한 토로이다. 道의 창조 역할을 빠트린 이상 누구도 작위를 거론할 수 없었다. 기껏 "스스로 근본이 되고 스스로 뿌리가 되어 천지가 존재하기 이전의 예로부터 존재하였다"[70]라는 안목에 근거한 자체 합리화 안목뿐이다. 예로부터 존재한 道가 창조란 차원의 장벽에 막혀서 전할 수는 있지만 말로써 설명할 수 없고, 얻을 수는 있지만 눈으로 볼 수 없다는 사실을 알지 못했다. 왜 스스로 근본이 되고 스스로 뿌리가 되는지, 그 같은 존재 조건을 갖춘 본체가 현상적인 질서 안에서는 존재할 수 없는, 창조 역사를 주관한 부동의 원동자, 제일 원인은 일체의 현상적 질서 너머에 계신 하나님의 몸 된 본체뿐이다. 초월적, 통합적인 탓에 **창조 본체는 창조된 세계의 다양한 형상을 포괄할 수 있고, 창조 본의는 세계의 다양한 진리 명제를 포괄할 수 있다.** 왜 "하늘은 높을 수밖에 없고, 땅은 넓을 수밖에 없으며, 해와 달은 운행할 수밖에 없고, 만물은 창성할 수밖에 없는가?"[71] 장자는 말하길, "이것을 道라고 할까?"라고 했지만, 개괄적인 道 개념만으로 얼버무릴 일이 아니다. 창조 역할을 다한 道의 본체 뿌리를 보지 못했다. 그런 인식적 실상이 바로 이와 같은 법문이다.

---

69) 『장자』,「대종사」.

70) 위의 책, 위의 편.

71) 『장자』,「知北遊」.

"사리자여, 모든 法은 空相이어서 나지도 않고 없어지지도 않으며, 더럽지도 않고 깨끗하지도 않으며, 늘지도 않고 줄지도 않는다. 이런 까닭에 空 가운데는 물질적 존재도 없고, 감각·표상·의지·인식도 없으며, 눈·귀·코·혀·신체·마음도 없고, 형태·소리·냄새·맛·감촉·마음의 대상도 없으며, 눈의 영역도 없고, 나아가 의식의 영역까지도 없다."[72]

창조 이전에 존재한 본체 안인 탓에 空相은 창조 이후에 결정된 일체의 현상적 존재와 차원을 달리한다. 그래서 현상적 수단과 질서 근거로서는 파악할 길이 없다. 그 같은 바탕 본체 상태를 직시한 것이 곧 '반야심경' 법문이다. 形而上의 차원적인 경계를 분명하게 직시했다. 그처럼 볼 수 있고, 볼 수 없음의 경계와 한계성을 본의 관점으로 꿰뚫어야 한다.

상식적인 판단으로서도 形而上學적인 바탕 본체는 세계의 일체 원인과 결과를 낳았기 때문에 자체는 더 이상 원인과 결과가 될 수 없다. 그래서 존재한 영역이 구분되고, 질서적인 측면에서도 차원이 다르다(초월). 모이고 흩어지게 하지만(생멸, 모습의 변화) 자체는 모이지도 흩어지지도 않는다. 만물과 함께 존재하지만, 만물과 같지는 않다. 그래서 본체와 현상으로 구분할 수밖에 없으니, 이유는 천지 만물이 바탕이 된 본체로부터 창조되어서이다. 이런 구분과 차이 탓에 "道를 道라고 말할 수 있으면 그것은 道가 아니다(道可道非常道). 이름을 이름 지을 수 있는 이름은 영원한 이름이 아니다(名可名非常名)."[73] 동양의 선현들은 이처럼 분명하게 인식한 상태이지만, 서양의 지성인과 신앙인은 상식적인 조건을 무시한 채 동

---

72) 『반야심경 강의』, 혜담 저.

73) 『노자 도덕경』, 제1장.

일한 존재 차원 안에서 바탕이 된 근원 뿌리를 찾고자 하였다. 즉, 기독교에서는 창조주와 피조체를 구분하였지만, 창조 역사의 결과물인 피조체를 보고서도 차원이 다른 하나님을 증거하지 못하였고, 창조 역사를 실증하지 못했다. 하나님이 시공을 초월한 절대자라고 말한 것은 오직 사고적인 유추로 하나님을 볼 수 없는 단절성과 절망적인 폐쇄성을 드러낸 것이다. 문명적 장애 정도가 심각한 상태이다. 여기에 비한다면 동양의 왕필은 차원적인 창조 본체의 문 앞까지 도달했지만, 문고리를 찾지 못해 문을 열지 못한 단계이다. "형상도 없고 명칭도 없는 것이 만물의 본체[道]인 탓에 듣지만 들을 수 없고, 보지만 드러낼 수 없으며, 체득하지만 인식할 수 없다"[74]라고 한 노자의 말에 동의하였다. 道는 정말 차원적이라, 형상과 명칭이 없으므로 구체성을 지닌 언어적 인식과 구체적인 감각 경험을 통해서는 알 수 없는 것이 분명하지만, 이유는 전적으로 인식 상의 제한과 관점 상의 한계성 탓에 선천 하늘 아래서는 어떤 선현들의 눈을 통해서도 道의 본체적 모습은 볼 수 없었다. 천지 만물이 생겨나기 이전인 본래의 바탕 본체, 근원 된 창조 본체가 존재한다는 사실에 대한 신념은 가졌지만, 직접 드러내거나 증거하지는 못했다. 그렇지만 진화론처럼 아예 바탕 본체를 간과한 것보다는 진일보한 상태이다. 그런데도 바탕이 된 본체가 하나님의 몸 된 본체 자체이고, 이행된 창조 본체이며, 본질화된 존재 본체라고 하기에는 섣부른 감이 있다. 이후의 창조 메커니즘 작용을 통해 더욱 구체화해야 한다.

　인도인의 표현에 따르면 브라만은 이름도 형상도 아니다. 미덕과 부덕을 초월하며, 시간 · 공간 · 감각 · 경험의 대상도 초월해 있다고 했다. 하

---

74) 『老子指略』, 왕필 저.

지만 브라만은 결코 홀로 차원적일 수 없다. 만상을 이룬 바탕 본체인 탓에 브라만은 一者이지만(생성 이전), 多者의 원인(현상계)이 된다.[75] 홀로 절대적일 수 없는 것이, 창조를 이룬 탓에 만상을 이룬 뿌리 역할을 한다. 이런 바탕 본체는 그렇다면 창조된 결과 세계, 곧 현상화된 세계 안에서 어떤 특성을 지니는가? 세상 안에서 존재하는 우리와는 다른(창조된 결과 대상), 또 다른 형태로서의 초월적인 특성을 나타낸다. 동양의 선현들은 道의 절대적인 초월성과 함께 道의 보편적인 내재성도 함께 강조했다. 특히, 장자가 동곽자의 "道는 어느 곳에 있습니까?"라는 질문에 대해, "없는 곳이 없다"라고 답했다. 계속 자세함을 요구하자 "똥이나 오줌에도 있다" 라고 하였다. 즉, 道는 모든 곳에 존재한다. 이것은 하나님이 세계 안에서 무소 부재하고, 어느 곳에나 임재하며, 함께한다는 것과 같은 말이다. 하나님이 몸 된 본체를 제공해서이듯, 道 역시 뭇 존재의 바탕 본체로서 존재하지 않는 곳이 없다. 그런데도 지난날은 神과 道가 세상 가운데 편재한다는 말을 원리적으로 뒷받침하지 못했다. 본의를 알지 못해서인데, 얼마나 심각한 당달봉사인가 하면, 세상에 온통 깔려 있어 눈만 뜨면 볼 수 있는데, 道를 체득하지 못하였고, 神을 보지 못하였다. 편재, 함께, 바탕을 이룬 주된 원인이 창조 역사 때문인데, 이런 사실을 간과하고 단도직입적으로 특성만 보고 있으니까 논리적인 비약이 있게 되었다. 하지만 그 이유가 창조 역사에 있다는 사실만 알면 "모든 것은 一者 안에 있으며, 一者는 모든 것이다"[76]라는 명제를 곧바로 이해할 수 있다. 창소 역사가 어떻게 이루어진 것인가를 시사하는 말이다. "본체로부터의 창조"에 근거해야 풀 수 있

---

75) 『영원의 철학』, 올더스 헉슬리 저, 조옥경 역, 오강남 해제, 김영사. 2014. p.30.

76) 『초월철학 강의』, 프리드리히 슐레겔 저, 이관형 역, 마인드큐브, 2017. p.48.

는 고차원 방정식이다. 一者는 도식이므로 풀이하면, "하나님은 모든 생명의 살아 있는 원천이며, 모든 것 속에 내주하신다"[77]가 된다. 존재하는 것이 모두 자체적으로 고유한 본성을 가짐에, 그것은 창조 본체로부터 말미암은 하나인 본성이기도 하다. 각각은 모두에 있고, 그러면서도 모두는 따로따로이다.[78] 그것이 몸 된 본체를 근거로 만물을 있게 한, 바탕 본체 역할이다.

또한, 창조 본체로서 천지 만물을 이룬 현상계에서의 결과 특성은 바로 통합적 역할이다. 동원한 논리를 살펴보면 초점이 정확하지는 않지만, 장자는 道가 지닌 통합 본체 역할에 대해 "만물은 하나이며, 천하는 한가지 氣로 통달된다"[79]라고 하였다. 하나 됨은 그대로 '만물 일체'이나니, 이유는 오직 본래 만물이 하나인 하나님의 본체로부터 창조되어서이다. 그래서 만물은 만 가지 특성이 있지만, 바탕을 이룬 본질을 갖추었고, 어디에도 편재되어 있어 서로 통하고 연결되며 일체 될 수 있다. 창조된 만물은 각자의 모습대로 특성을 나타내지만, 바탕이 된 본질은 그런 개별성, 결정성, 목적성을 초월한다. 흔히, '생명 없는 물질과 의식이 통합할 수 있는가'라는 의문을 가지는데, 현상계 안에서는 주어진 창조 법칙을 벗어날 수 없지만, 본질 안에서는 어떤 제한도 없다.『금강경』에서는 "일체 만법이 모두 佛法(一切法皆是佛法)이라고 했다. 佛法이 일체 만법, 일체 진리를 융합한 우주의 근본 원리"[80]라고 함에, 그런 주장과 신념만으로서는 결코 佛法

---

77) 『신학 논쟁』, 로저 E. 올슨 저, 박동식 역, 새물결 플러스, 2017, p.162.

78) 『영원의 철학』, 앞의 책, p.25, 27.

79) 『지도로 보는 세계사상사』, 앞의 책, p.74.

80) 『한국과 중국 선사의 유교 중화 담론』, 앞의 책, p.234.

을 완성할 수 없다. 일체 만법이 佛法 아닌 것이 없다고 한 의도는 佛法의 창조 본체 역할을 말하고자 한 것이지만, 정작 창조된 본의를 간과한 일체 논거는 佛法이 지닌 창조 본체 역할을 무시한 판단이다. 그렇지만 열린 가르침을 통하면 佛法을 포함한 제법을 하나님의 본의 안에서 하나 되게 할 수 있다. 하나님은 창조주인 탓에 가능한 통합 권능 발휘이다. 선현들이 이상적인 세계로 여긴 만물제동(萬物齊同)은 결코 꿈에만 머물고 말 세계가 아니다(장자). 다름을 다름으로 보는 것은 분열성을 극복하지 못한 인식이다. "다름을 널리 포용함으로써 모든 것을 하나의 세계로 볼 수 있어야 함에",[81] 그것을 가능할 수 있게 하는 데 하나님이 밝힌 창조 본의 관점이 있다. 이것은 필요한 사람은 보고 필요 없는 사람은 보지 않아도 되는 선택 문제가 아니다. 보지 못하면 잘못 판단하게 되고, 하나님의 뜻과 어긋나므로 종말을 자초한다. 무엇보다 인류 역사의 주관자요 주재자인 하나님의 심판 역사를 피할 수 없게 된다.

이처럼 지난날의 인류 역사는 본말을 뒤집어 시작이 끝이라 하고 끝을 시작이라고 한 탓에 뿌리가 하늘을 향해 치솟아 문명적 자양분이 고갈되고 말았다. 그래서 동양의 왕필은 강조하길, "本을 숭상하여 末을 쉬게 하고, 어미를 지킴으로써 자식을 보존한다."[82] "本을 들어 末을 통섭한다"[83]라고 한 우주 법칙의 준엄한 正道 질서를 일갈했다. 그런데도 현대 문명의 결과적 추세는 末을 숭상하고 本을 쉬게 한 세계관 위에 서 있다. 진화론은 바로 그 末을 本으로 보고, 本을 末로 본 종말적 인식의 대표 주장이다.

---

81) 「왕필의 현학과 승조의 반야 사상 비교 연구」, 앞의 논문, p.28.

82) "崇本以息末 守母以存子."-『老子 智略』, 왕필 저.

83) "擧本統末."-『論語 釋疑』, 왕필 저.

크게 깨닫고 즉시 바로잡아야 하나니, 하나님의 준엄한 창조 권능을 대적할 수 있는 사탄은 존재할 수 없는 것처럼, 하나님의 엄밀한 창조 본의 안에 수용되지 못할 세계 영역 또한 하나도 없다. 하나님은 일찍이 약속하셨나니, 단 한 사람이라도 의인이 있다면 소돔과 고모라 성은 결단코 멸하지 않으시리라. 단 하나의 진리, 단 하나의 명제, 단 하나의 학문, 단 하나의 세계관이라도 창조 본의와 어긋나지 않는 것이 있다면……

제44장 창조 메커니즘

1. 이행

메커니즘(mechanism) 하면 기계, 기구적 운동을 연상하기 쉽고 기구, 장치, 작동완구, 기계, 로봇 등을 살펴보면 다양한 부품들이 서로 연결되어 일정한 운동을 하고 있지만, 그런 기계 구조와 운동이 아무리 복잡하더라도 알고 보면 간단한 기계요소와 메커니즘의 조합 상태이다. 그래서 움직이는 사물을 이해하기 위해서는 메커니즘에 대한 기본적인 지식이 필요하다. 메커니즘의 사전적 의미는 어떤 사물이 어떻게 적용하는 원리, 그리고 기계적 구조, 기구(機構)이다. 여기서 기계적 운동은 구속되고 일정하고 제한되고 한정된 운동을 일컫듯,[1] **"창조 메커니즘"**도 그런 한정적인 운동과 짝을 이루어 만사를 구속, 일정, 제한, 한정하게 한 본질적 작용을 말한다. 물론 기계의 동력, 구조, 시스템, 제작 목적 등은 인간이 구안하는 것이지만, 천지를 창조하고 운행한 메커니즘은 창조주인 하나님이 처음부터 끝까지 주관하는 영역이다. 이것을 동서양의 선현들이 엿본 것이라고 할까? 그런 만큼 메커니즘은 결코 기계적 운동에만 적용힐 수 있는 개념이 아니다. 작용을 일으킨 데는 예외 없이 구조와 원리로서 구안된 시스템이 있다. 천지 만물을 창조하는 데 있어서 꼭 필요한 작용 요소이다. 단지 그

---

1) 메커니즘, 다음 통합 웹.

것이 기계적인 것이 아니고 본질적, 形而上學적 바탕이다 보니 선현들이 애써 일군 명제들이 본의에 입각한 창조 역사 메커니즘이었다는 사실을 깨닫지 못했다. 본의를 알지 못한 탓에 논점이 정확하지 않아 견해차에 따른 논쟁이 불가피했다고나 할까? 이것을 이 연구가 열린 가르침으로 풀어서 논란을 잠재우고자 한다.

천지를 이룬 작용 메커니즘을 밝혀야 하는 필요성을 인식하고 거론은 하였지만, 본의를 알지 못해 전혀 엉뚱한 결론을 내린 것이 문제이다. 앞에서도 본말이 전도됨에 따른 오판과 종말 요인에 대해 지적하였지만, 현대 문명이 종말을 맞이한 핵심 된 원인은 정말 창조 역사의 시작을 끝으로 보고, 끝을 시작으로 본 착각과 오판에 있다. 무엇을 잘못 보고, 무엇을 잘못 판단하고, 무엇을 잘못 결론 내린 것인가? 창조 역사의 주된 작용 영역을 차지한 **"이행 메커니즘"**이다. 어떤 진리론, 우주론, 세계관이든 이 메커니즘을 정확히 파악하지 못하면 '천지 창조론'을 완성할 수 없다. 자동차는 엔진의 힘으로 움직이는 것처럼, 창조론의 핵심 영역은 천지가 어떻게 창조되었고, 어떤 원리로 실행된 것인가 하는 메커니즘에 있는 만큼, 이행은 **"작용"**, **"원리"**와 함께 천지가 창조된 과정을 밝히는 데 있어 반드시 논거되어야 하는 영역이고, 그리해야 인류 역사가 하나님이 이루고자 한 창조 목적을 실현할 수 있다.

천지 만물이 어떻게 생겨났고, 이루어졌고, 존재했느냐고 했을 때, 우리가 궁금한 것은 무엇이든지 생겨남은 바탕의 문제, 이루어짐은 요소의 문제, 존재한 것은 작용·구조·시스템을 아는 것이 문제이다. 여기에 대해 선현들이 깊이 있게 고심한 진리 탐구 발자취를 남겼다. 서양의 경우, 고대 그리스의 플라톤과 아리스토텔레스는 스승과 제자 사이인데도 통찰에 있어 큰 견해차가 있었다. 또한, 기독교에서는 창조에 관한 문제만큼은 하나님이 성경을 통해 모두 계시한 것으로 믿고 있지만, 그것은 기록된 내용 그대로 창조 역사에 관한 '대략적 밝힘'일 뿐이다.[2] 태초의 창조는 한순간, 한꺼번에 이룬 역사이지만, 그에 대한 진리 인식 역사는 세월이 필요했다. 그리고 몇몇 선지자의 입을 빌려 밝힌다고 해도 가능한 일이 아니다. 그래서 하나님은 시대를 초월해 본의 일굼 역사를 개방하였고, 깨어 있는 자들은 본의 작용 세계를 엿보았다.

알다시피 플라톤은 서양 관념론의 시조로서 이데아설의 주창자이다. "본래 사물의 본모습을 의미한 '이데아'는 플라톤 철학 무대에서 모든 사물을 지배한다. 세상의 모든 사물은 생성과 소멸의 과정에 있는 허상이며, 진실한 것은 오직 이데아뿐이라는 이야기이다."[3] 왜 이 같은 설이 관념적인 틀을 벗어나지 못했느냐는 문제와 아리스토텔레스가 그런 점을 지적하면서 다른 관점을 제기한 것처럼, 오늘날은 정말 무엇이 부족한 탓에 진리론으로서 완성되지 못한 것인지 이유를 알아야 한다. 양쪽 모두 관점이 편협했던 것이라고나 할까? 정확히 말하면, 천지가 창조된 이행 과정을 빠뜨렸다. 플라톤은 창조 이전의 이행된 본체 과정만 내세워 창조 이후의 결과 과정과 연관 짓지 못했고, 아리스토텔레스도 이런 문제를 해결하고자 한 시도이기는 했지만, 관점을 달리하여 창조 이전의 역사는 무시하고 필요한 조건을 창조 이후의 결과 세계 안에서 모두 해결하고자 하였다. 이것은 창조 역사의 핵심 작용인 **"이행 메커니즘"**을 알지 못한 근거이다. 창조 이전에 바탕 본체 역할을 한 이데아를 그로부터 말미암은 현상적인 질서

---

2) "여호와 하나님이 천지를 창조하신 때에 천지의 창조된 '대략'이 이러하니라."-창세기, 2장 4절.
3) 『철학 콘서트(2)』, 앞의 책, p.61.

를 기준으로 비판한 것이다. 잘못을 바로잡는다면, 이데아는 존재하는 것이 맞지만, 본체를 직접 현상계 위로 끌어내지 못한 것이 문제이다. 이것이 이데아(본체계)가 관념론적 한계성을 벗어나지 못한 이유이다. 단언컨대, 플라톤은 창조 이전의 본체 작용 역할을 이데아설을 통해 설명했지만, 아쉽게도 껍데기뿐인 인식이었다고 할까? 창조를 일으킨 속 알맹이까지 채운 설이 되지 못한 탓에 그가 서양 사상사에서 차지한 비중만큼이나 본말이 전도되는 빌미가 되었다. 즉, 아리스토텔레스는 "참된 존재를 구체적 사물인 개별자로 보고, 개체를 떠난 보편자는 공허한 것이라고 하였다. 여기서 스승과의 생각이 완전히 갈라진다. 플라톤에게 있어서 보편자를 떠난 개체는 맹목적이라면, 아리스토텔레스에게 있어서 보편자는 개체 속에 실재할 때만 의미가 있다."[4] 바로 이 지점에 이르러 본말이 확실하게 전도된 상황인데도 그 적나라한 실상을 인류가 아직도 깨닫지 못하고 있다. 그 핵심 된 근거는? 왜 이 같은 결과가 초래되었는가? 플라톤도 아리스토텔레스도 보편자와 개체를 이격된 실체로 본 탓이다. 플라톤은 개체를 보편자의 특성을 나눠 가진 것으로, 아리스토텔레스는 그렇지 않은 것으로 판단했다. 이것은 전형적으로 창조된 과정을 건너뛰어 이행된 본의에 대해 알지 못한 만큼의 공백 상태 결과이다.

내륙과 가까운 섬은 서로 연결되어 있어 썰물 때면 갈라져 길이 생겨나기도 하는데, 밀물 때는 독립된 것처럼 보이는 것과도 같다. 아리스토텔레스는 그렇게 보이는 섬(개체)이 독자적이라고 선언함과 함께, 섬의 정체성을 확인하는 데 필요한 본체자(보편자) 역할을 아예 섬 안에 두고 뿌리내릴 수 있도록 만들었다. 그리하면 초월된 이데아와 보편자의 절대적

---

4) 위의 책, p.60.

인 본체 바탕 역할을 따로 전제할 필요성이 사라진다. 참으로 현실적인 조건을 기준으로 삼아 창조된 역사의 과정까지 꿰맞춘 것이라고나 할까? 서양 문명은 기독교 문명(헤브라이즘)과 그리스·로마 문명(헬레니즘)이 쌍축을 이루어 건설된 것인바, 기독교는 그 같은 그리스·로마식 사고 전통을 기반으로 세워진 종교이고, 물질문명과 과학문명도 그 같은 접근방식에 기초한 문명이라고 할진대, 오늘날의 세계를 지배하고 있는 서양 문명은 과연 플라톤과 아리스토텔레스 중 누구의 사상을 계승한 것인가? 이상적인 측면에서는 플라톤을 따랐지만, 현실적인 측면에서는 아리스토텔레스를 추종한 문명이다. 서양 문명이 지배적인 현대의 물질문명은 결과적으로 모든 진리 영역으로부터 창조된 사실을 제외해 버린 것이다. 겉으로는 자신들이 사는 땅 위에 장엄한 교회를 세웠고, 말로써는 하나님을 믿는다고 고백하고 있지만, 진리적으로는 역사를 통해 연면하게 추구된 形而上學적인 본체 뿌리를 도려낸 이율배반적 행동을 취했다. 하나님의 창조 뜻을 거스른 대 역행이라, 이것이 곧 本을 末로 보고, 末을 本으로 본 그들의 조상 씨 할아버지가 유전자로 물려준 아리스토텔레스 철학에 꼼짝없이 사로잡혔다는 것이 오늘날의 인류가 종말을 맞이할 수밖에 없게 된 원인이다. 그런데도 아무런 영문도 모르고 있는 인류의 문명적 무지를 깨우치기 위해 이 연구가 창조 역사의 대 이행 메커니즘 작용을 밝히고자 한다. 핵심 된 작용은 본말을 전도시킨 빌미를 안긴 플라톤의 "개체는 보편자의 특성을 나눠 가진다"가 아니라, 개제는 보편자란 본체에 근거해서 말미암았고, 이행되었다는 사실에 있다. 그렇다면 창조 역사를 실행한 **"이행 메커니즘"**이란 과연 무엇인가? 그 본의를 알아야 잘못 구축된 현대 문명의 본말전도 상황을 직시하게 된다.

어떻게 아리스토텔레스가 펼친 사상이 인류 문명을 본말 전도적인 인식에 사로잡히게 한 실마리 역할을 한 것인가 하면, 다시 그의 스승 플라톤의 생각과 비교해야 한다. 즉, "플라톤에게 있어 개별 사물을 규정하는 형상(이데아)은 그 개별 사물과 완전히 구분되지만, 아리스토텔레스에게 있어 사물의 형상은 지적한바 사물의 가능성을 인도하는 내적 원리이다. 그리고 플라톤은 때로 무한히 많은 개체에 관여하는 하나의 형상이 있다고 하였지만, 아리스토텔레스는 궁극적으로 존재하는 것은 이 말, 이 나무, 이 사람같이 개별적인 사물뿐이라고 하였다."[5] 그러니까 플라톤은 형상(이데아)을 완전히 절대적인 것으로 여긴 탓에 지상에 아예 발을 내딛지 못하게 하였고, 아리스토텔레스는 그런 절대적 이데아의 작용 역할이 필요 없다고 보고 아예 잘라버렸다. 사실은 형상(본체)으로부터 개별적 사물들이 존재할 수 있는 본질을 이어받은 것인데도 연결로를 차단한 탓에 이행된 본말 관계가 단절되어 버렸고, 그렇게 해서 남겨진 末이 本 역할까지 대신하게 되었다. 본말이 전도된 것은 이처럼 양자가 창조 과정을 바라본 위치와 관점이 서로 달랐다는 데서 원인을 찾을 수 있다. "플라톤이 하늘 저 멀리 철학을 높은 곳으로 올린 것도 문제이지만, 아리스토텔레스가 애써 지상에 붙들어 꽁꽁 묶어버린 것도 문제이다."[6] 그렇다면? 지상에서 하늘로 올라갈 수 있는 연결 계단을 마련해야 했다. 다시 질문해, 현대 문명은 두 철학자 중 과연 누구의 생각, 관점, 철학을 계승한 것이냐고 했을 때, 사물의 형상은 그 사물 안에 있고, 그 너머 어딘가에 있는 것이 아니라고 한 아

---

5) 『세상의 모든 철학』, 앞의 책, p.123.

6) 『철학 콘서트(2)』, 앞의 책, p.62.

리스토텔레스의 판단이 더 과학적이라는 데 동의한 것이다.[7] 이런 판단이 결국 인류 문명을 종말에 이르게 한 것이라, 현대 문명 속에는 아리스토텔레스의 사상 뿌리가 뻗어서 지배적인 상태이다.

이런 문제는 서양의 지성뿐만 아니라 동양의 선현들도 숱하게 고민했고, 주장을 펼쳤고, 논쟁했던 문제이다. 조선 성리학의 대가인 퇴계가 理와 氣를 나누면서 理를 더 중시한 이기이원론을 펼친 것은 플라톤답고, 율곡이 理는 氣를 떠나 초월적으로 존재할 수 없다고 해, 理는 오직 氣 안에서만 작동할 수 있다고 말한 것은(움직이는 것은 氣요, 氣가 움직이면 理는 氣를 타는 것임) 아리스토텔레스적이다.[8] 理=이데아로서, 氣=질료로서 짝을 지었을 때, 理氣론 역시 理와 氣를 개별로 보느냐, 이행으로 보느냐는 문제와 연관 지을 수 있다. 후학들은 퇴계와 플라톤을 이원론자, 율곡과 아리스토텔레스를 일원론자로 구분한다. 여기서 이원론은 理와 氣를 연관 짓지 못한 한계성 인식이고, 일원론은 理와 이데아를 氣, 질료와 애써 단절시키고 그것을 사물, 개체 안에 모두 몰아넣은 합일적 일원론이다. 이런 관점은 양쪽이 모두 문제라, 理氣를 나누어서 따로 보면 선후, 우월성 문제가 드러나고, 존재 안에서의 요소 문제로 귀결시키면 한편으로는 맞지만, 다른 한편으로는 본의와 어긋나 버리는 억지 논리를 양산한다. 하지만 이행된 관점에서 보면 문제를 모두 해소한다. 아니, 둘 다 그렇게 보면 안 된다. 창조된 사실 자체가 그러하다. 理와 氣는 창조를 성립시킨 두 개

---

7) 아리스토텔레스는 "만일 세계에 대한 지식이 가능해지려면 어떤 근본적인 질료가 있어야 한다는 점에 동의하였다. 또한, 형상과 질료 가운데 어느 것에 우선권을 두느냐 하는 문제에서도 마찬가지였다. 그는 사물은 분명 둘 다 요구한다고 말하였다. 하지만 그에게는 그의 스승의 경우처럼 형상과 질료를 분리할 어떤 필요나 이해할 만한 이유가 없었다."-『세상의 모든 철학』, 앞의 책, p.118.

8) 『철학 콘서트』, 앞의 책, p.165.

의 근본 요소가 아니다. 하나인 理[본체]로부터 이행된 것이 바로 氣이다. 하나님의 몸 된 본체로부터 천지 만물이 창조된 만큼, 하나님도 예외 없이 이행 작용 틀 안에 온전히 들어간다. 하나님은 창조된 현상계를 초월함과 동시에 그 안에 내재한바, 원칙은 창조된 세계가 고스란히 하나님의 몸 된 본체로부터 이행된 탓이다. 이런 **"이행 작용"**은 사단칠정(四端七情) 논쟁 문제도 해결한다. 즉, "사단은 理에서 발현되므로 언제나 善하고, 칠정은 氣에서 발현되므로 善惡이 있다"[9] 등등. 사단과 칠정, 인심과 도심, 기질지성과 본연지성을 포함한 삼라만상 일체는 예외 없이 하나인 본체로부터 발현된 것인바, 궁금하게 생각한 사단은 그렇다손 치더라도 어떻게 理, 혹은 완벽하게 실현한 하나님의 창조 세계 안에 악이 존재하는가 하는 문제는 차후에 논거를 둘 것이다.[10] 理와 氣에 대한 분분한 견해 차이를 근본적으로 해결하기 위해서는 주자학의 근간인 『태극도설』에서의 "무극이태극" 명제를 어떻게 볼 것인가 하는 문제부터 해결해야 한다.

주돈이가 말한 『태극도설』의 기본적인 핵심은 "무극이태극" 명제이다. 그의 주장에 따르면, "무극이란 곧 세계의 근원으로서 노장(老莊)이 『도덕경』에서 말한 道와 같은 맥락이다. 무극에서 태극이 생기고, 태극에서 음양오행이 생겨나며, 음양오행에서 우주 만물이 생성된다고 한 의미이다. 곧, 無에서 有가 생겼다. 이것이 세계의 근원에 관해서 설명한 주돈이의 '본체 우주론'이다. 아울러 『통서』에서는 태극은 理이요, 음양오행은 氣라고도 했다. 理와 氣 개념은 理學에서 중요한 부분을 차지하는 것으로,

---

9) 위의 책, p.167.

10) "퇴계가 四七理氣論에서 이기호발설을 주장한 것은 四七의 不雜성을 강조하여 사단의 순수성을 확보하고자 한 노력임."-「주자학의 철학적 특성과 그 전개 양상에 관한 연구」, 이동희 저, 성균관대학교 대학원 동양철학, 박사, 1990, p.214.

그 의미는 후대 남송의 주희에 이르러서야 자세하게 설명되었다. 주돈이는 理 개념을 최초로 주장한 인물로 기록되어 있다."¹¹⁾ 주돈이의 『태극도설』은 '동양 본체론'의 대미를 장식한 주자학의 근간이자, '동양 본체론'을 논리적으로 이치화한 근간이기도 하다. 본의적 관점으로서는 인류 지성사를 통틀어 하나님의 창조 역사 메커니즘을 명시한 핵심적인 인식이다. 성경의 어디를 살펴보아도 언급이 없는 창조 역사의 **"이행 본의"**를 『태극도설』이 펼쳤다는 점에서 실로 그 의미의 소중함을 지성들은 알아채야 한다. 이 같은 인식 영역의 개진이 있은 탓에 오늘날 강림하신 하나님이 창조 역사 본의를 계시할 수 있는 지상의 교두보를 확보하게 되었다. 그가 무극→태극→음양(양의)→오행→만물화생 한다고 한 창조 역사에 대한 경과 인식은 그야말로 창조 역사의 알파와 오메가를 포괄해서 이행된 대 파노라마 절차를 상징적으로 도식화한 명제이다. 수많은 세월과 삼라만상이 존재한 과정을 일일이 설명할 수 없으니까 도식적인 틀을 만들어 모두 집어넣었다. 그래서 무극이태극은 지극히 단순한 상징적 도식인 동시에 무궁한 진리성을 대변한 의미심장한 '창조 도식'이다. 우주의 생성 과정과 변화 과정을 포괄했다는 점에서 세계의 근원 자체이다. 無에서 有가 생긴다고 한 노자 사상의 심화일 뿐 아니라 생김, 즉 창조 문제를 더욱 구체적으로 접근한 인식적 명제이다. 그 진리로서의 의의는 바로 이행 본의를 대변한 창조 메커니즘의 도식화 명제이기 때문이다. 본의로 나가는 길을 예시한 것인데도 후인들은 초점을 바로잡지 못하고 왈가왈부한 것인데, 주지는 "하늘의 일은 소리도 없고 냄새도 없으나 실로 조화의 중추이며, 만물의 근본이 된다. 그래서 무극이면서 태극이라고 한 것이니, 태극 밖에 따

---

11) 『지도로 보는 세계사상사』, 앞의 책, pp. 200~201.

로 무극이 있는 것이 아니다"[12]라고 하였다. "而 자를 가볍게 읽을 것을 강조하면서 순서로 보지 않아야 하고, 단지 한 구절이라고 주장하였다."[13] 하나를 보면 열 가지를 알 수 있다고 하는 것처럼, 주자는 남송 성리학의 집대성자이지만, 창조 역사의 중심축인 **"이행 작용 메커니즘"**에 대해서만큼은 문외한이었다고 할 수 있다. 아울러 이것은 성리학 전체를 대변한 한계 인식이기도 하다.[14] 而 자를 연결 의미로 파악하여 태극 밖에 무극이 따로 있는 것이 아니라고 하는 것은, 더는 심도 있는 본의 통찰 기대를 무산시킨 인식 상태이다.

반면, "육상산은 무극과 태극을 선후 관계로 파악해서 무극으로부터 태극이 나왔다(自無極而爲太極)"[15]라고 보았다. 주자와 다르게 이행 본의에 근접한 인식이다. 하지만 설사 선후 관계가 맞는다고 해도 그것만으로 진리인지는 판가름하기 어렵다. 이것이 선천 지성과 우주론의 한계성이다. 합당한 세계관을 확보해야 하는데, 명시한 개념만으로 따지니까 깊이 있게 통찰이 되지 못했다. 그러므로 이것은 이런 것이라고 분명하게 밝혀야 한다. 관점 상에 유동성이 있어서는 안 된다. 이렇게 조건을 갖추어야 선천의 한때 빛을 발한 '축의 시대'를 넘어서 새로운 진리 세계를 열 수 있다. 그 가슴 벅찬 시대를 이 땅에 강림하신 하나님이 열린 가르침으로 열어젖히고자 한다. 그렇게 실행할 본의 관점에서 본다면, 주자처럼 단순히 이퀼[而]로 연결할 것도, 별개로 볼 것도, 순서를 통해 구분할 것도 아니

---

12) 『태극 해의』, 주희 저, 곽신환 외 역, 소명출판, 2009, p.90.

13) 『주자어류』, 권 94.

14) 무슨 뜻인가 하면, 이행 본의적인 창조 작용 메커니즘에 관한 확인이 없었다는 점에서 그가 세운 주자학(성리학)은 창조 원리를 반영한 우주론으로써 완성될 수 없었다는 것임.

15) 『중국철학사(송명 편)』, 노사광 저, 정인재 역, 탐구당, 1992, pp. 421~439.

다. 무극과 태극은 이름만 다른 게 아니다. 실질적으로 변화된 과정을 거쳤지만 본질은 같은 것인데, 여기에 하나님이 몸 된 본체를 창조 역사로 이행시킨 본의가 있다. 그러니까 태극에 대한 무극은 절대적으로 존재하지 않는 절대 무극이 아니다. 말 그대로 극이 발현되지 않은 상태, 태극이 생성되기 이전 상태이다. 그런데도 무극이태극은 어디까지나 도식화된 표현이다. 이 같은 조건 명시만으로서는 온전하게 해석할 수 없다. 하나님이 진리의 성령으로 일깨운 **"이행 본의"**에 대한 인식인 만큼, 실질적으로 실현된 창조 과정을 대입해야 비로소 의미가 확연하게 드러난다. 즉, 무극은 인식적, 본체적, 생성적으로 도달할 수 있는 有를 전제한 세계 안에서의 최초 시원 출발점이다. 바로 이 출발 시원점에 하나님이 존재하셨다. 이 무극 원점에서는 하나님도 창조주라고 불릴 수 없다. 왜냐하면, 하나님이 말씀으로 천지를 창조하기 이전으로서 창조 뜻과 의지와 목적이 발현되지 않은 상태이기 때문이다. 억울하면 꿈에서도 그런 상상(생각)을 해보지 않았다고 항변하듯, 무극은 그와 같은 상태, 곧 하나님이 천지 만물을 창조할 마음조차 먹지 않은 시점, 창조에 대해 생각조차 하지 않은 단계이다. 그 같은 무극 본체가 태극 본체로 이행된 과정을 거쳤다는 것은 이전과 다르게 창조에 대해 뜻을 품고 여러 가지를 구상하여 태극, 즉 일체 극을 극대화한 본체의 변화 상태를 일컫는다. 우리도 마음을 먹고 의지를 집중하면 몸과 행동에 변화가 일어나듯, 하나님도 창조 역사를 단행할 것을 결심함으로써 무극인 본체에 변화가 일어났다. 이런 바탕 본체, 곧 천지 만물을 창조하기 위해 일체 극을 완비한 이행 본체 상태를 일컬어 이 연구가 **"창조 본체"**라고 하였다. 하나님이 천지 만물을 창조하기 위해 뜻과 의지와 계획을 완벽하게 갖춘(태극화) 바탕 본체라고 할까?

이에, 후인들은 무극이태극에 대해 말하길, "무극은 노자가 말한 道이며, 태극은 一로 이해함이 타당하다"[16]라고 하였다. 정말 무극은 道로서 절대 본체인 것이 맞고, 태극은 창조를 위해 일체 극을 구체화한 상태이지만, 아직 창조하기 이전이고, 생성되기 이전이며, 천지를 창조하기 위해 최종적으로 말씀의 命을 기다리고 있는 스탠바이 상태인 탓에 一로써 표현하고 있지만, 더 정확하게는 **태극 본체=통합 본체=창조 본체**이다. 그런데도 무극의 태극화 시점은 아직 천지 만물을 창조하기 이전 단계로서 시공이 존재하고, 우주가 운행하며, 자연의 필연 법칙을 결정하기 이전이다. 이처럼 모든 바탕을 완벽하게 갖춘 본체 상태에서 말씀으로 命한 것이 태초에 이룬 하나님의 천지 창조 역사이다. 이 단계에서 비로소 形而上과 形而下, 본체와 현상, 理와 氣가 나뉘었고, 삼라만상 일체가 형체를 갖춘 천지 창조 이후의 역사가 이루어졌다. 그래서 창조 이전 역사는 창조 이후 역사의 本으로서 짝을 이루었다고 할까? 즉, 무극이태극화=태극이만물화 역사를 실현했다. 여기서 짚고 넘어갈 것은 理에 대한 氣는 물질화된 것이 아니란 사실이다. 그렇다면? 물질을 물질이게 한 바탕 본체 구축 상태이다. 이것을 이 연구는 다시 **"절대 본체"→"창조 본체"에 이은 "존재 본체"로 구분했다.** 결국, 무극으로부터 출발한 절대 본체는 어떤 변화 과정을 거쳐서도 본체 자체로서 일관된다. 그것은 오직 하나인 본체 안에서의 변화 과정일 뿐이다. 본체 자체는 불변한 것으로 지속해서 유지된다. 그래서 **창조 역사는 이행을 핵심 된 작용 메커니즘으로 삼았다.** 창조 역사는 차원을 넘나든 이행 과정인 만큼 이원론, 다원론, 다신론 일체를 불식시킨다.

왜 창조주는 알게 모르게 하나인 하나'님'으로 존칭했는가? 알고 보면,

---

16) 「노자의 도에 대한 본체론적 이해 비판」, 이신성 저, 성균관대학교 대학원, 동양철학, 2009, p.111.

하나님이라고 부른 명칭 그곳에 일체의 창조 메커니즘이 함축된 상태이다. 하나님=창조주란 등식을 전적으로 뒷받침하는 이름이다. 즉, 한 몸인 (하나인) 본체가 변화하여 만물화되었지만, 창조 본체가 존재 본체로 이행하여 만물의 각각에 내재한 상태, 이와 같은 이행 과정을 일컬어 주자학에서는 '이일분수설'을 통해 보다 구체화하였다. 우리는 부모로부터 물려받은 유전인자 탓에 지금의 자신을 이룬 존재 모습이 결정된 것처럼, 창조 본체는 극을 극대화한 태극 본체를 바탕으로 천지 만상을 존재화, 법칙화시켰고, 그렇게 한 존재 본질 속에 창조 因을 남겼다. 뿌리 없는 나무는 존재할 수 없는 것처럼, 창조 因은 존재를 이룬 바탕 본질로서 뭇 존재 속에는 창조 본체로부터 이행된 존재 본체에 기반을 두어 건재했다. 그만큼 개개의 존재 속에는 각각의 창조 因이 예외 없이 함께할 수밖에 없다. 그러면서도 무수한 창조 因은 하나인 본체로부터 이행된 탓에 일관된다. 무극으로부터 이행된 태극을 갖춘 창조 본체에 대해서 정자(程子)는 말하길, "道는 시원부터 天과 人의 구별이 없다. 오직 天에 있으면 天道, 地에 있으면 地道, 人에 있으면 人道가 될 뿐이다. 또한, 만물은 개체마다 一理를 구비하고 있지만, 그 萬理는 一原에서 同出한다."[17] 이 같은 창조 본의를 명제화한 것이 바로 이일분수설의 중심 타이틀인 "통체일태극 각구일태극"이다. 一道의 이행은 곧바로 一道의 화현 원리로 이어지나니 그 一道, 一原이 갖춘 본체 상태는 '통체'이다. 一切가 상통한 한 몸 상태, 곧 一體이다. 이것이 창조 역사로 만화되어 개체마다 일태극(창조 因)을 갖춘 창조 메커니즘의 **"이행 창조 원리"**이다.

이일분수란 천지가 본체로부터 이행됨에 따른 불가피한 이치 추적 논거

---

17) 『남명철학과 교학사상』, 최해갑 저, 교육출판사, 1986, pp. 47~48.

이다. 기독교가 하나님의 천지 창조 역사를 진리적으로 대변하고 이치로 증거하고자 했다면 반드시 이와 같은 논리 펼침 역사가 있어야 했고, 그것이 신학을 이룬 주축이 되어야 했지만, 전혀 착안조차 없었다는 것은 창조 역사를 신앙의 문제로만 여긴 탓이다. 주자학이 펼친 理氣론이 본체가 지닌 특성만 부각한 것이라면, 그것은 그야말로 현상론과 대비된 본체론일 뿐, 창조론이 될 수 없다. 이에, 주자는 理를 形而上學적인 근본 원리로 봄과 동시에 한 걸음 더 나아가 구체적인 物이나 事와의 관련성을 밝힐 필요성을 인식하였다. 더군다나 천인합일을 최고 이상으로 여긴 유교 전통 속에서는 현실과 관계를 맺지 못하는 근본 원리는 진리다운 자격을 유지할 수 없다. 그래서 주자는 최고의 원리인 理는 "이일분수라는 방식을 통해 현실과 관계를 맺는다고 생각했다. 이 이일분수를 글자 그대로 풀자면, 理는 하나이지만 分에 따라서 다르다는 뜻이다. 이것은 形而上學적인 명제일 수도 있고 윤리, 도덕적 명제일 수도 있지만, 어느 경우이든 원리 또는 본체와 구체적인 사물 사이의 관계를 설명하기 위한"[18] 본체론적 접근인 것만은 분명하다. 그것을 명제로써 정제시킨 것이 곧 통체일태극인 동시에 각구일태극이란 '이일분수설'이다. 이것은 "전체로서의 理와 사물에 품수(稟受)된 理라는 이중적인 측면을 갖고 있음과 함께, 존재의 영역과 당위의 영역을 통일시킬 수 있는 원리이다."[19] 불교의 覺者도 같은 진리성을 각성한바, "하나의 성품이 완전하고 충만하게 모든 성품에 통하고, 하나의 法이 전체를 포괄하여 모든 法을 담고 있네. 하나의 달이 물이 있는 곳 어디에나 자신을 비추고, 물속의 모든 달은 하나의 달로 아울러지네. 모든

---

18) 「주희의 이일분수론 연구」, 서순자 저, 동국대학교 대학원, 철학, 석사, 1998, p.1.

19) 위의 논문, p.1.

부처의 法身(절대성)이 나의 성품으로 들어오고, 나의 성품은 다시 여래와 합하도다(영가 현각, 『증도가』 중)."[20]

이처럼 선현들이 밝힌 명제와 각성한 인식이 의미하는 것은 도대체 무엇인가? **이일분수란 기독교 창조론이 밝히지 못한 하나님의 천지 창조 역사가 어떻게 이루어졌고, 또 가능했는가 하는 사실을 이치로써 구체화한 작용 메커니즘 밝힘이다.** 그렇게 논거를 둔 본질이 무엇인가? 이일분수설이 펼친 논리는 바로 하나님의 몸 된 본체로부터 천지가 창조된 사실과 제공된 바탕 본체가 그대로 만물과도 함께한 사실을 증거한 것이다. 곧, 통체일태극으로부터 이행된 각구일태극은 본체로부터 천지가 창조된 근거이자 흔적으로서 추적된 연결 고리이다. 다시 말해, 통체일태극이 각구일태극으로 이행된 것인바, 이것은 하나님의 창조 본의를 동양의 선현들이 각성한 동양적 창조 논거라고 할 수 있다. 그만큼 이일분수 명제는 **"창조 본의론"**의 근본 관점인 "본체로부터의 창조"를 뒷받침함과 동시에 하나님이 초월적인 절대자로서 세상과 함께하여 너와 나의 심령 속에서 성령으로 임재함을 뒷받침하는 원리성 인식이다. 기독교 신학도 이 같은 창조역사 작용 과제를 해결해야 했나니, 일찍이 이 연구가 하나님의 지상 강림 본체를 기독교 신학이 아닌 '동양 본체론'이 뒷받침할 것이라고 한 예견은 근거 없는 판단이 아니다. 인류 문명은 예로부터 동양 문명에 뿌리를 두고 가지를 뻗친 만큼, 오늘날의 인류는 정말 무엇이 뿌리 문명이고 가지 문명인지, 또한. 본체 문명이고 말단 문명인지 가늠할 수 있어야 한다. 하나님의 권능 어린 열린 가르침을 깨달아야 하리라.

---

20) 영가 현각: 중국 당나라 때의 승려.-『영원의 철학』, 앞의 책, p.33.

2. 작용

　부족함은 있지만 토마스 아퀴나스는 "모든 존재자는 그것이 어떤 방식으로 존재하든지 神으로부터 나온 것이다"[21]라고 한 믿음을 가졌다. 아퀴나스는 '나옴' 즉, 생겨남에 관해 관심을 가졌고, 거기에 대한 자답 논거인 '神으로부터의 분유(分有)'설을 주창했다. 분유는 곧 창조됨의 표현이라고도 한바, 여기까지가 그가 밝힌 논거 내용의 전부이다. 도착할 목적지를 가리키는 것과 차를 타고 직접 도착하는 것은 다르다. 무엇이 다른가? 분유 방식은 생겨남에 대한 길을 말로써 가리킨 것과 같다. 창조 목적을 실현할 수 있는 운동, 움직임, 에너지 생성 등, **"작용 메커니즘"**까지는 인식이 미치지 못했다. 그리고 생겨남을 논거를 둔 분유 방식에서도 문제는 있다. 분유 작용은 나누어 가지는 것인데, 나누어 버리면 본래 바탕은 없어지고 만다. 빵 하나를 세 조각으로 나누면 원래의 빵 모습은 사라진다. 비교할진대, 차라리 앞에서 논거를 둔 이일분수설이 본의에 더 가깝다. 나아가 모든 존재자가 神으로부터 나왔다고 함에, 이런 주장은 이미 이 연구가 "본체로부터의 창조"로 입증하였다. 그런데 아퀴나스는 만상이 神으로부터 나온 것이라고 함으로써 만상의 생겨난 출처, 그 근원처를 神에게 둔 것 같지만, 실상은 하나님이 無로부터 천지 만물을 창조한 절대 권능을 의도한 말이다. 이처럼 창조한 본의를 밝히기 위해서는 바탕을 이룬 출처와 나옴, 혹은 생겨남에 대한 방식을 확인할 수 있어야 하고, 또 한 가지 창조 메커니즘 영역의 중요한 요소는 어떤 작용 메커니즘이 어떻게 하나님의 본체에 영향을 주어 변화를 일으켰고 만물화를 가능하게 했는가 하는 점

---

21) 「토마스 아퀴나스 존재론의 교육학적 해석」, 최은순 저, 서울대학교 대학원, 교육, 박사, 2012, p.87.

이다. 아퀴나스는 하나님이 창조한 만물이 "어떤 방식으로 존재하든지"라고 하면서 넘겨버렸지만, 이것이 곧 이행과 함께 반드시 짚고 넘어가야 한 창조 역사의 **"작용 메커니즘"** 요소이다.

　과연 하나님의 몸 된 본체와 본질이 어떤 작용을 일으켜 만물이란 창조 작품을 탄생시킬 수 있었는가 하는 것은 앞의 이행 메커니즘과도 구분된 창조 본의 비밀이다. 이행 메커니즘이 절대 본체(무극)로부터 창조 목적을 이루기 위해 밟은 단계적인 절차 과정이었다면, 작용 메커니즘은 이행된 과정을 통해서 몸 된 본체를 하나님이 뜻한 창조 목적에 맞도록 만물화시킨 본체 본질의 움직임과 운동과 창조 에너지의 생성 과정이랄까? 여기서 본체 본질을 움직이고 변화시킨 작용의 일체 원동력 에너지는 하나님의 창조 뜻과 의지와 구안한 계획, 그리고 세운 목적이다. 우리는 자신의 마음을 뜻대로 조절하고 몸을 의지한 대로 움직일 수 있는 것처럼, 하나님의 몸 된 본체는 하나님의 뜻과 의지대로 변화할 수 있도록 직결되어 있다. 그런 뜻과 의지 작용으로 하나님의 본체가 종국에 만물, 만상, 만생화된 것이라고 할 수 있다. 여기서 본질이란 하나님이 본체를 가진 존재자라고 했을 때, 바로 하나님의 그 같은 존재 본체를 이룬 본질 자체이다. 창조 작용은 이처럼 하나님의 본체에 직접 영향을 끼친 뜻과 의지의 움직임이며, 변화하게 한 운동 특성이라고 할 수 있다.

　그래서 창조를 있게 한 작용 본의를 밝힘에 있어서 먼저 알고 넘어갈 것은, 창조 작용 메커니즘은 모두 천지가 창조되기 이전에 이룬 본질의 形而上學적 구축 체제란 사실이다. 이런 이유 탓에 지성사에서도 "일원론, 본체론으로 이어진 동양적 관점과 이원론, 실재론으로 이어진 서양적 관점

등으로 나뉘었다."[22] 왜 그렇게 나뉜 것인가 하는 원인 추적은 지적했듯 천지 만물이 하나님의 본체로부터 창조되어서인데, 문제는 지성들이 그렇게 연유된 원인을 파악하지 못한 데 있다. 그래서 서양에서는 창조 이후인 현상 세계의 질서를 파악하는 데 중점을 두었고, 동양은 창조 이전인 본질 세계의 질서를 파악하는 데 주력하였다. 서로가 판단한 관점이 다르다 보니 서로가 서로를 이해할 수 없게 되었다. 이 연구가 우려하는 것도 바로 이와 같은 문제이다. 즉, "서양 역사는 소크라테스와 플라톤 이후로 이원론적 세계관이 뿌리 깊게 자리 잡았고, 이것은 자아와 세계를 분리된 존재로 파악함으로써 외부 세계를 실재하는 세계로 받아들이게 했다. 그래서 외부 세계를 내면 세계의 반영으로 생각하는 태도는 근대 이전까지 등장하지 못했다."[23] 왜 세계를 이룬 근본 요소를 분리된 존재로 판단했는가 하면, 그 이유는 명백히 창조 이전에 일어난 形而上學적 본질 작용을 알지 못해서이다. 그래서 이 연구도 그 외부 세계와 내면 세계를 반영한 창조 역사 **"작용 메커니즘"**을 밝힘에 있어서는 반드시 창조 이전의 본체 본질 작용에 초점을 맞추어야 한다. 그러지 못한 학문, 과학, 세계관적 관점으로서는 한계 인식이 불가피하다는 사실을 인류가 깨달아야 한다. 그런 측면에서 보면, 아퀴나스도 선천 지성다운 인식을 분명하게 드러냈다. 존재는 본질의 현실성이라는 주장과 존재와 본질은 존재자의 구성 원리라는 주장은 원칙적이기는 하지만, 그렇게 한 작용의 근원 출처인 神의 본체와 단절된 것은 바로 그렇게 작용을 일으킨 본질 영역까지 인식이 미치지 못한 탓이다. 神은 존재 이외의 어떤 다른 본질을 가지지 않는 순수 존

---

22) 『지적 대화를 위한 넓고 얕은 지식』, 앞의 책, p.438.

23) 위의 책, p.446.

재라는 주장과 그러면서도 피조물은 신성한 존재를 분유함으로써 존재하게 되었다[24]는 것은 앞뒤 말이 어긋났다. 바로잡는다면, 하나님은 순수 존재인 동시에[25] 통합 본체자로서 천지 만물을 구성(창조)한 본질적 요소를 완비한 분이고, 그로부터 창조된 천지 만물은 분유된 것이 아니라 목적에 따라 통합적인 본체성을 반영해서 구현된 완벽한 존재이다. 그래서 아퀴나스의 분유 방식은 지극히 현상적 질서를 따른 분열 관점일 뿐이라, 이런 인식으로서는 하나님의 통합적, 초월적인 **"창조 작용 메커니즘"**을 설명하기 어렵다. 뒷받침하기 위해서는 무극 본체를 창조 본체(태극 본체)로 이행시켜 창조 목적을 실현하는 목적체로 변화시키는 데(통합 본체) 영향을 끼친 작용 메커니즘을 더 자세하게 밝혀야 하므로, 이것을 이 연구는 크게 **"분화 작용"**, **"취산 작용"**, **"축적 작용"**으로 구분해서 논거를 두고자 한다.

먼저, **"분화 작용"**은 사물이 단순하거나 같은 성질을 지닌 것에서 복잡하거나 이질적인 것으로 갈려 나가는 현상처럼, 하나님의 창조 뜻을 반영한 본체 본질의 분화 작용도 창조된 뭇 존재를 다양하게 한 만물화의 작용 바탕이다. 여기서 다시 한번 확인하고 넘어갈 것은, 우리가 물질 상태로부터 확인하는 뭇 작용은 그렇게 현상화될 수 있도록 마련된 본질 작용의 반영이란 사실이다. 그래서 나타난 것이 '현상'일진대, 그렇게 말미암게 한 당위 또는 소이를 결정한 것이 바로 바탕이 된 본질 작용이다. 그래서 **'본질 작용'과 '현상 작용'은 구조적으로 짝을 이루고 있으니, 차이는 오직 능동성 대 수동성, 창조성 대 피조성, 그리고 상통성 대 국한성 여부에 달려 있다.** 본질은 불변한데, 어떻게 본질이 분화 작용을 일으킨단 말인가? 그

---

24) 위의 논문, p.9.

25) 한 몸, 하나 이외에 다른 것이 존재할 수 없는 존재 상태.

렇게 판단한 인식이 바로 창조 이후에 생성된 질서를 기준으로 한 현상적 관점이다. 본질 작용은 창조 이전으로서 분화, 분열 현상이 전혀 일어나지 않은 상태이다. 그렇다면 본질의 분화 작용에 대한 정확한 이해 인식은? 아직 발화하지 않은, 온갖 분화를 일으킬 因으로 존재한 상태이다. 이것을 동양에서는 창조 본체의 태극 운동 또는 움직임 원리로서 설명하기도 했다. 즉, "주자는 하나가 늘 둘(태극이 양의 됨)을 낳는 것이라고 하여, 우주의 질서 이치[理]를 적극적으로 긍정했다. 그리고 음양이 서로 운행하는 것은 氣이고, 그 이치를 道로서 구분했다. 음양은 氣이지 道가 아니며, 道는 음양이 되게 하는 까닭이다."[26] 본질 분화의 결정 작용과 그렇게 해서 양의 된 음양을 구분했다. 여기서 양의(분화)를 이룬 것은 창조 이전의 본질 작용이고, 나뉜 음양 그것이 우주의 생성 에너지를 발산한 운행 메커니즘의 결정체인 것은 창조 이전의 분화 작용을 반영해서 일어난 창조 이후의 현상 작용이기 때문이다. 그래서 음양이 氣에 속한 것이라고 구분한 것은 창조 이전의 본질 작용이 아니며, 창조 이후의 결정 작용이다. 그런 태극 본체가 음양으로 양의 된 것이라고 함에, 이것은 결코 현상적 차원에서 태극 본체가 음양으로 분화(양의)된 것이 아니다. 태극 본체는 그대로 통합 본체로 이어진다. 음양은 말 그대로 하나인 본체 본질인데, 창조 본체를 근거로 만물화를 실현하기 위한 체제를 갖추기 위해 분화됨으로써 구조화된 만큼, 정이 동하고 동이 정하는 운동과 움직임을 통해 음이 동이 되고, 동이 정이 된다. 창조 이전에는 통합 본체로서 음양이 하나인 태극 본체 상태로 존재했는데, 창조 역사 이후 생성 운동을 일으키다 보니 음이 양이 되고 양이 음이 되고자 한 태극 본체의 지향 본질상 동시에 존재할

---

26) 「율곡 교육론의 이론적 기반」, 신창호 저, 교육문제 연구집, 제16집, p.107.

수 없게 된 것뿐이다. 이처럼 본질이 지닌 제반 작용 특성은 결정적, 분열적인 현상적 질서 바탕을 마련한 창조 작용 메커니즘답게 말미암게 한 일체 현상적 특성을 초월할 수 있다. 그렇게 양의 된 분화 작용 절차를 따라 음양은 사상(四象)을 낳고, 사상은 팔괘(八卦)를 낳고, 팔괘는…… 천하 만물을 낳았다.

창조 역사의 **"분화 작용 메커니즘"**은 앞에서 밝힌 '이일분수설'을 통해서도 확인할 수 있다. 물론 이 설은 하나님이 실현한 본체로부터의 이행 창조 메커니즘을 대변한 것이라고 할 수 있지만, 한편으로는 근원 된 一理로부터 만물이 분수되고, 분수된 개개 사물에도 一理(창조 因)가 함께 한다고 하는 점에서, 이것은 태극 운동과는 또 다른 측면에서 창조 본체의 이행 과정과 만물의 다양성을 설명하는 창조 작용 메커니즘인 것으로 이해할 수 있다. 즉, "큰 덩어리 하나를 태극 본체로 본다면, 그곳으로부터 떨어져 나온 작은 덩어리도 또 하나의 태극을 존재로서 독립시킨 것"[27]이라고 하는 분화 방식이다. 하나하나의 개체가 창조 본체에 바탕을 둔 상태에서 목적에 따라 창조 본체의 인자(본질)를 가지고 분화한 것이다. 이것이 곧 하나인 자체 본체로부터 천지 만물을 창조한 이일분수식 분화 작용 메커니즘이다. 그렇게 만물화를 주도한 첫 발단은 하나님의 창조 뜻과 세운 창조 목적에 있고, 만물화를 일으킨 것은 이일분수식 분화 작용이며, 창조 역사를 완벽하게 실현할 수 있게 한 지혜 구안으로서 존재마다 완전한 일태극을 장착해 다양화한 것이다. 그러니까 창조 본체로부터 만물이 떨어져 분화되었지만, 그것은 결코 나뉜 것이 아니다. 창조된 역사 탓에

---

27) 「동양종교와 기독교의 하나 신관에 대한 목회 신학적 연구」, 조춘호 저, 삼육대학교 신학전문대학원, 목회, 2010, p.30.

독립하기는 했지만, 창조 본체는 이행된 형태로 만물화된 분화 방식이다. 그만큼 우주 전체의 존재 원리로서의 태극 또는 理와, 그것을 구현한 다양한 양상을 설명하기 위해 주자가 이천(伊川)의 이일분수설을 수용한 것은 결코 밑도 끝도 없는 탁상공론이 아니다. 하나님이 선지자를 통해서도 미처 밝히지 못한 창조 작용 이치를 밝힌 것이다. 그리해야, 때가 이른 오늘날 '천지 창조론'을 완성하고, 창조 목적을 이 땅에서 구체화할 수 있다. 즉, 理一이란 만물의 근원인 태극 본체(창조 본체)를 지칭한 것이고, 그것은 동시에 삼라만상 만물이 각자 지닌 본성의 원천이기도 하다. 그래서 이일분수 작용은 '천지 분화 작용'인 동시에 '천지 창조 역사 작용'이다. 하나님의 창조 본체(태극)가 사사 물물을 통해 구현된 다양한 형태를 지칭한다.[28] 이렇듯 사사 물물이 하나님의 창조 因에 바탕이 된 탓에 절대자인 하나님도 세계와 격리되지 않고 함께하면서 주관, 역사, 구속할 수 있다. 창조 因이 없는 사물과 존재는 존재할 수 없나니, 각구일태극한 탓에 만유가 하나님과 소통, 교감하여 종국에는 합일하는 방향으로 나갈 수 있다. "理一이 다양하고 변화무쌍한 현상 세계의 궁극적 원천인 탓에 현상 세계를 초월해 있으면서도 동시에 만물의 다양성 속에 있을 수 있다."[29] 하나님의 창조 작용을 뒷받침한 인식이자 하나님이 세계 안에서 살아 역사할 수 있는 존재 원리란 사실을 지성들은 깨달아야 한다. 그런데도 오늘날의 진리적 상황은 안타깝게도 동양에서 일구어 놓은 본체 뿌리를 잘라버리고 가지만 취한 실정이다. 그 이유 중에는 이일분수, 혹은 태극 본체로부터

---

28) 「주자의 격물치지에 나타난 공부론 연구」, 강경애 저, 울산대학교 교육대학원, 중국어, 석사, 2007, p.31.

29) 『주자와 왕양명의 교육 이론』, 장성모 저, 성경재, 2003, p.83.

이루어진 분화 작용 논리 틀 안에서는 창조 작용을 모두 설명할 수 없는 부족함이 있기 때문이다. 즉, "사람과 만물은 하나이며, 본체인 理를 근거로 하지만, 사람과 사물의 기품(氣稟)이 달라서 차이가 있고, 따라서 구체적인 사물의 理는 사물이 달라짐에 따라 달라진다."[30] "통체로는 일태극이지만 일물이 각기 일태극을 갖추고 있다"[31]라고 해도, 본체를 변화시키는 데 영향을 끼친 실질적인 작용 요인과 움직임을 찾을 수 없다. 그래서 이 일분수식 **"분화 작용"**은 창조의 일부 메커니즘 방식을 사고적, 이치로 해명한 정도이다. 창조 본체의 바탕 형성 작용은 하나님의 몸 된 본체 본질의 변화 움직임이고, 뜻한 의지에 따라 보다 생명력 있는 존재 본질로서의 작용이다. 이런 실질적인 메커니즘 작용을 形而上學적으로 인식해서 표현한 것은 장재가 氣의 **"취산 작용(운동)"**을 통해 더 구체적으로 논거를 두었다.

"장재(횡거: 1020~1077)는 주돈이와 같이 우주의 근본을 말함에 무극, 태극을 말하지 않고, 二氣 五行을 가지고도 말하지 않고, 만물의 生生을 一氣의 취산으로 설명하였다. 그에 의하면, 氣의 본체는 太虛無形하고, 그것이 모일 때는 象을 취하여 物이 되고, 흩어질 때는 다시 無形에 돌아가 太虛가 된다고 하였다. 그리하여 장재는 이 氣의 취산, 즉 氣化가 소위 道이고, 이 道를 太和(큰 변화)라고 불렀다."[32] "태허에는 氣가 없을 수 없다. 氣는 불능 불 모여 만물이 되지 않을 수 없다. 만물은 불능 불 흩어져 太虛가 되지 않을 수 없다. 이렇게 출입하는 것은 모두 부득이하게 이루어진

---

30) 「주희의 이일분수설 연구」, 앞의 논문, p.22.

31) 『주자어류』, 6책, 권 94, p.2409.

32) 「주자학의 철학적 특성과 그 전개 양상에 관한 연구」, 앞의 논문, p.16.

다."[33] 氣의 취산, 그것의 순환과 반복은 우주에서 하나의 보편적 현상이다. 주돈이가 『태극도설』에서 만물의 생성과 무극, 태극이라는 궁극적 창조성을 말했다면, 장재의 氣論은 우주의 생멸 현상까지 氣의 작용으로 설명하였다.[34] 그래서 氣의 **"취산 운동"**과 순환 작용은 순전히 하나님의 몸된 본체 안에서 발현된 창조 뜻과 의지로서 관여된 본질의 변화 상황을 말한 것이다. 하나님의 뜻이 의지로서 작용하면 본체를 구성한 본질이 결집하지만, 창조된 세계 안에서는 영원하게 지속될 수 없는 탓에 흩어짐, 즉 생멸 현상이 있게 된다는 것, 하지만 일체 작용을 주도한 하나님의 본체 자체는 변함없이 건재한 탓에 흩어져 氣化된 존재 본질은 다시 본래 상태로 돌아가는데, 이런 근원 본체를 太虛, 그리고 이런 큰 본질의 변화를 太和라고 하였다. 氣의 취산 움직임은 하나님의 창조 목적을 실현하기 위해 자체 본체를 의지로써 변화시킨 뜻의 움직임 작용이랄까? 이런 취산 작용은 창조를 이룬 본체 존재 안에서도 일어나지만, 창조된 존재 본질 안에서도 작용해서 짝을 이룬다. 그런데 장재는 氣, 즉 존재 본질 안에서의 취산 운동에만 중점을 둠으로써 생멸 현상이 일어날 수밖에 없는 원인을 말했지만, 결국은 차원을 넘어서 太虛 상태로 돌아간다고도 했기 때문에 창조를 있게 한 작용 메커니즘에 관한 설명이기도 하다. 아울러 氣가 모일 때는 象을 취하여 物이 된다고 했으므로 氣의 취(聚), 그것은 본체 본질을 변화시킨 창조 작용인 것이 분명하다. 단지 그렇게 해서 象을 이룬 物이 같은 본체로부터 변화되었지만, 形이 다양하고 사사 물물이 차이를 가지고 특수성을 지닌 상태로 만물화된 것은 동일한 본체가 일으킨 작용임에도

---

33) 『정몽』, 「태화 편」.

34) 위의 논문, p.16.

불구하고 개개의 창조 목적에 따라 차별을 두어서이다. 그렇지만 모양과 특성이 아무리 천차만별해도 하나인 창조 목적 안에서 발화된 것이므로 종국에는 존재한 가치와 의미를 모두 포괄한다. 이 같은 창조의 취산 메커니즘을 한마디로 말하면 '太虛卽氣'라, "현상 세계 속에 절대적으로 단절된 무변(無變)의 공간은 없다."[35] 본의에 입각할진대, 氣의 **"취산 작용"**으로 인해 창조 본체(태허)로부터 존재 본체(氣)로 이행되었고, 변화된 것일 뿐이다. 곧, **창조 작용은 최초 有, 한 몸, 한 본체의 이행과 화현 과정 이외의 아무것도 아니다.** 氣의 취산과 바탕인 태허는 무형의 形而上學적인 본질 작용이자 운동이며, 움직임이다. 현상적 질서 관점뿐인 문화권(서양) 안에서는 도무지 감 잡을 수 없는 설이지만, 본질의 **"축적 작용"**만큼은 그나마 물질이 지닌 특성을 통해 비교할 수 있는 창조 작용 메커니즘이다.

물질은 하나에 하나를 더하면 둘이 되고, 역사상 가장 긴 축성물인 만리장성도 돌 하나하나를 쌓아서 이룬 것이다. 그런데 본질은 그 형태가 무형이고 말 그대로 늘어남도 줄어듦도(증감) 없다고 하는데, 무슨 쌓음이 있다고 하는가? 앞에서도 지적했듯, 본질 자체가 직접 축적 작용으로 변화한다는 것이 아니고, 창조된 뭇 존재가 축적 작용을 통해 변화할 수 있도록 기력을 쌓는다는 뜻이다.[36] 본질의 축적 작용은 하나님이 창조 뜻을 발화시켜 의지를 집중하면 몸 된 본질이 축적 작용을 통해 形과 象과 質을 구성하고 구조화해 창조 뜻과 목적을 시스템적으로 구체화시킨 작용 因의 결정 작업이랄까? 다시 말해, 창조 본체의 존재 본체화 과정, 그리고 理의

---

35) 「노자의 도에 대한 본체론적 이해 비판」, 앞의 논문, p.86.

36) 인간 본성의 근본적인 변화는 지식적인 앎이 아닌 본질과 연관한 의식과 의지를 다지고 축적한 수련을 통해 본성을 일구고 유지, 정화했을 때 가능해짐.

氣로의 이행 절차이다. 그러니까 움직이는 것은 氣이고, 理는 그것을 탄다고 했다. 직접 쌓는 것은 '물질 작용'이고, 쌓일 수 있도록 하는 바탕성 구축은 '본질 작용'이다. 이처럼 축적 작용으로 구축된 작용 因이 발화해서 생성하게 됨으로써 천변만화한 세계를 이루었다. 그러므로 창조 작용을 일으킨 일체의 원동력과 바탕은 하나님의 창조 뜻과 목적과 의지에 있고, 제공된 바탕 재료는 하나님의 몸 된 본체이다. 그리고 바로 그 같은 창조 뜻의 근본 因은 다름 아닌 하나님이 자체를 닮은 제2의 자녀 탄생을 원한 사랑에 있다고 할진대, 때가 이른 오늘날 하나님이 왜 인류를 태초의 천지 창조 역사 세계로 인도하고자 하는 것인지 본의를 깨달아야 하리라.

3. 원리

천지 만물을 창조한 메커니즘 중 **"창조 원리"**는 이행, 작용과 함께 반드시 밝혀야 하는 영역이다. 통상, 원리라고 하면 사물, 현상, 존재의 근본이 되는 이치로서, 정당하고 당연한 조리인 것으로 이해한다. 감지하고 확인할 수 있으며, 증명이 가능한 이치라고 생각하는데, **"창조 원리"**는 바로 그 같은 이치와 조리, 법칙 등을 결정한 본질적, 의지적, 지혜적, 목적적 영역인 탓에 통상적으로 이해하는 원리가 지닌 특성과는 다르다. **사물에 적용되는 원리가 결정적, 진리적, 생성적인 것이라면, 창조 원리는 통합적, 초월적, 지혜적이다.** 우리는 원리가 본래부터 정당하다고 여기지만, 창조 역사를 기점으로 한 천지 만물은 창조되기 이전에는 존재 자체가 없었던 것이듯, 원리도 존재하지 않았다. 붕어빵은 붕어 빵틀과 떼려야 뗄 수 없는 관계이듯, 창조와 원리 자체도 그와 같은 관계이다. '사물 원리'는 창조 역사가 있었기 때문에 부수된 것이고, '창조 원리'는 창조 역사를 이루기 위해 사전에 구축된 것이다. 그 결과, 원리 없는 존재와 현상이 있을 수 없게 되었다. 그래서 창조 목적을 이루기 위해 마련된 창조 원리를 알지 못하면 당연한 원리인 것으로 인식하겠지만, 창조 역사의 가시적 결정체인 천지 만물을 뒷받침한 원리, 이치가 모두 하나님의 의도로 구축된 결정 법칙이란 사실을 알면, **"창조 원리"**는 하나님이 지혜를 다해 구안한 창조 목적의 구체적인 실현 원칙이 된다. 하나님이 천지 만물을 창조하기 위해 창조 이전에 설정한 역사 근거랄까? 여기에는 당연히 성공적인 실현과 완벽한 뜻의 구현이 목적인 탓에 하나님의 권능과 지혜와 의지와 이상이 함께하게 되었다. 창조 역사 이전의 이 같은 사전 원리성의 결정 작업은 모든 것이 하나님의 주재 뜻과 몸 된 본체에 근거한 만큼, 그것은 창조 뜻과 목적을 가지기 이전의 제한 없는 뜻과 의지를 한정한 작업 과정이기도 하다. 그런 본질 바탕이 창조 역사로 사물과 현상의 근본을 이룬 이치 원리로 결정되었다. 그러니까 본의를 알기 전까지는 세상 안에서의 원리가 지배적이라는 사실은 알았지만, 누구도 당연한 원리가 창조로 인해 결정되었다는 사실은 알 길이 없었다. 삼각의 내각은 합이 180도인 것이 公理이다. 어떤 모양과 크기를 가진 삼각형도 삼각형인 한 이 공리를 벗어날 수 없다. 그렇다면 이 같은 공리는 어떻게 존재한 것인가? 바로 그 같은 원칙 틀을 삼각형의 본질이 한정 지었다. 그것이 온갖 사물과 현상의 원리를 결정한 창조 원리로서 '무극 본체'로부터 창조 본체화된 과정이기도 하다. 그리고 '존재 본체'로 이행된 단계에서 만유 공통의 벗어날 수 없는 원리 법칙으로 결정되었다. 그 같은 세계의 법칙적 원리를 관통하면서도 통합하는 것이 다름 아닌 하나로부터의 창조 원리, 곧 **"하나 원리"**이다.

천지는 어떻게 창조되었는가 하는 작용 메커니즘을 밝히는 데 있어서 여기에 근접한 선현들의 지혜로운 원리성 인식이 있었다. 단지 초점이 정확하지 못한 상태였다고나 할까? 진리는 하나이다. 만물 일체, 一의 多化 원리 등등. 문제는 인식적, 논리적, 변증법적으로 접근은 하였지만, 본체의 입체적인 작용 메커니즘을 밝히지 못한 탓에 선천 원리로서의 한계성을 벗어나지 못했다. 그러나 본의에 근거하면, 전개 방식이 신격적이건 도식적이건 어차피 하나인 一을 전제해서 바탕으로 삼은 바에는 유기체, 한 통속, 유일신 개념 등을 모두 포괄할 수 있다. 일체가 하나 원리로부터 비롯된 것인바, 종국에는 일치한다. 창조 본의는 바로 그 하나가 무엇인가 하는 것과 하나로부터 만사가 창조된 연유를 밝히는 과정이라고 해도 과언이 아니다. 하나가 어떻게 多化되었는가 하는 메커니즘을 추적하는 것이다. 하나님의 유일성 신앙도 그렇게 믿은 것은 선천 하늘에서의 원리성 인식 문제이다. 어떻게 하나님이 하나인 본체로부터 천지 만물을 창조했는가 하는 원리를 알아야 비로소 하나님이 유일신인 사실을 입증할 수 있다. 믿음뿐만 아니라 만사로부터도 유일성을 확인할 수 있어야 함에, 그 같은 인식적, 원리적, 진리적 기반을 마련하는 데 하나 원리를 밝히는 목적이 있다. 만사, 만물, 만 원리가 그러하나니, 주장할 수는 있지만 그렇게 된 메커니즘을 밝히기는 쉬운 일이 아니다. 하나인 하나님의 본체로부터 천지 만물이 창조된 것일진대, 모든 첫 시작이 一로부터 이루어졌다는 것은 무엇도 부정할 수 없는 사실이다. 神이든, 道이든, 태극이든, 부르는 이름이 중요한 것이 아니다. 강조한 것처럼 그렇게 된 연유, 곧 원리를 알아야 한다. 만사를 관통하는 인식, 원리, 법칙이 하나 창조 원리 안에 들어있다. 이 원칙만 벗어나지 않는다면 수만 갈래로 갈라진 세상 원리를 일관할 수 있다. "주님은 우리의 하나님이시오, 주님은 오직 한 분뿐이시다(신, 6:4~5)"라고 했을 때, 이 말씀은 다른 문화권에서 말한 하나 명제와 다르지 않다. 불교, 신유학, 동학, 수피, 노장 모두 한결같이 '하나'를 강조하였나니,[37] 그것은 결국 창조의 근원이 하나, 한 바탕, 한 하나님뿐이란 말과 같다. "모든 사람이 이해하는 것인 진리는 하나이다. 가능 지성은 모든 인간에서 하나인 것으로 보았다."[38] 왜 그런가? 하나님의 본체로부터 창조된 원리, 그것이 바로 근본인 탓이다. 동양의 정이천은 "천지 만물에는 하나의 理가 있을 따름이다"[39]라고 하였고, "전통적인 힌두의 신화에서 모든 神은 어떤 의미에서는 하나의 神의 현현으로 본 생각을 중시했다."[40] 여기서 모든 神이란 多神을 말하는바, 창조된 세계 안에서의 多神은 인식의 장애 상태를 나타낸 것이다. 하지만 극복하고 본다면 오히려 신성의 편재 상태를 시사하여, 그것을 多神의 현현으로 표현한 것일 수도 있다. 하나인 神을 多神 상태로 믿는 것은 본질이 아니나니, 지극한 관점 상의 장애 문제일 뿐이다.

왜 한결같이 하나를 앞세웠고, 하나를 모든 것의 출발점으로 삼았는가? 뻔히 드러난 현상 세계의 다양한 모습을 보고 있으면서도 그것을 있게 하고, 그렇게 한 이치[理]는 하나일 뿐이라고 잘라 말했는가? 본체가 한 몸, 하나, 한통속인 특성 탓에 하나로부터의 창조 말고는 다른 길이 없기 때

---

37) 『영원의 철학』, 앞의 책, p.10.

38) 『영혼에 관하여』, 토마스 아퀴나스 저, 이재룡 · 이경재 역, 나남, 2013, p.67.

39) 『이정유서』, 권 2상.

40) 『세상의 모든 철학』, 앞의 책, p.165.

문이다. 하나로부터 만물이 다양하게 창조된 탓에 그 하나는 이 연구가 밝힌바, 창조 이전에 천지 만물을 창조하기 위해 하나님이 사전에 모든 것을 갖춘 통합적인 바탕 본체이다. 일명 극을 극대화한 태극 본체이고, 하나님이 절대 본체로부터 이행시킨 창조 본체이다. 그 본체가 만물과 달리 통합적인 탓에 천지를 창조할 수 있는 장대한 초월 메커니즘을 구축할 수 있었다. 생성적, 분열적, 질서적인 세계 안에서는 성립될 수 없는 작용 원리이지만, 창조 원리인 탓에 오직 '하나'만으로 가능하였다. 창조된 세계 안에서는 음양이 양의 됨으로써 존재를 구성하고, 정과 동의 교차로 현상 세계를 변화무쌍하게 하지만, 음양은 본래 하나인 태극 본체로부터 양의 된 것이다. 세계 안에서 음과 양은 나뉘어 있어 동시에 존재할 수 없지만, 바탕이 된 태극 본체 안에서는 아예 그 같은 구분과 제한 자체가 없다. 제일 이해하기 어려운 것은 존재하는 누구도 벗어날 수 없는 원인이 있어야 결과를 낳는 세계의 필연 법칙이다. 창조된 세계, 곧 현상 세계 안에서는 원인 없는 결과라는 것은 있을 수 없다. 원인을 알 수 없는 결과 현상을 대할 때 우리는 우연이라고 말하지만, 그것은 결정된 인과 법칙과 어긋난다. 그런데도 진화론에서는 주어진 결과 현상을 설명하기 위해 우연을 앞세웠고, 지성들이 공공연하게 용납한 것은 지극한 무지이다. 창조된 결과 세계, 곧 분열하는 세계 안에서는 반드시 因과 果가 나뉘어 있고, 경과적이고, 하나도 어김이 없다. 이런 현상을 놓고 이 연구는 원인 속에는 결과가 이미 함재되어 있고, 因이 果로서 생성을 다하면 소멸하지 않고 본래 有로서 영원하다고 한바, 창조 원리에 입각하지 않으면 이해하기 어렵다. 하지만 이것은 창조된 세계 안에서의 일일 뿐, 창조 이전인 본체 존재 안에서는 **"하나 원리"**가 그렇게 작동하지 않기 때문이다. 즉, 창조된 세계 안에서는 원인과 결과가 필연적으로 나뉘었고, 원인이 있는 탓에 결과가 따르는 것이지만, 창조 이전의 본체 안에서는 원인과 결과가 통합체로서 존재한다. 한 본체는 유일한 본체인 만큼, 다른 因이 개입할 수 없다. 그래서 창조 원리는 하나 원리이고, 일체의 多化 모습은 오직 하나에 근거한 하나의 변용 모습이다. 하나를 뭇 원인과 결과로 나누어 놓고, 뭇 원인과 결과를 다시 하나로 연결했다. 그래서 하나 창조 원리를 통하면 만상은 비로소 왜 원인이 어김없는 결과를 낳는 것인지 이유를 알 수 있다. 본래 하나인 탓에 다른 결과는 이룰 길이 없다. 콩 심은 데서 콩이 나고, 팥 심은 데서 팥이 난다. 어디까지나 현상적인 질서 안에서의 경과적인 인식이므로, 인과가 하나로 있는 본체 안에서는 그 같은 경과 질서와 논리적인 순서를 초월한다.

우리는 반드시 기다려야 결과를 알 수 있지만, 통합 본체 안에서는 원인이 곧 결과이고, 결과가 곧 원인이다. 우리는 창조의 첫 시작을 생각할 때 원인과 결과가 함께한 동시 존재 상태를 생각할 수 없다. 그래서 진화론을 주장할 수 있었다. 흔히, 꼬리에 꼬리를 물고 있는 문제, 즉 씨가 있어 열매가 맺는 것인가, 열매가 있어 씨가 맺히는 것인가? 닭이 먼저인가, 달걀이 먼저인가? 분열을 본질로 한 현상계 안에서는 해결할 수 없는 문제이지만, 한편으로는 가장 적절한 하나로부터의 창조 원리를 시사한 것뿐이다. 하나님이 몸 된 본체로부터 창조 목적을 집중시킨 통합적인 본체 바탕을 마련하였나니, 그것이 곧 우주 생성의 첫 출발부터 세계 안에 닭과 달걀을 동시에 창조한 탓이다. 세계 안에서는 절대 있을 수 없는 일이지만, 그렇다고 틀린 것은 아니다. 세상 안에서는 불가능한 일이지만, 하나님이 음양을 양의시키기 이전인 태극 본체 안에서는 가능한 일이다. 그래서 **하나 창조 원리는 인과 통합 원리인 동시에 인과의 동시 창조 원리이다.** 모든 창조의 첫 시작이 한 몸인 하나님의 창조 본체로부터 이루어졌다. **"동시 창조"**는 하나 창조로 인해 부수된 대 창조 원리이다. 진화론자는 이 같은 초월적인 창조 권능을 우습게 여긴 탓에 헤어나지 못하는 깊은 착각에 빠져 허우적거리고 있다. 바로잡을진대, 천지 창조 역사는 원인인 동시에 결과라, 우리의 위치에서는 창조 역사가 먼 태초에 이루어진 과거 역사이지만, 원인과 결과가 함께한 탓에 사실은 아직도 진행 중인 현재 역사이며, 그러면서도 아직 도래하지 않은 미래 역사이기도 하다. 본체 안에서는 결과가 원인과 함께하고 있어 이미 결정된 상태인데, 왜 우리는 결과가 주어지기까지 기다려야 하는가? 이유는 결과 중에 원인이 함께하고 있어 원인만으로서는 결과를 알 수 없기 때문이다. 이런 동시 창조 원리의 초월 메커니즘을 이해해야 만인이 비로소 창조 메커니즘을 근거로 하나님의 선재성, 초월성, 내재성, 그리고 절대적인 존재성까지 가늠할 수 있다. 창조 이전인 본체 안에서는 원인과 결과가 통째로 존재하고, 그렇게 하나인 一의 상태로 존재할 수밖에 없지만, 창조된 세계 안에서는 나뉘고 구분된 탓에(양의) 원인과 결과가 필연적인 인과 끈으로 연결되었으며, 그렇게 해서 나뉜 경과 사이를 결정된 본질이 빈틈을 꽉 채웠다. 그렇게 해서 가득 찬 본질이 분열하는 생성 질서 안에서 우리는 자신에게 주어진 운명을 기대하고 있으며, 제반 연기 법칙을 진리로써 인식하고 있다. 因은 果의 앞에, 그리고 果는 因의 후에 존재하는 것이 아니다. 키보드의 토글 키는 한 키가 두 가지 기능을 발휘한다. 하지만 두 기능이 동시에 작동할 수는 없는데, 이것은 창조된 세계가 지닌 엄밀한 생성 질서 탓이다. 하지만 한 분인 하나님의 본체 안에서는 그런 제한이 전혀 없다. 하나님은 태초에 천지 만물을 한꺼번에, 동시에 창조하였고, 그것이 무수한 생성 세월을 거치면서 만화되었다.

道가 一을 낳고, 一이 二를 낳고 …… 삼생 만물 하였나니, 진행 방향은 무한하게 확대할 수 있지만, 存과 物과 象의 다변화 현상에 있어서도 하나 창조 원리는 어김없이 적용된다. 만변, 만화는 오직 하나인 본체로부터 말미암았다. 우주 공간에 별들을 헤아릴 수 없고, 바다에 사는 물고기, 땅 위에 사는 동식물, 하늘을 나는 새, 보이지 않는 미생물이 천하 만상을 이루고 있어도, 본의로서 보는 모습은 오직 하나인 象일 뿐이다. 만화시킨 창조 원리이지만, 결국은 한 인식, 한 원리이다. "오행은 하나의 음양이고, 음양은 하나의 태극이며, 태극은 본래 무극이다."[41] 한 몸인 하나님의 본체로부터 천지 만물이 창조되었다. 하지만 중요한 것은 하나님의 창조 뜻과 목적과 본체 안에서의 변화일 따름이란 사실이다. 하나인 창조 원리 궤도에서 이탈한 천지 만상은 하나도 없다. 그런데도 이런 사실을 무시하고 인위적인 가설을 세워 현존재의 결과상과 진행된 과정을 소급해서 억지로 꿰맞춘 것이 진화론이다. 그들은 이 땅의 선현들이 통찰한 하나 창조 원리에 대한 명제가 무엇을 의미하는 것인지 아직도 이해하지 못하리라. "氣는 만 가지로 다르지만, 천지의 理는 하나이다."[42] 하나로부터 만화됨에, 이것이 곧 창조 원리이고, 더 나아가서는 하나님의 유일한 신성까지 입증한다. **하나가 만화된 것은 창조 원리 탓이다.** 진화한 것이 아니다. 하나로부터 창조된 탓에 다변, 다양하지만, 결국은 동일성으로 귀결된다. 만물, 법칙, 역사, 섭리, 인생, 학문, 진리, 문명이 모두 그러하다. 그래서 **"하나 창조 원리"는 그대로 "하나 통합 원리"이자 "동일 창조 원리"이다.** 하나 창조 원리는 결정된 만 원리를 일관한다. "한 사물의 이치가 곧 만물의 이치(一物

---

41) 『철학 콘서트』, 앞의 책, p.156.

42) 「퇴계의 교육사상 연구」, 최기창 저, 건국대학교 교육대학원, 교육학, 석사, 1988, p.25.

之理卽萬物之理-정이)"이니, 초월 창조 원리 그것이 그대로 하나 창조 원리이다.

> "격물 궁리는 천하의 物을 모조리 다 탐구하는 것이 아니다. 一事
> 에서 완전히 탐구하면 그 외는 미루어 알 수 있다. ······ 하나로 다
> 탐구할 수 있는 까닭은 만물이 모두 하나의 理이기 때문인데, 一
> 物 一事에 있어서 그것이 비록 작아도 모두 이 理가 있다."[43]

어찌 理에 있어서 뿐만이겠는가? 하나님이 그렇게 하나인 몸 된 본체로부터 천지 만물을 창조하였다. 오직 하나인 동일 창조 원리로 만물, 만상, 만 진리를 한뜻, 한마음, 한 이치, 한 원리, 한 법칙, 곧 창조 본의로 꿰뚫어 일관시키리라.

---

43) 『이정전서』, 권 15.

제45장 창조 증거

1. 화현

    태초에 하나님이 이룬 천지 창조 역사는 지구상 누구도 목격하거나 참여하지 못한 역사이지만, 한편으로는 예외 없이 창조 역사로 인해 존재하게 된 것이란 점에서 창조 역사와 연관되지 않은 존재는 하나도 없다. 또한, 천지 창조는 태초에 이룬 역사이고, 이미 완료된 과거 역사이지만, 한편으로는 태초란 통합된 미래세를 포함하고 있다는 점에서 우리는 매 순간 하나님이 이룬 창조 역사 순간으로 다가가고 있기도 하다. 일일멸인 동시에 일일생이라, 하루하루가 죽음의 날을 앞당기고 있지만, 동시에 맞이하는 날은 언제나 우리에게 새로운 날을 안긴다. 그러니까 언젠가는 당도할 죽음, 그것은 완전한 소멸이 아니며, 태초의 창조 날을 목격하고 있는 가슴 벅찬 순간이다. 삼세는 실유하고 법체는 항유하나니(설일체유부), 무한한 우주 공간도 결국은 한통속이고 한 본질체이다. 그런 만큼, 태초의 천지 창조 역사는 오늘의 현대 문명사회에서 반드시 증거해야 하는 진리적 과제이고, 하나님이 권능으로 밝힐 열린 가르침의 대주제이다. 이를 위해 이 연구는 일찍이 하나님의 뜻을 받들어『창조증거론 1, 2(2019)』를 저술하였다. 그렇다고 해서 본 편의 증거하고자 하는 주제가 그것의 요약 편이란 말은 아니다. '천지 창조론'을 매듭짓기 위한 과정인 만큼, 이후부터의 논거는 하나님의 창조 역사를 증거하기 위해 "본질(체)로부터의 창조"론을 집약시킨 것이다. 인류가 반드시 깨닫고 확인할 수 있어야 하는바, 그것을 **"화현"**, **"관계"**, **"법칙"**으로 주제화했다. 창조 역사를 떠받칠 세 가지 본의 기둥이다. 기독교가 여태껏 하나님의 천지 창조 역사를 믿음에만 의존한 것은 선천 종교가 벗어나지 못한 한계이다. 신학은 과학적인 안목에서 기독교 교리를 개연화시키고자 했지만 실패한 것은, 본체와 현상을 연관 지을 본의 관점을 확보하지 못해서이다. 찾는 것은 왼손 안에 있는데 오른손에서 찾으려 한 격이다. 본의를 알지 못한 탓에 만물이 창조된 결과 체인데도, 어떻게 해서 창조된 것인지 판단할 수 있는 근거를 찾지 못했다. 이런 세계 본질의 한계성을 극복함으로써 화현, 관계, 법칙이 창조 역사로 인한 결과 산물인 것을 확인할 수 있는 확실한 판단 기준을 세우고자 한다.

이에, 첫 번째 기준인 **"화현"**은 천지 간에 무수한 변화 현상과 사실적 근거를 통해 확인할 수 있지만, 궁금한 것은 그렇게 변화하는 현상의 본질이 무엇인지, 그리고 변화하고 변화해서 도달할 종착지는 어디인가 하는 점이다. 이런 의문은 동서양의 선현들이 모두 고심한 진리 탐구 주제이지만, 아직도 답을 찾지 못하고 있는 정신적 고뇌에 속한 문제이다. 하지만 때가 이른 지금은 열린 가르침이 이런 문제에 종지부를 찍어야 한다. 중요한 것은 불변 대 가변, 곧 변화와의 대립 관계이다. 변화는 왜 일어나고, 그것은 무엇의 변화인가? 변화를 일으킨 원인도 추적해야 하지만, 변화를 일으킨 작동 메커니즘도 궁금하다. 이런 문제를 남김없이 해결하기 위해서는? 변화에 관한 일련의 생각과 판단 관점, 이것이 곧 인류가 진리라고 믿은 세계관과 학문과 문명 형태를 결정지었다는 것은 시사하는 바가 크다.

그렇다면 우리는 오감으로 확인하고 있는 변화 현상을 정말 어떻게 보았고, 또 보아야 하는가? 고대 그리스의 철학자 파르메니데스(B.C. 515년경)는 이런 의문에 대해 분명한 생각을 펼쳤다. "존재하는 다수의 사물과 그들의 형태 변화 및 운동이란 단 하나의 영원한 실재(존재)의 현상일 뿐이라고 보아 모든 것은 하나라고 한 이른바 '파르메니데스 원리'를 세웠다."[1] 불변하는 것은 어떤 것도 존재하지 않으며, 어느 것도 영원하지 않다고 한 만유 유전설에 근거하여 사물과 사물 사이의 모순, 대립, 갈등을 통해 변화하는 자연의 참모습을 인식했다. 이런 대립, 긴장, 변화, 투쟁으로 인해 오히려 균형과 조화를 이룬다는 우주 생성의 공통 원리를 설명하였으며, 일체의 자연 현상을 모순에 의한 대립물의 투쟁으로 여겼다. 여기서 세계의 만변, 만화가 단 하나의 영원한 실재의 현상이라고 한 주장은 시사하는 바가 크다. 그가 어떻게 해서 변화 같은 것은 있을 수 없다고 한 불변적 존재론을 세운 것인지에 대한 논증 과정을 살펴보면, "어떤 것이 생각될 수 있다면 그것은 마땅히 존재해야 하며, 無에 대해 말하는 것은 아무런 의미가 없다. 그러므로 존재하는 모든 것은 영원한 것임이 틀림없으며, 그것은 無로부터 존재하게 될 수 없고, 또 파괴될 수도 없다. 따라서 존재하는 것은 이미 존재했다. 어떤 것도 존재하지 않는 것으로부터는 생길 수 없다"[2]라고 판단하였다. 우선 그가 논거를 둔 과정은 전적으로 사고적 접근이라는 데 있다. 페인트를 칠하면 겉은 색을 바꿀 수 있지만, 속까지 미칠 수는 없다. 사고적인 통찰도 그러하다. 불변한 본체까지 인식이 미치지 못한 탓에 이전에도 이후에도 불변한 본체의 실체적 증거와 메커

---

1) 파르메니데스, 다음 백과.

2) 『세상의 모든 철학』, 앞의 책, p.79.

니즘을 밝혀낼 수 없다. 그래서 존재하는 것은 이미 존재한 것이고, 어떤 것도 그렇게 존재한 것으로부터 생긴 것이라고 한 단정은 온갖 변화를 불식시키는 결론은 끌어냈지만, 현존재의 다양성에 대해서는 더 이상 설명하지 못했다. 이에, 헤라클레이토스가 펼친 논리 속으로 들어가면, 그 또한 헤어날 수 없는 정반대 결론에 도달한다. 그래서 이 연구는 파르메니데스의 논리를 따르면서도 그러기 때문에 현 존재에 온갖 변화가 있게 되었다는 사실을 확인하고자 한다.

창을 파는 사람과 방패를 파는 사람의 주장처럼(모순), 각자가 펼친 말 안에서만 보면 틀린 점을 발견하기 어렵다. 하지만 객관적인 측면에서 보게 되면 양립할 수 없는 주장인데도, 후대 지성들은 이런 문제를 해결하려 한 것이 아니고, 한쪽을 선택한 태도를 보였다. 언젠가는 반드시 극복해야 하는데, 알고 보면 파르메니데스와 헤라클레이토스는 동일한 현상과 존재에 대해 논거를 펼친 것이 아니라는 데 문제가 있다. 헤라클레이토스가 만물의 끊임없는 변화와 유전을 말하면서 모순, 대립 운운한 것은 창조된 결과 세계(현상) 안에서의 변화 메커니즘을 말한 것이다. 반면, 파르메니데스는 그 같은 변화 현상을 초월한 근원 본체를 설명하기 위해 존재하는 것은 이미 존재했다. 존재하는 모든 것은 영원하다. 변화 같은 것은 있을 수 없다고 한 것이다. 그러므로 정작 중요한 것은 어떻게 불변한 본체를 통해 만상의 변화 현상을 설명할 수 있는가 하는 것이지, 무엇이 옳고 그런 것인지를 판가름하는 데 있지 않다. 그 불변한 본체를 통해 드러난 현상을 설명할 수 있어야 하는데, 그들이 확보한 안목 안에서는 불변과 변화 사이를 연결하는 창조 메커니즘이 빠져 있다 보니까 진리적 판단이 첨예하게 대립하고 말았다. 이런 무지 상태를 열린 가르침이 지적해서 깨우쳐야 한다. 그런 측면에서 볼 때, 파르메니데스가 말한 본체론적인 첫 전제 명제는 타당하다. 하지만 이행과 화현이란 창조 메커니즘을 알지 못한 상태에서 내린 결론은 틀렸다. 또한, 헤라클레이토스 역시 현상적 관점에서 판단한 인식은 하나도 잘못된 것이 없이 정확하지만, 그것만을 토대로 내린 결론 명제는 틀렸다. 그렇다면? 존재하는 것 일체는 이미 존재한 有의 변화이므로 존재한 有, 그 자체는 불변한 것이지만, 有는 천지 만물을 창조한 권능을 지닌 탓에 온갖 변화를 일으킨다. 남녀가 결혼하면 부부로서만 존재하지 않는다. 자녀를 낳을 수 있는 능력을 지닌 탓에 아들, 딸을 두어 가정을 이룬다. 그런데 파르메니데스의 경우는 창조주로 치면 하나님 자체만의 절대 본체론을 세운 격이다. 최초 有의 불변성 문제에서도 창조 권능을 전혀 고려하지 않은 일방적 결론 도달이다. 최초 有는 바탕이 된 본체 역할로서 불변성을 지속한다고 말한 것은 맞지만, 한편으로는 창조 역사의 이행 작용 탓에 불변성이 유지되는 것이고, 그런 의미에서 창조된 모든 존재는 이미 존재한 것으로부터 있다. 존재하지 않는 것으로부터는 아무 것도 생길 수 없다. 그렇다고 해서 어떤 변화도 없다는 말은 절대 아니다. 오히려 변화, 곧 **"화현"**을 본질로 한다. 사실상 창조 역사는 어떻게 한 몸인 하나님의 몸 된 본체가 존재한 본질적 특성과 정체성과 초월성을 그대로 유지하면서 만변, 만화할 수 있는 창조 원리와 메커니즘과 시스템을 구안하고 구현한 것인가 하는 것이 관건이다(이일분수설처럼……). 한 몸인 본체를 이행시킨 것은 하나님의 불변성을 유지하기 위해서이고, 화현은 한 몸인 본체 안을 벗어나지 않은 상태에서 창조를 통해 천지 만물을 존재할 수 있게 한 것이다. 이것이 곧 하나님이 몸 된 본체를 근거로 창조 역사를 실현한 사실에 대한 결정적 증거이다. 그러므로 "존재하는 일체의 형태 변화 및 운동은 단 하나인 영원한 본체의 현상일 뿐이다(=화현)"라고 한 파르메니데스의 주장은 바로 이행 창조 메커니즘을 빠뜨린 논거 도달이다. 같은 유일성, 하나성, 불변성을 전제한 가운데서도 창조 역사 메커니즘을 알고 모른 상태에서의 결론 도달은 판이하다. 이행 창조로 본체의 정체성을 지속하면서도 하나인 본체를 변화시킨 주된 작용 요인에 하나님이 자체 본체를 의지대로 변화시킨 창조 뜻이 있거니와, 이 같은 일련의 본의 관점 확보가 창조=화현이란 등식을 성립시키는 확고한 조건이다.

이런 판단 관점이 사실이고 진실인 탓에 도대체 어떤 작용으로 그처럼 역사 된 것인지 상세하게 설명하지 못한 문제는 있지만, 동서양에 걸쳐 이에 대해 근접한 인식이 있었다. 즉, 서양의 스피노자는 일찍이 이런 말을 하였다. "개체들은 단지 神의 속성 변용, 그러니까 神의 속성을 특정한 방식으로 표현한 양태에 불과하다."[3] 이것이 무슨 말인가? 스피노자 본인을 포함해서 진의를 정확히 이해해서 설명한 자 누구인가? 그것이 쉽지 않았던 것은 파헤쳐야 할 창조 본체 뿌리가 너무 깊어서이다. 사실성 여부를 확인하기 위해서는 결국 천지 창조 역사와 연관시켜야 한다. 우주의 최초 시원인 창조 메커니즘을 추적해서 밝혀야 했다. 불미한 세계적 조건 속에서도 스피노자는 분명하게 전제해서 판단하길, 세계는 유일한 실체만 존재하고, 개별적 영혼들은 유일 실체의 일시적 변용에 불과하다고 했다. 파르메니데스와 전제한 조건은 같지만, 그것을 기반으로 한 번 더 나아간 논거 측면에서 보면, 파르메니데스는 어긋났지만, 스피노자는 일치했다. 세계에는 유일한 실체, 곧 창조 이전에는 정말 유일한 하나님만 존재한 탓에 하나님의 본체로부터 창조된 모든 것, 곧 개별적 영혼들은 유일체의 일

---

3) 『변신론』, 앞의 책, p.67.

시적인 변용이 될 수밖에 없다. 흔히, 기독교인이 창조주와 대비시킨 피조체, 플라톤이 구분한 이데아와 그림자. 불교도가 말한 자성이 없다[空]는 인식과도 상통한다. 가변적인 탓에 이것을 일컬어 이 연구에서도 화신, 화현이란 말로 표현했다. 유일 본체의 **"화현"** 말이다. 정확히 말해, 하나님의 몸 된 본체의 변신이다. 그런 변화가 창조 역사로 일어났다. 태초 이전에는 한 분 하나님만 존재한 탓에 이후에 생겨난 모든 것의 족보는 하나님의 본체 창조와 무관하지 않다.[4] 오직 하나, 한 몸인 본체의 변신, 곧 화현일 뿐이다. 다시 말하면, **창조는 하나를 변용시킨 역사이다.** 이런 창조 본의를 이해할진대, 인도인의 범아일여 명제, 즉 "개별적인 개인은 실제로 一者의 한 모습으로서, 그것은 이 一者의 무수한 현현의 하나일 뿐이다"[5]라는 말과 다르지 않다. 一者의 현현이 너와 나의 참 본질이란 것은 하나인 "본체로부터의 창조"를 말한 것이다. 현현은 창조 메커니즘이 빠진 본체의 변화, 또는 화현을 일컫는다. 아울러 인도인이 믿은 재탄생과 환생의 비밀을 푸는 카르마의 열쇠 역시 一者의 현현 관점이 쥐고 있다. 뭇 我와 인생은 하나인 본체의 현현이자 화현인 탓에, 마치 식물이 뿌리를 남겨 봄이 되면 싹을 틔우는 것처럼 我는 一者(본체)의 현현이고, 我는 멸해도 뿌리인 一者는 梵의 뿌리로서(본체) 남아 있어 그로부터 다시 새로운 모습으로 재탄생이 이루어진다. 이처럼 차원을 넘나든 변화 메커니즘이 태초의 천지 창조 역사와 연관되어 있다. 동양의 주자가 성립시킨 理=天理 등식은 理가 천지를 창조한 결정적 이치란 뜻이나. 또한, 하나님(理란 본체)이 곧 창조 역사를 실현한 원리란 말과도 다를 바 없다. 하나님이 태초에

---

4) 無로부터 순수한 하나님의 권능만으로 창조되지 않음.

5) 『세상의 모든 철학』, 앞의 책, p.168.

말씀으로 천지 만물을 창조하였다고 한 성경 기록의 동양식 명제 인식이다. 즉, 理는 "모든 사물에 반드시 내재해 있으며, 세상을 관통하는 최고의 원리이자 규범이다."[6] "천하 만물을 낳은 이치를 일관한 理는 하나일 뿐이다." 그렇다면 인류가 발견한 수많은 원리, 깨달은 道, 진리가 하나인 理의 변용일 뿐이라, 어떻게 하나인 理가 무수한 이치로 변용되었는가 하는 사실만 밝히면, 일련의 추적 과정이 그대로 창조 역사 사실을 증거하는 근거가 된다.

바로 이 같은 추적의 동양적 인식에 『중용』이 있다. 여기서 말한 "中은 천하의 人本이고, 和는 천하의 達道이다. 中은 희로애락이 나타나지 않은 것(발하지 않은 것)이고, 和는 나타나(발하여) 절도에 맞는 것이다. 그래서 中과 和를 지극히 하면 천지가 자리 잡히고, 만물이 화육할 것이다(제1장)"[7]라고 하여 진리에 대한 신뢰를 아끼지 않았다. 이것은 분명 있음[有]을 전제로 한 "본체로부터의 창조" 인식 일환이다. 창조는 無가 아닌 이미 있음[有]의 발현과 화현에 초점을 둔 역사이다. 미발과 이발을 분별하는 것이 본의 이해의 핵심이니, 발하지 않은 상태로 있는 中(창조 본체)이 천하의 大本이고, 그것을 발현해 창조 목적에 맞게 화현시킨 것이 천하의 達道이다. 中과 和가 지극하면, 다시 말해 주어진 천부 본성(본연지성)을 원활하게 발현하면 천지가 제자리를 잡고, 만물이 화육, 번성한다. 이처럼 생성과 조화와 변화 일체를 관통하여 존재하는 것이 모두 하나인 절대 有의 화현에 있다. 본체는 불변하지만, 하나님이 창조 역사를 실현하고자 한 탓에 본체의 변화가 불가피했고, 변화를 주도한 주된 작용 메커니즘은 이행

---

6) 『강의』, 앞의 책, p.411.

7) 「중용사상 연구」, 앞의 논문, p.134.

이다. 모든 것이 몸 된 본체의 변화 과정이지만 본질은 **"화현"**에 있다. 밝힌 바 태극 본체(통체일태극)가 창조 역사로 개개 사물 속으로 이행되어 존재화 되었지만(각구일태극), 원 본체는 아무 변함이 없나니, 원 본체로서는 불변하지만, 창조된 개체는 변화한 탓에 원 본체의 화현이다. 그리고 그 같은 화현을 실현한 창조 역사의 주축은 하나님이 발현한 창조 뜻이다. 그 뜻이 天命화되었고, 말씀으로 命하므로 天性과 天理(원리, 이치, 진리, 법칙)로 결정되었다. 하나님의 본체 의지가 창조화 과정을 거쳐 만물 속에 있게 되었다. 노자는 분명 道[無]가 하나를 낳고, 하나가 둘을 낳고, 둘이 셋을 낳고, 셋이 만물을 낳는다고 하였으니, 여기서 道는 하나님의 절대 본체이고, 하나는 창조 이전에 일체 바탕을 갖춘 창조 본체(=태극 본체, 통합 본체)이며, 둘은 양의 된 분화 단계로서 창조 본체가 창조 역사로 발현되고 구조화되어 시스템을 완비한 상태이다. 그리하여 드디어 음양이 움직이기 시작하므로(생성 시작) 둘이 셋을 낳고, 셋이 만물을 낳는 것은 시간문제라, 창조 목적을 다양하게 만화시켰다.

이처럼 창조 역사의 본질은 화현이며, 화현으로 하나님의 창조 역사를 증거하기 위해서는 그렇게 화현을 실현한 근원 바탕이 유일한 것이란 사실을 밝히면 된다. 태초의 시간대로 돌아가면, "하나님이 천지 만물을 창조할 때 하나님 외에 또 누가 있었는가? 하나님밖에 없었다. 창세기 제1장을 보면, 천지를 창조하기 전에 하나님이 말씀을 통해 명령했다."[8] 그렇다면? 하나님만 유일한 상태에서 하나님의 뜻, 의지, 명령을 따를 대상은 하나님 자체인 본체뿐이다. 존재하는 창조 재료가 하나님이 유일한 상태에서 창조 역사를 이룰 방법은 자체 본체를 재료로 삼아 변화(화현)시키는

---

8) 『신의 위대한 질문』, 배철현 저, 21세기북스, 2015, pp. 456~457.

것뿐이다. 우리는 손가락을 마음먹은 대로 움직이는 것처럼, 하나님이 뜻대로 자체 본체를 변화시키는 것은 능한 일이다. 그래서 천지 만물을 창조한 유일 본체 원칙은 일관된 것이며, 기독교의 핵심 교리인 삼위일체론을 규정하는 데도 예외가 될 수 없다. 삼위일체는 성부, 성자, 성령으로 구분된 세 위(位)가 결국은 한 몸이란 뜻이다. 하나님이 삼위로 나뉘었지만, 본체는 일체로서 하나이다. 여기서 뜻을 분명히 밝힐 것은 하나, 한 몸인 원본체는 절대적이란 사실이다. 이일분수설에서 통체일태극이 창조 역사로 각구일태극으로 이행되었지만, 태극 본체는 불변한 탓에 화현된 무수한 각구일태극이 피조체 자리로 물러날 수밖에 없듯, 세상 위에 모습을 드러낸 하나님도 화현되어 역사한 하나님이다. 구약 성경에서 뜻과 의지를 드러내어 역사한 여호와(야훼), 즉 성부 하나님은 삼위일체의 중심인 절대 하나님이 아니다. 성부로부터 성자가 나왔고, 성부와 성자로부터 성령이 나온 것은 맞지만, 그것은 神적 본질의 이행으로 화신된 것이다. 성부도 세상을 통해 드러난 이상 화신된 하나님이다. 그렇다면? 삼위를 떠받친 뿌리 본체 하나님은 따로 계시다. 그 하나님이 곧 천지 창조 역사를 주관한 창조주이시라, 자체 본체를 氣化시켰지만, 바탕이 된 "氣의 본체는 영구 불변하여, 다양한 개별의 氣(삼위 하나님)가 소멸하더라도 본체 자체에는 아무런 증감이 없다."[9] 영구불변한 본체 理로부터 창조된 다양한 개별의 氣가 氣化, 곧 화현되었고, 화현된 이상 생멸 현상을 피할 수 없다는 것을 확실히 구분했다. 각 영역에서 타고난 생득설을 주장한 선현들이 적지 않지만, 이런 인식 유형도 알고 보면 모든 것을 이미 갖춘 통합 본체로부터의 출발과 최초 있음을 전제한 상태에서의 변화에 속한다. 최초 있음, 有,

---

9) 「주자학의 철학적 특성과 그 전개 양상에 관한 연구」, 앞의 논문, p.19.

하나를 만물 생성의 근본으로 삼은 것은 모두 말미암은 것 일체가 화현체란 사실과, 삼라만상이 **"화현"**으로 창조된 역사란 사실을 증거할 뿐이다.

이처럼 창조 본체의 유일성, 하나성, 불변성을 근거로 우리는 또 한 가지 베일에 가린 창조 역사의 실마리를 풀어낼 수 있는데, 아리스토텔레스가 구분한 형상과 질료 문제에 있어서 그것을 누가 어디에 근거해서 어떻게 창조했는가 하는 점이다. 여기서 '형상'은 플라톤의 이데아 개념에서 따온 것이고, '질료'는 물질과 뭇 존재를 이룬 바탕이 되는 재료, 곧 '사물을 이룬 본질'이다. 동양에서 말한 氣 개념도 존재를 이룬 본질이듯 질료는 물질, 존재, 사물 자체가 아니다. 현상적 관점에 머문 자들은 곧바로 물질이 어떻게 생겼는가, 혹은 창조되었는가 하고 묻지만, 이런 질문에 대해 "고대 바빌로니아의 창조 서사시에서는 神적 영과 우주적 물질이 함께 존재하며, 영원히 공존한다고 믿었고, 창세기의 창조 기사에서는 성령이 우주적 물질을 창조하고, 그것과 독립적으로 존재한다"[10]라고 하였다. 견해를 상호 비교할진대, 오히려 창세기 기록을 해석한 기독교적 창조론 관점에 문제가 있다. 하나님이 우주적 물질을 無로부터 창조한 것이라면 하나님이 이런 사실에 대해 직접 계시하고 인류가 하나님께 묻지 않는다면 물질의 창조 비밀을 알 방도가 없다. 더군다나 하나님이 창조한 물질과 독립되어 있다고 한다면 창조 비밀을 알 수 있는 고리를 완벽하게 차단해 버린 결과를 초래한다. 반면, 神적 영과 우주적 물질이 함께하고, 영원히 공존한다고 한 것은 일리 있는 견해이다. 따라서 중세 초기의 아우구스티누스가 질료와 형상을 無로부터 함께 창조했다고 주장한 것은 창조 과정을 더는 추적할 수 없게 한 명백한 오판이다. 그렇다면? 물질을 이룬 질료는 하나

---

10) 『창세기 격론』, 앞의 책, p.122.

님도 창조한 것이 아니다. 하나님의 몸 된 본체로서 이미 영구하게 존재한 상태인데, 창조된 역사 과정을 통해 이행, 氣化, 질료화되었다.[11] 하나님은 창조된 어떤 대상보다 선재한 본체자인만큼, 질료화된 창조 본체는 새롭게 창조된 것이 아니다. 하나님의 몸 된 본체로서 이미 존재했다.

창조 역사의 소프트웨어 구축에 해당하는 형상 역시 그러하다. 형상은 하나님의 창조 뜻과 의지와 목적이 질료에 영향을 미쳐 삼라만상 존재의 본성과 특성을 결정하였다.[12] 그러므로 형상과 질료는 모두 처음에는 존재하지 않았는데 하나님의 절대적인 말씀의 권능으로 창조된 것이 아니다 ("무로부터의 창조"-아우구스티누스). 이미 존재한 하나님의 몸 된 본체로부터의 변화 형상이다(뜻의 **"화현"**). 그래서 유교의 주자학이 성립시킨 '성즉리'는 존재의 근원을 理[본체]라고 하고, 존재하는 것은 理를 실현한 것이라고 함에(이천),[13] 理를 바탕으로 理를 실현한 性의 창조 결과에 理의 性化, 곧 화현이 있다. 性과 理의 즉함에 곧 본의에 입각한 이행 창조의 화현 비밀이 도사렸다. 理는 우주 만물의 본체이니, 그 본체로부터 창조된 화현의 결과체(증거)가 인간이다. 그래서 "하늘과 사람은 하나이며, 나뉘어 구별되지 않는다"[14]라고 믿은 것이 동양의 선현들이 지닌 기본적인 생각이었다.[15] 기독교 창조론과는 격이 다른 "본체로부터의 창조" 인식이다.

그렇다면 본체로부터 창조된 뭇 존재가 창조된 세계 안에서 화현된 존재로서 지닌 특성은 무엇인가? 본체 단계에서는 즉함이 성립되지만, 창조

---

11) 몸 된 본체=창조 본체=바탕 본체의 이행=존재 본체=理의 氣化=질료=사물의 본질.

12) 형상=하나님의 모든 창조 뜻(의지)과 목적과 계획.

13) 「정이천 리철학의 이론적 체계에 관한 연구」, 앞의 논문, p.40.

14) 『이정유서』, 권 2.

15) 인간 본성의 '성즉리'화는 이미 존재한 하나님이 품은 창조 뜻과 의지[理]의 결정체 자체임.

된 존재는 창조된 메커니즘 체제에 의해 변화를 입은 화현체인 만큼, 불변한 본체와는 확실하게 구분된다. 그 특성을 비교할진대, **바탕 본체는 창조 권능을 본질로 하고, 화현 본체는 필연적인 변화를 본질로 한다.** 다시 말해, 변화는 변화하는 그것이 본질이라, 아무리 변화하고 변화하더라도 변화를 통해서는 새로운 것을 창조할 수 없다.[16) 그래서 **"화현"**이다. 그림자는 물체에 근거해 발생한 것이므로 광원의 위치에 따라 늘어나기도 하고 줄어들기도 하지만, 그런 변화 요인이 물체 자체를 대신하거나 변하게 할 수는 없다. 또한, 모든 현상계의 변화는 있는 것이 변화한 것이고, 존재가 갖춘 잠재력을 발현시킨 것인즉, 절로 또는 스스로 새로운 에너지를 생성시키는 것은 불가능하다. 그래서 오늘날의 인류가 깨달아야 할 창조 본의에 입각한 화현 본질의 결론은 분명한 것이다. **만상의 변화 본질, 그것은 바탕이 된 창조 본체가 생성으로 이룬 결과 모습이다. 변화 자체에 모종의, 우연의, 절로에 의한 창조 권능은 없다.** 그런데도 우주여행 시대를 사는 현대의 내로라한 지성들이 변화를 주축 메커니즘으로 한 진화론의 신봉자란 사실은 인류 문명의 미래를 어둡게 한 종말 요인이다. 불가능한 것과 가능한 것을 구분하지 못하고, 넘어서는 안 되는 차원적인 경계선을 넘어선 상태라, 이 같은 참담한 무지 상황을 극복하고 깨우치는 데 열린 가르침의 사명 역할이 있다. 무명의 꺼풀을 벗겨내어야 만상의 무궁한 화현 모습을 보고, 그것이 바로 하나님이 천지 만물을 창조한 대결정 진리란 사실을 확인하게 되리라.

---

16) 변화의 종극은 소멸이며, 새로운 것을 창조할 수 없음.

2. 관계

친구 관계, 이성 관계, 친척 관계 등등. 앞에 부여한 명칭을 들으면 서로 간의 관계를 알 수 있지만, 면식 없는 사람끼리 대화를 나누고자 할 때는 물어보기 전에는 관계를 알 수 없다. 이 연구가 밝히고자 하는 관계는 후자의 경우라, 세상에는 존재하는 수많은 대상이 있는데, 그들은 과연 어떤 연관성을 가진 것인가? 그중 "이상주의자들이 논쟁한 주요 形而上學적 주제에는 부분과 전체, 소우주와 대우주, 그리고 일원론과 다원론의 관련성"[17] 여부가 있다. 일찍부터 문제의식을 가지고 해결하려고 노력하였지만, 여전히 답보된 상태로 있다. 이유와 원인이 무엇인가? 아무리 육지와 가깝게 보이는 섬이라도 다리가 없으면 독자적으로 존재할 수밖에 없다. 선천의 진리적 상황도 그러하다. 자체 영역을 탐구하여 진리를 일군 성과는 거두었지만, 관계를 밝혀서 연결하지 못한 탓에 부분과 전체, 소우주와 대우주, 일원론과 다원론이 따로 놀았다. 이런 영역뿐만이겠는가? 창조주와 피조체, 보편과 개별, 空과 色, 본체와 현상, 동양 문명과 서양 문명도 그러하다. 정말 무엇에 대해 무지해서이고, 부족해서이며, 해결하지 못해서인가? 가로 놓인 문제 앞에 본의를 모른 한계가 도사렸다. 그래서 이 연구가 주제로 삼은 **"관계"**는 곧 창조 관계이다. 창조된 여부를 밝혀야 '창조 방정식'을 풀고, 色과 空 사이의 다리를 연결하며, 하나님과 피조체 관계를 명확히 할 수 있다. 그 관계를 연결하는 실마리가 바로 하나님이 태초에 천지 만물을 창조한 역사 과정이다. 창조된 역사와 연관한 사실을 밝혀야 하나님이 이룬 천지 창조 역사를 온전히 증거할 수 있다. 그래서 창

---

17) 『교육의 철학적 이해』, 박준영 저, 경성대학교 출판부, 1998, p.22.

조한 역사 과정을 추적하는 것은 그대로 창조 역사를 증거하는 일환이고, 그것이 명확한 증거 근거이다. 천지가 창조된 사실을 증명하는 데 있어 본체와 만물 간을 연결해서 관계를 밝히는 것이 얼마나 어려웠는가 하면, 관계 추적은 세계의 창조 본질이 분열을 완료한 단계에서만 가능한 일이었고, 그만큼 때를 기다려야 하는 문제였기 때문이다. 관계를 밝히지 못한다면 '천지 창조론'을 영원히 완성할 수 없다. 이 같은 필연성을 인식한 주자는 말하길, "무극을 말하지 않으면 태극이 一物과 같아져 萬化의 근본이 되기에 부족하다. 또한, 태극을 말하지 않으면 무극은 공적함에 빠져 만화의 근본이 되지 못한다"[18]라고 하였다. 무극과 태극은 상호 관련되어 있고, 태극과 만물 간도 마찬가지이다. 이것은 形而上學적인 본체와 形而下學적인 현상이 따로 놀아서는 어떤 진리적 역할도 할 수 없다(공적 상태)는 뜻이다. 그만큼 서로 간에 제대로 된 진리적 역할을 할 수 있게 하는 데 창조 역사 밝힘이 있다. 그런데도 동시대의 육상산이 태극을 있게 한 무형의 理(무극)를 부정했던 것은[19] 비단 육상산 한 개인만의 견해가 아니다. 그런 관점을 취한 자가 지성사에서 비일비재했다. 인정했건 부정했건, 문제는 창조 역사로 이어진 족보를 모른 탓에 서로가 등을 돌린 채 지낸 세월이라고 할 수 있다. 그런 무지 상황을 동서양의 선현들이 수놓은 지성사를 통해 확인할 수 있다.

서양 중세 시대를 뜨겁게 달구었던 '보편 논쟁'이 바로 이런 문제와 연관이 있다. "보편자의 문제는 고대 철학에서부터 맥을 이어온 것이다. 플라톤의 이데아론을 기원으로 하여 아리스토텔레스를 거쳐 중세 보편 논

---

18) 『朱文公文集』, 권 36, 答陸子美.
19) 「중용사상 연구」, 앞의 논문, p.110.

쟁으로 이어진다. 이에 관한 중세 시대의 주요 쟁점이 실재론, 개념론, 유명론에 관한 주장이다."[20] 그중 실재론과 유명론은 대립한 양상이 철저했다. 즉, "실재론자는 이데아나 동물 같은 보편 개념이 실재한다고 했고, 유명론자는 보편 개념이란 개별자에 공통된 속성이거나 여러 가지 개체를 하나로 묶어 붙인 이름일 따름이라고 했다."[21] 이 연구는 어느 쪽에도 손을 들어 줄 수 없다. 모두 본의를 온전하게 알지 못했고, 내세운 나머지 앎마저도 편향되었다. 그것을 지적함과 함께 판가름할 기준을 마련해야 하는바, 보편 논쟁도 결국은 본체(보편)와 현상(개체) 사이를 연결하는 창조 문제에 속한다. 동양의 이일분수설은 어느 정도 실마리를 찾은 상태라고 말했지만, 서양의 보편 논쟁은 어떤 실마리도 찾지 못한 상태이다. 보편은 과연 실재하는가, 실재한다면 어디에 존재하는가, 바탕이 된 창조 본체, 태극 본체, 선의 이데아가 초월적, 절대적이지만 창조된 탓에 각구일태극으로 만물화되었다고 한 '이일분수설'이 정답이다. 다시 정리하면, 보편은 본체로서 실재함과 동시에 홀로 절대적인 존재가 아니다. 창조 권능을 발휘한 탓에 결과체인 개물 속에서 실현되고 구현되어 사물을 이룬 바탕 본질로서 내재한 것이다. 이런 관계를 밝혀 다리를 연결하는 데 있어 중요한 역할을 하는 것이 바로 천지 창조 역사이다. 이데아, 동물 같은 보편 개념은 그런 개념만으로 존재하지 않는다. 결코, 이름만이 그렇게 부르는 것이 아니다. 그런데도 이름뿐이라고 본 것은 실체 접근에 있어 본체를 직시하지 못하고, 사고적인 판단에만 의존한 탓이다. 따라서 실재론은 보편(본체)의 창조 역할만 앞세워 개개인 속에서 실현된 구체적인 창조 결과를

---

20) 「콰인의 보편 논쟁」, 강정현 저, 이화여자대학교 대학원, 철학, 석사, 1983, p.iv.
21) 『철학의 모험』, 앞의 책, p.122.

밝히지 못한 것이 문제이고, 유명론은 실재의 창조 역할을 아예 무시하고 현재 존재하고 있는 것, 경험적으로 파악할 수 있는 것만 인정한 탓에 보편에 대해 아예 관계를 맺을 수 있는 실재 대상으로 여기지 않은 것이 문제이다. 이런 사고적인 판단과 관점을 가진 서양 문명이 도달할 종착이 어떻게 될 것인가 하는 것은 미루어 짐작할 수 있다. 논쟁 과정에서도 점입가경인 "보편이 우선해서 존재한다고 한 실재론과 개체가 우선해서 존재한다고 한 유명론"[22] 간의 대립 양상은 마치 부모를 모르는 형제가 원수처럼 다툰 격이다. 보편과 개체는 본체적인 측면에서 보면 같은 것이라고 할 수 있고, 생성적인 측면에서 보면 원인과 결과 간의 관계이다. 시간상으로는 시작이 끝이고 끝이 시작이다. 통합된 바탕 본체로부터의 생성이자 구분이라, 양쪽이 맺고 있는 관계란 실로 돈독한 상태이다. 그만큼 보편 논쟁은 일련의 문제의식 자체가 본의에 대한 무지와 창조 역사를 간과한 탓에 단절된 한계성의 적나라한 노출이다.

이미 지적했듯, 보편 논쟁은 풀이하고 보면 결국 창조에 관한 문제이며, 창조 바탕과 그로부터 말미암은 만물과의 관계 문제인데, 당시로서는 해결할 수 있는 길이 없어 엉뚱한 곳에서 답을 구하고자 했다. 이 보편자에 관한 논쟁은 포르피리오스(Porphyrios)가 제기한 세 가지 논점에서 시작되었다. "먼저, 종(種)과 속(屬)은 독립적인 존재인가, 아니면 사상 속에 존재하는 것인가? 두 번째 논점은 만약 독립적인 존재라면 과연 유형인가, 무형인가? 마지막으로 종과 속은 감각 사물과 분리된 존재인가, 아니면 감각 사물 속에 존재하면서 그들과 밀접한 관련성을 가지는 것인가?"[23] 이

---

22) 『유교는 종교인가(1)』, 앞의 책, p.38.

23) 『지도로 보는 세계사상사』, 앞의 책, pp. 183~184.

것은 그야말로 창조에 관한 질문으로서 창조를 통하지 않으면 답할 수 없고, 또 해결할 수 없다. 그런데도 중세 시대는 물론이고 현시대에서조차 문제의 본질을 간파하지 못한 상태는 여전하다. "고대 로마 말의 철학자이자 사상가로서 격동의 시대를 산 보이티우스(Boeithius)도 그런 조건을 벗어나지 못한 선천 지성 중 한 사람이다. 보편자의 문제를 두고 고심한바, "종과 속을 구성하는 것은 개체 간의 유사성이며, 보편자는 개체 간의 결합으로서만 형성되는 유일무이한 것이라고 보았다. 그리하여 보이티우스는 유사성과 보편자는 분명 다른 것이라고 명확히 구분했기 때문에 보편자는 다른 일반 사물에서는 얻을 수 없는 것이란 정의를 내렸다."[24] 보편자의 창조 본체 역할을 알지 못하였고, 개체 간의 유사성과 개체 간의 결합 등 드러난 존재와의 관계만으로 사고적, 논리적으로 접근한 탓에 보편자를 다른 일반 사물과 단절시켜 버려 서양 문명의 사상적 미래 방향을 어둡게 했다. 전적으로 보편자의 창조 역할에 대해 무지한 결과라, 중국의 육상산이 무극의 태극과의 관계를 단절시키고, 무극이 존재한 사실을 부정한 것과 같다. 바로잡는다면, 종과 속이 독립적인 존재인가, 사상 속에 존재하는가 하는 것은 질문 자체가 틀렸다. 종과 속의 독립성과 관계성 여부는 사상적, 철학적 문제가 아니다. 창조 역사가 판가름해야 할 영역이다. 따라서 종과 속이 독립적인가, 연관적인가 하는 것은 동양의 선현들이 고심한 '이기불상잡'과 '이기불상리' 논리 속에서 실마리를 찾을 수 있다. 또한, 독립성을 전제했을 때의 '유형인가, 무형인가' 하는 것은 종(보편)은 바탕 본체인 탓에 무형이고, 속은 그것이 창조 역사로 드러난 탓에 유형화되었다. 나아가 종과 속은 감각 사물과 분리된 존재인가, 감각 사물 속에

---

24) 위의 책, p.184.

존재하면서 밀접한 관련을 두는가 하는 것은, 이제 이 연구의 설명 없이도 모두가 가늠할 수 있어야 한다. 그것은 판단하는 관점을 달리해야 하는바, 본체(종)와 만물(속)이 분리된 것은 하나인 통합 본체가 창조 역사로 인해 구분된 것이고, 감각 사물 속에 존재하면서 함께한 것은 창조된 결과체로 본체가 이행되어서이다. 이런 이유 탓에 종과 속은 떼려야 뗄 수 없게 연관되었다고 할 수 있다. 이 모든 것이 곧 창조된 본의 관점에 근거한 해결 실마리이며, 기준에 의한 판가름이다.

이처럼 서양인들이 쌓아 올린 지성사는 창조 문제에 있어서 인식 수단과 접근 방법이 하나님의 창조 본의와 동떨어져 있다 보니 치열한 논쟁을 벌이다가 지쳐버린 상태라면, 동양의 선현들은 본체론적 입장에서 어느 정도 근접은 했지만, 핵심 된 실마리(본의)를 찾지 못해 후세대로 완성 배턴을 넘긴 상태이다. 중국의 주자학이 조선의 성리학자들에 의해 심화된 것은 이미 확인된 사실이다. 즉, 주자가 理氣론을 논한바, 율곡 역시 그렇게 논한 理氣론에 근거해서 理와 氣와의 관계를 더욱 상세하게 밝혔다. 이것을 본의 관점에서 본다면, 율곡이 理를 무형, 무위의 形而上學자로서 일체 존재가 그러한 존재일 수 있는 까닭으로 말한 것은 氣와의 관계에 있어 理의 바탕 본체 역할을 말한 것이다. 모든 존재가 그러한 존재일 수 있는 까닭으로 理를 자리매김했다는 것은 능히 창조 因으로서 가진 역할이다. 모든 존재는 그냥 존재한 것이 아니다. 그것이 곧 창조 역사에 대한 필연적인 조건에 관한 각성이다. 이런 이유로 "理는 氣의 주재(主宰)가 되고, 氣는 理의 탈 바가 되나니",[25] 이 말은 理와 氣와의 창조 관계를 분명하게 연결 지은 것이다. 여기서 주재란 바로 理가 지닌 창조 권능

---

25) 『국역 율곡전서(Ⅲ)』, 한국학중앙연구원, 2006, p.78.

이다. 그런데도 理는 무형이며 무위한 탓에, 그렇게 존재한 실체만큼은 그로부터 말미암은 氣를 통해 드러날 수밖에 없다. 그래서 氣는 理의 탈 바라고 했다. 理의 본체적인 역할과 초월적인 특성에도 불구하고 창조된 세계 안에서는 理를 태울 수 있는 승용차가 필요했다는 뜻이다. 그래서 발하는 것은 氣이며, 발하는 까닭이 理이다. 氣가 아니면 발할 수 없게 되고, 理가 아니면 발할 바가 없게 된다. 理와 氣는 본래 하나의 존재 양상으로 있었다.[26] 理와 氣가 창조로 연결된 필연적인 관계를 밝힌 것이 아니고 무엇인가? 그래서 理氣론은 동양적 창조론이다. 理가 이행된 탓에 그렇게 창조된 대상 안에서는 氣의 도움 없이 理만으로서는 理가 드러날 수 없게 되었다. 理가 氣를 탄다는 것은 아리스토텔레스가 말한 것처럼 존재 안에서 형상과 질료가 함께한다는 관점이다. 그런데도 氣를 이행시킨 理의 창조 역할은 분명하다. 氣를 발하는 까닭이 理라고 한 것은, 까닭 속에 理가 氣를 발할 수 있는 창조 계획, 창조 원리, 창조 시스템을 모두 함축한 창조 본체를 말한 것이다. 까닭=이유이고, 이유는 뜻이며, 뜻은 창조 원리로서 구체화되었다. 理와 氣와의 관계 밝힘을 통해 천지 만물이 창조된 역사 사실을 증거하고, 그 같은 사실을 밝힌 준엄한 논거가 바로 동양의 선현들이 고심한 理氣론이다. 그런데도 이것만으로서는 부족한 것이 있으니, 이 단계에서 보완해야 할 것이 있다면 그것은 무엇인가?

理氣론을 펼치는 과정에서 양분된 이기불상리와 이기불상잡 관점을 통합하는 과제이다. 理와 氣는 결코 섞일 수 없다는 것이 불상잡이고, 理와 氣는 결코 떨어질 수 없다는 것이 불상리인바, 이것은 외나무다리에서 만

---

26) 「코메니우스와 율곡의 교육론에 관한 비교 연구」, 윤기종 저, 강남대학교 대학원, 신학, 박사, 2007, p.40.

난 원수지간처럼 양립할 수 없는 관점이다. 그런데 어떻게 통합할 수 있단 말인가? 대립이 불가피한 조건 속에 갇힌 것은 전적으로 창조 역사에 무지해서이다. 이런 문제는 더 나아가 본체와 현상 간, 피조체에 대해 하나님이 절대 초월적이라는 기독교 신앙, 그리고 신즉 자연이라고 한 스피노자의 범신론적 신관이 모두 해당한다. 왜 기독교는 하나님과 피조체를 절대적으로 구분했고, 이기불상잡처럼 서로 섞일 수 없다고 한 것인가? 명백히 창조 역사와 단절되어서이다. 창조 역사가 하나님과 피조체를 연결하는 다리인데, 없으니까 창조주와 피조체 사이에 결코 건널 수 없는 차원의 강이 생겨버렸다. 한편, 범신론과 이기불상리의 경우도 같은 조건인 탓에 하나님(理)과의 초월적인 창조 권능과 피조체 사이가 단절되어 버렸다. 이일분수설에서 말한 통체일태극인 본체 역할은 간과하고, 관점이 각구일태극에 국한되었으며, 단일한 차원 안에서 필요한 조건을 모두 충족시키려 하였다. "道라는 것은 잠시도 떠날 수 없으니, 떠날 수 있다면 道가 아니다"[27]라고 하므로 관점이 창조된 세계 안에 머물렀고, 제한되었다. 그렇게 주장한 이유와 원인은 분명하니, 이기불상잡과 이기불상리 사이에 있는 창조 과정을 빠트린 만큼의 단면적 인식인 대립, 논쟁, 그리고 관계 단절이 있게 되었다. 하지만 창조된 역사 과정을 복원하고 정상화한다면 회복되어 理는 理대로 氣와의 관계에 있어서 불상잡한 이유를 알 수 있고, 氣는 氣대로 理와의 관계에 있어서 불상리한 이유를 밝혀 결국은 하나님이 천지 만물을 창조한 사실을 증거하는 논리로 인준될 수 있다.

그리고 또 한 영역인 인도 문화권에서 결론 내린 梵我一如 사상도 알고 보면, 梵=창조를 이룬 근원 본체이고, 我는 그로부터 창조된 피조체로써,

---

27) 『대학 · 중용 집주』, 성백효 역주, 전통문화연구회, 1993, p.60.

그것이 一如, 즉 하나란 말이다. 이것은 동일 문화권인 불교에서 말한 '색 즉시공 공즉시색' 법문과도 다르지 않다. 방대하고 심오한 문서로 기록된 우파니샤드 철학도 결론만큼은 명백하다. 대우주의 본체와 소우주인 개인의 본체는 같다.[28] "대우주의 근원을 물어 도달한 브라만과 개인의 본체로서 알게 된 아트만(소우주 원리)은 본질에서 같다(일원론)."[29] 그러니까 "나의 밖에 펼쳐진 광활한 우주의 실체와 나의 안에 펼쳐진 자아의 본질은 궁극으로 하나이다"[30]라는 뜻이다. 만 존재의 본질이 같고, 한 본질인 탓에 만 존재의 본질과 나의 본질은 같다. 이런 주장이 시사하는 것은? 곧, 만 존재가 어떤 바탕에서 어떻게 창조된 것인지를 말한 것이다. 그런데도 지성들은 축약된 '브라만(범)=아트만(아)'이란 창조 등식을 여전히 풀지 못한 상태이고, 창조에 관한 결과 등식이란 사실에 착안하지 못했다. 수십 세기가 지났지만, 공식 외우듯 암기만 하고 비밀스럽게 전수했을 뿐, 무엇 하나 심도 있게 통찰을 진척시키지 못했다. 그 본의란 과연 무엇인가? 바로 창조 역사 영역이며, 창조 과정에 관한 지혜이다. 梵과 我와의 관계 설정에 있어서 바탕이 동일하다는 점은 직시했지만 그 이유, 곧 어떻게 같은 것인가 하는 본의를 모른 탓에 더는 설명하지 못했다. 전해진 가보 보따리를 풀어 보지 못하고 계속 후세대로 넘기기만 한 격이다. 만 본질이 한 본질이고, 만 원리가 한 원리인 것은 우주 만물이 그와 같은 본질 바탕과 원리로서 창조되었다는 뜻인데도, 그들은 현재 존재한 단일한 차원 영역 안에 머물러 있어(현상적 일원론) 다람쥐 쳇바퀴 돌 듯 관점과 인식 면에서

---

28) 『우파니샤드』, 앞의 책, pp. 12~13.

29) 위의 책, p.502.

30) 『지적 대화를 위한 넓고 얕은 지식』, 앞의 책, p.200.

아무 진척이 없었다(초월적인 본체 영역으로 진입하지 못함). 본의를 깨우쳐야 하나니, 잘못된 생각을 바로잡는다면, **梵은 우주 전체가 아닌 대우주를 있게 한 창조 본체가 되어야 하고 空은 무아, 무자성이 아닌 대우주를 있게 한 통합 본체가 되어야 한다.** 그리해야 梵과 我가 왜 궁극적으로 동일한 본질체인지 이유를 알고, 관계를 정상화해서 창조 등식을 성립할 수 있다. 그러니까 앞의 등식(범아일여)은 그럴싸한 등식처럼 보이지만, 조건을 잘못 설정한 탓에 도무지 풀 수 없는 식이 되고 말았다. 이것이 인도인이 모든 인식 조건을 갖추고도 창조된 본의를 깨닫지 못한 핵심 원인이다. 그래서 하나님이 이 땅에 강림하시어 열린 가르침의 문을 열고, 일체 무지를 깨우치고 계신다. 만 원리는 한 원리임에, 이것을 유일한 하나님이 본체를 근거로 결정한 창조 원리가 전격 뒷받침하고 있다.

그러므로 우리가 만 근본과 만 원리를 동일하게 인식하고 귀결 짓는 것은 그렇게 해서 결과지어진 창조 세계를 판단한 것이다. '만물 일체설'도 마찬가지이다. 일체로 결론지은 것은 그렇게 할 수 있게 한, 바탕 본체가 그러하기 때문이다. 단지 바탕 된 본체는 창조 역사를 실현하기 이전이므로 통합적인 형태로 존재한 것이고, 만물 일체는 만물이 창조 역사로 낱낱이 분화되고 분열한 탓에 다시 통합해서 일체화한 인식이다. 그래서 覺者는 "제법(모든 현상)의 실상(본질)은 일체라, 구분할 수 있는 것이 아니다"[31]라고 하였다. 관계로 치면 제법과 실상을 즉방으로 연결하고 일관한 각성 통찰이다. 창조 이전인 본체 상태를 구분할 수 있어 그렇게 존재한 본질이 한 몸, 한통속, 하나로서 원인과 결과가 함께한 사실을 알게 되며, 우리가 애써 구분하고 있는 씨앗과 열매도 사실은 일체이다. 梵과 我

---

31) 『동양철학을 말한다』, 앞의 책, p.317.

만 一如인 것이 아니다. 이행되고 화현된 것일 뿐, 만상과 我를 있게 한 창조 본체도 一如이다. 하나님이 모두와 함께 일체이다. 만물하고만 일체인 것이 아니다. 본체와 현상, 色과 空이 동일하게 일체이다. 이 같은 통합적 판단을 가능하게 하는 것이 곧 창조 역사로 연결된 하나님과 피조체와의 정당한 관계 설정 때문이다. 그리해야 삼라만상 일체가 제자리를 잡을 수 있다. 그러기 위해 차원을 달리한 본체와 현상, 색과 공이 선천 세월이 다 하도록 분열을 거듭했다. 그 결과 서양이 과학을 통해 물질문명을 만개시킨 오늘날은 바탕이 된 동양의 본체 진리가 과학 진리를 수용해서 천지 만물이 창조된 사실을 증거할 수 있게 되었다. 창조 역사가 진리로서 증거됨으로써 하나님이 창조 본체를 완성하여 강림하실 수 있게 된 것이다. 하나님과 피조체와의 관계가 바르게 설정되는 것은 물론이고, 초월적인 하나님이 세계 안에서도 차원이 다른 경계를 자유롭게 넘나들 수 있게 되었다. 그 자리를 일찍이 동양의 노자가 마련해서 예비해 두었다는 것은 통찰한 안목이 놀랍기만 하다. 그는 "道가 만물 생성의 원동력이고, 생성된 만물 속에 있는 성질임과 동시에 만물을 초월해서 독립 자존하는 形而上學적 주체로서의 성질"[32]이라고 했다. 이것은 도[神]가 거한 어김없는 존재 공간이자 활동 영역이고, 피조체인 만물과의 정당한 관계 설정이다. 하나님은 세계로부터 초월해 있음과 동시에 세계 안에 거하고, 세계를 직접 구성한 근본 된 창조주이시다. 바탕이 된 하나님이 정위함으로써 방황하는 인류 역사도 정위할 수 있다. 지난날은 하나님의 창조 본체가 드러나지 못하고, 창조 본의에 무지한 탓에 하나님과 인류와의 관계가 소원하였고 문명, 역사, 진리, 가치 등 모든 영역에서 본말이 전도된 판단을 하였다. 이것

---

32) 「불교와 노장철학에 관한 일고찰」, 김항배 저, 철학사상, p.23.

을 이 땅에 강림하신 하나님이 열린 가르침으로 바로잡고자 하신다. 하나님의 이 같은 준엄한 뜻을, 때가 이른 오늘날 '동양 본체론'이 진리적으로 뒷받침하고, 능히 서양의 기독교 신학을 대신하게 될 것이다. 문명의 대전환기를 맞이하여 동양 문명과 서양 문명 간의 잘못된 진리 역할을 바로잡게 되리라.

3. 법칙

천지와 만물과 인간이 어떻게 생겨났고 또 존재하게 되었는가 하는 문제를 푸는 것은 사고하는 인간에게 있어서 피할 수 없는 지적 과제이다. 그래서 지성들은 고금과 동서를 불문하고 수많은 경우의 수를 따지면서 추적하고 확인한 지적 탐구 발자취를 남겼다. 본 편도 그 같은 과정의 일환인바, 이전까지는 농부가 봄에 씨를 뿌리고 거름을 주는 데(생장) 주력한 것과 같은 것이었다면, 이제는 수확해야 할 때가 되었다는 입장에서 논거를 펼치고자 한다. 농부로서는 추수할 때이고, 하나님으로 치면 심판을 할 때이다. 본의를 밝힌 절차를 완수한 이상, 그 같은 성업을 근거로 무성한 세상 진리를 하나하나 판가름해야 한다. 겨울을 날 양식을 저장하고, 봄이 오면 다시 씨를 뿌릴 준비를 해야 하는 만큼, 가라지를 철저하게 가려내어야 한다. 분류 작업을 철저히 하기 위해서는 창조된 일체 결과물을 본의 관점에 따라 구분해야 한다. 왜 이처럼 판단 기준을 세워 창조 역사를 증거해야 하는가 하면, 지난날은 천지와 만물이 이미 창조되었음에도 제반 사실을 판단할 수 있는 기준이 세워져 있지 못했다. 내로라한 지성인조차 결정된 법칙성을 확인하고서도 즉각 창조 역사를 증거하는 근거로 연결하지 못했다. 세상 법칙=창조 법칙=천지 만물이 창조된 증거인 사실을 인지하지 못했다. 아인슈타인이 유명한 '상대성이론'을 발표하자 이것이 유대인들에게 우호적인 미국에 나쁜 영향을 끼칠 것을 두려워한 한 랍비(헐버트 골드스타인)가 급히 전보를 보냈다. "당신은 神을 믿습니까?" 이전까지 기독교인은 우주가 神의 말로써 한순간에 창조되었다고 믿었다. 여기에 대해 아인슈타인의 답신은 "나는 스피노자의 神을 믿습니다"[33]였다. 무슨 말인가 하면, 우주 운행과 자연의 법칙이 오묘한 데 대해 그것이 神性의 발현인 것은 생각할 수 있지만, 그렇게 한 초월적인 하나님과 창조주적 역할은 인정할 수 없다는 말이다. 무엇이 문제인가? 인류가 세상을 통해 아무리 수많은 지식을 축적하고, 우주와 자연에 대해 확고한 원리와 법칙을 발견하더라도 창조를 모른다면 하나님도 알 수 없다. 이런 무명 상태를 정말 어떻게 할 것인가? 문제를 해결하기 위해 이 연구는 세상 법칙과 원리를 통해 그것이 곧 천지가 창조된 사실의 결과물인 것을 연결하리라. 증거하는 데 목적이 있다기보다는 무지를 깨우쳐 인류를 하나님에게로 인도하는 것이 주된 목적인 만큼, 진리적으로 확인한 세상 이치를 통해 그것이 바로 하나님이 천지를 창조한 결정 법칙이란 사실을 밝히리라. 현상계의 특성=피조체의 특성=창조의 결정 특성인 것을 추적해서 판단할 수 있는 안목을 가지게 하는 것이 열린 가르침이 가진 본연의 목적이다. 그러기 위해서 이 연구는 하나님의 창조 본의를 근거로 세상 이치를 판단할 수 있는 기준을 세우고, 열린 가르침으로 판단할 수 있게 해야 한다. 그 기준과 제반 과정은 밝힌 바대로 결코 둘이 될 수 없다. 창조 역사의 하드웨어에 해당한 만물, 만상과 소프트웨어에 해당한 법칙, 원리, 진리, 이치

---

33) 『인간의 위대한 질문』, 배철현 저, 21세기북스, 2015, p.19.

는 창조 역사로 드러난 결과물이라, 그렇게 해서 결정된 세계의 분열성, 이치성, 구조성, 변화성, 생성성, 질서성을 일관하는 것이 "본체로부터의 창조"에 입각한 하나, 유함, 불변, 영원, 선재, 통합, 이행 특성이다.

"물리학자 스티븐 와인버그는 1990년 무렵, 관측된 암흑 에너지의 밀도가 왜 하필 70%가량이 되는지 설명하기 위해 '인간 중심 원리'를 제안했다. 이 원리는 우리가 하필이면 왜 이러한 상태의 우주에 존재하는지를 인간의 존재로부터 역으로 추론하는 설명 방식이다."[34] "이에 대해 창조론을 옹호한 종교인들은 이 미세조정 제안이 환영할 만한 논쟁점이었다. 그들은 이것이 神이 우주에 개입한 결정적 증거라고 생각했다. 하지만 그 결과는? '다중 우주론'이 나와 미세조정은 神에 의한 조율도, 단순한 우연도 아니다. 이것은 우주가 무수히 많으므로 발생하게 되는 필연이라고 하면서 부정했다."[35] 이것은 창조 역사를 증거하는 것이 쉽지 않다는 뜻이다. 자가용을 운전하는 것도 아닌 것이 대우주를 조정해서 창조했다는 것은 설사 사실이라고 해도 증거하기가 어렵다. 사실 여부를 떠나서 증거하기가 거의 불가능하다는 것은 정작 그 원인이 가까운 데 있다. 천지가 창조된 사실, 그것이 유일한 진실인데, 창조만큼은 의도적으로 부정하고 회피한 데 있다. 찾는 물건이 자신에게 있는 줄도 모르고 다른 곳에서 찾는다면 세상을 다 뒤져도 찾는 것이 불가능하다. 왜 와인버그는 자신이 관측한 결과를 토대로 우주가 미세 조정된 것 같다고 추측했는가? 우주가 창조된 이상 그렇게 해서 결정된 모든 물리적 수치는 하나일 뿐이다. 그 같은 사실 탓에 와인버그는 "왜 하필"이란 의문을 품었다. 그런데도 그처럼 진실

---

34) 『지적 대화를 위한 넓고 얕은 지식』, 앞의 책, p.81.

35) 위의 책, p.80.

을 말하고 있는 미세조정 이유는 밝히려고 하지 않고 엉뚱한 곳에서 원인을 찾은 것은, 그렇게 판단한 생각과 관점이 문제이다. 거의 근접한 경우의 수는 거부하고 굳이 다른 이론을 앞세웠는가? 창조 역사와 하나님이 존재한 사실을 인정하기가 그렇게도 어려운 것인가? 이런 부정적 인식과 무지가 인류 역사를 종말로 치닫게 한 원인이다. 창조 역사를 부정한 탓에 증거하는 문제도 풀 길이 없었지만, 창조가 사실이라면 그것을 증거하는 것 또한 지혜를 다해 고민해야 하는 문제이다. 본의를 깨치면 가능한 일이므로 이 연구가 정말 지혜를 다해 지금까지의 논거 과정을 거쳤다. 창조 사실을 증거할 수 있는 조건을 비로소 갖춘 것이다.

가설을 설정해서 관찰과 실험을 거쳐 진리성 여부를 확인하는 과학이란 학문은 자연 현상 속에 숨어 있는 원리 법칙을 발견하는 데 적합한 방법이다. 마찬가지로 기독교인은 하나님이 태초에 천지를 창조했다고 주장하지만, 그런 사실을 확인하고 진리로서 증거할 수 있는 합당한 방법은? 미처 구안하지 못한 것이라기보다는 세계적인 조건을 갖추지 못한 탓에 믿음으로 유지할 수밖에 없었다고 할 수 있다. 지적했듯, 창조 본의를 밝히고 확인하기까지는 하나님의 통합 본체로부터 구조화된 色(물질)과 空(본질) 영역이 분열을 완료해야 한다고 했거니와, 그런 때가 도래해야 우리는 비로소 천지가 창조된 사실을 色(과학)의 진리와 空(철학, 形而上學)의 진리를 상호 대조해서 확인할 수 있다. 色을 이룬 진리는 空의 진리를 통해, 또한 空을 이룬 진리는 色의 진리를 통해 확인할 수 있을 때, 만인은 비로소 그것이 곧 하나님의 본체로부터 말미암은 창조 진리란 사실을 알게 된다. 혹자는 말하길, "영적인 세계관에서 보면 창조의 바탕에는 숨은 전체가 있으며, 궁극적으로 보면 가장 중요한 것은 바로 이 비가시적인 전체"[36]라고 하였다. 선천에서는 창조 본체가 드러나지 못한 상태이므로 숨은 전체(비가시적인 전체)로 표현했고, 사실은 가시적인 전체보다도 이것이 더 중요하다고 하였다. 그래도 본의가 드러나기 이전의 관점에서는 그 가시적인 전체가 바로 경험을 통한 판단 기준이다. 마치 진주 남강의 유유히 흐르는 수면 위에 비친 촉석루의 아름다운 모습처럼, 촉석루와 수면 위에 비친 촉석루 모습은 정확하게 대칭을 이루고 있다. 현상적인 모습의 투사가 수면 위에 비친 촉석루의 모습과 같다. 남강 수면 위에 밀양의 영남루가 비칠 리 만무하다. 단지 하나님의 지상 강림 본체가 드러난 지금은 그렇게 비추고 반영시킨 주체가 달라진 것뿐이다. 이전까지는 촉석루가 주체라, 촉석루가 그곳에 세워져 있기 때문에 수면 위에도 모습이 비칠 수 있듯, 이전까지는 숨어 있었던 창조 본체(비가시적인 전체), 그것이 촉석루 역할을 대신할 주체이자 근원이다. 현상은 창조 본체가 지닌 제반 특성의 반영이며 구현이다. 본의 관점에 입각할진대, 이전에는 선현들에 의해 산발적으로 시도되기는 했지만, 본체적 특성을 규합해서 일관시키면 그것이 바로 제 현상을 일으키고 천지 만물을 있게 한 창조 역사를 증거하는 판단 기준이 된다. 본체와 현상은 어김없이 상호 짝을 이룬 상태라, 이런 사실을 대조해서 확인하는 것이 하나님의 창조 역사를 증거하는 지혜로운 방법이다. 창조된 탓에 바탕을 이룬 본체와 현상화된 만물은 구조적, 이치적, 본질적으로 짝을 지었나니, 이런 특성을 확인하면 어김없이 일치한다. 쌍둥이 형제가 걸어가는데 전혀 그런 사실을 모르고 있는 우리가 쌍둥이 형제란 사실을 눈치챌 방법이 있다면? 함께하고 있다는 사실만으로서는 어렵

---

36) 『세계관의 전쟁』, 앞의 책, p.24.

다. 하지만 얼굴을 보니까 서로 닮았다는 것, 이것은 그들이 쌍둥이 형제란 사실을 짐작하고 또 확인할 수 있는 근거가 된다. 창조 사실을 확인하는 방법도 이와 같다. 본체와 현상이 대칭을 이루고 구조적으로 일치된다면, 이것이 천지 만물이 본체로부터 창조된 사실을 알 수 있는 판단 근거가 된다. 여기저기에 비슷한 모양과 형질을 가진 사물과 종이 있다면 그것은 반드시 그처럼 생겨나게 한 기본적인 틀이 있다. 쇳물을 부어 만든 가마솥은 모양과 크기, 심지어 무늬까지 똑같다. 하나인 주형틀 안에서 전혀 다른 가마솥이 만들어질 수는 없다. 창조 역사도 그와 같다. 그런데도 이전까지는 같은 특성이 있는 종에 대해 그렇게 존재하게 한 창조 틀이 있다는 사실을 전혀 고려하지 않았다. 틀이 없는데 같은 종이 생겨난다? 있을 수 없는 일인데, 진화론은 오히려 틀을 파괴하는 쪽을 선택했다. 그렇다고 달리 무엇을 탓할 것도 없다. 세계적인 조건상 지난날은 누구도 기본적인 주형틀, 본체 틀, 창조 틀을 발견하지 못한 상태이다. 그래서 세상이 그냥, 절로, 혹은 진화적으로 존재한 것으로 여겼다. 그런데 때가 이른 오늘날 만물과 만상을 생산하고 형태 지은 주형틀을 땅속 깊은 곳에서 찾아내었다면? 천지가 어떻게 해서 창조되었는가 하는 발자취와 만물이 바로 그 창조 틀(본체)로부터 존재하게 되었다는 사실을 추적할 수 있다. 무형의 본질적인 창조 역사 작용을 드러난 현상적인 특성을 통해 증거하는 방법을 통해…… 마치 실험과 관찰을 통해 합리적인 가설을 증명하는 것처럼……

　이런 측면에서 본다면 존재의 근원을 밝히고자 한 동양의 理氣론은 기독교 창조론이 제시하지 못한 창조 틀을 구조화했다는 사실을 인정해야 한다. 조선의 율곡이 "理는 무형한 것이기 때문에 언제 어디서든지 통할 수 있고, 氣는 유형한 것이기 때문에 언제 어디에서든지 국한된다. 따라서 理는 보편성을 갖는 것이지만, 氣는 특수성을 갖는다"[37]라고 구분했다. 율곡이 理가 무형인 데 비해 氣는 유형이라고 하여 대조한 것은 창조 뜻이 잠재된 상태와 구체화한 상태, 곧 그처럼 이행한 상태에 관한 규정 인식이다. 물질적, 존재적인 유형화가 아니다. 아울러 창조 목적이 입안된 단계는 무형이고, 뜻의 결정으로 목적이 드러난 단계는 유형이다. 그래서 理는 어디서든지 통하고, 氣는 어디서든지 국한된다. 촉석루 전경이 남강의 수면 위에 비치면 짝을 이루는 것처럼 무형 대 유형, 이통 대 기국으로 구조적으로 대조시킨 것은 창조 역사를 증거하는 데 있어 가일층 근접한 인식이다. 하지만 이것은 창조 역사를 이룬 결과 상태에 대한 대조일 뿐이라, 창조 역사를 확실하게 증거하는 본체적 근거 면에서는 부족함이 있다. 그런 만큼 율곡도 理氣를 바라보는 관점에 있어서 초점을 명확하게 잡지는 못했다.

> "理와 氣는 二物도 아니요 一物도 아니다. 一物이 아니라는 것은 하나이면서 둘이요, 二物이 아니므로 둘이면서 하나이다. 一物이 아니라는 것은, 理와 氣가 서로 떠날 수 없더라도 묘합하는 가운데 理는 理요 氣는 氣로서 서로 섞이지 않으므로 一物이 아니다. 二物이 아니란 것은, 비록 理는 理요 氣는 氣라고 할지라도 혼륜하여 간격이 없어서 선후도 없고 이합(離合)도 없으니, 異物이 아니다."[38]

---

37) 「코메니우스와 율곡의 교육론에 관한 비교 연구」, 앞의 논문, p.40.

38) 『전서』, 권 10, 서 2, 答成浩原.-『율곡의 사상』, 이준호 편역, 현암사, 1975, p.20.

이것은 하나인 본질이 창조 과정을 통해 이행된 탓에 처한 위치에 따라 一物이 되고 二物도 된 것인데, 그것을 알지 못한 상태에서는 관점이 고정될 수 없어(朝三暮四), 이런 조건으로서는 창조 역사를 증거하기 어려운 문제가 있다. 氣는 말 그대로 理를 태워 이동시키는 현상의 배라, 창조된 사실을 증거하는 데 있어 판단할 수 있는 기준이 유동적이다. 확실하게 짝을 맞추어 증거하기 위해서는 존재한 본질이 분열을 완료함으로써 드러난 현상적 특성과 대조할 수 있어야 한다. 아울러 창조 틀에 해당한 理 역시 무형, 이동한다고 한 규정만으로서는 창조 본체로서의 특성을 모두 개화시키지 못한 상태이다. 그래서 양쪽이 구조적으로 짝을 이룬 사실을 확인하기 위해서는 하나님이 보혜사 진리의 성령으로서 계시한 본의 밝힘 역사가 있어야 했다. 그것이 지금까지 논거를 둔 **"창조 본의론"**의 대의이거니와, 본의는 지적한 대로 "본체로부터의 창조"에 근거한 것이고, 창조 역사를 실현한 핵심 메커니즘은 **"하나 창조 원리"**에 있다. 창조된 뭇 대상은 만물, 만형을 이루고 있지만, 그렇게 한 주형틀은 오직 하나이다. 그 이유는? 하나님의 창조 본체는 영원하다. 변할 수 없기 때문이다(불변). 그와 같은 본체적 특성을 이행시키고 화현시켜 유형화, 구조화, 실행화, 구체화, 존재화, 시스템화한 것이 바로 천지 창조 역사이다. 그래서 하나인 동일 특성을 창조된 결과 세계를 통해서도 확인할 수 있게 된 것이니, 그처럼 **본체와 만물과의 본질적인 동일성과 짝을 이룬 구조적인 일치성을 확인하는 것이 천지 만물이 창조된 사실을 증거하는 방법론, 곧 천지 만물을 있게 한 주형(창조)틀을 찾는 것이다.**

이에, 창조 역사를 증거하는 데 있어서 우선적인 판단 근거는 바탕이 된 본체의 본질적인 특성이 어떻게 창조 역사를 통해 구현되었고, 실행될 수 있도록 구조화, 시스템화되었는가 하는 근거 여부이다. 그리해야 창조로 결정된 물질과 현상적 특성을 통해 그것이 즉각 창조된 근거란 사실을 판단할 수 있다. 먼저, 바탕이 된 창조 본체는 불변한다고 했는데, 이 같은 특성을 물질과 짝을 이루어 이행, 반영시킨 것이 바로 물리학자들이 확인한 '질량 불변의 법칙'이다. 또한, 창조 본체는 영원한 것이 본질인데, 창조된 존재는 피조체인 탓에 생멸할 수밖에 없지만, 사실은 그 같은 생멸 방법으로 영원성을 지속한다. 滅은 화현된 겉모습의 소멸일 뿐이고, 본질은 멸함을 통해 다시 生으로 이어진다. 원인은 결과를 낳고 결과는 새로운 원인을 낳음에, 씨는 성장해서 열매를 맺고, 열매는 그 속에 새로운 씨앗을 품어 영원히 지속한다. 본질은 하나로서 불변한데, 지속하는 방법에 있어 원본과 사본이란 차이가 생겼다. 창조된 이상 존재한 형태와 방식이 다를 수밖에 없지만, 본질은 같음에, 그처럼 다르면서도 짝을 이룬 생멸 법칙이 창조 본체의 영원성을 시스템적으로 구현한 창조 역사의 결정적 증거이다.

다시 정리하면, 본체 자체는 영원하고 변함이 없지만, 이런 특성을 창조적으로 구현한 현상 세계에서는 본체와 구조적, 시스템적으로 짝을 이루어 드러났다. 그래서 창조된 존재 역시 온갖 변화와 생멸 현상에도 불구하고 결국은 영원하며 불멸한다. 세계는 영원하나니, 그 영원함은 결코 창조 본체에만 해당하지 않는다. 하나님이 사랑으로 창조한 너와 나, 이 세계도 함께 영원하다. 창조된 존재는 하나님의 본체에 근거한 탓에 有함 자체가 본질이다. 그래서 지금 존재한 자 영원한 소멸은 절대 없다. 지금 존재한 것은 잠재되었다가 드러난 것일 뿐, 이미 실재했다. 또한, **창조 본체는 유일한 존재라, 창조된 삼라만상이 아무리 무수하고 복잡하고 변화무쌍해도 그것은 결국 유일한 창조 본체의 화현이다.** 원인과 결과, 음과 양, 닭과 달

같은 창조 목적 실현을 위한 구조적 나뉨일 뿐이다. **하나인 본체, 하나인 창조, 하나인 원리 이외에 다른 것은 없으니, 이것은 선현들이 결론 내린 최대의 통찰 명제이다.** 짝을 이룬 본체와 현상 특성을 대조하는 방법을 통하면, 제 현상이 지닌 특성이 곧바로 본체가 지닌 특성의 창조적 구현이란 사실을 깨닫게 된다. 공언한 바대로, 만인은 현상을 통해 천지가 어떻게 해서 결정된 것인가 하는 과정을 이해할 수 있고, 그것은 그대로 창조로 인한 결정체란 사실을 확인할 수 있다. 율곡은 이통과 대비한 氣의 국한성에 관해 말했지만, 현상이 본체의 드러남이고, 목적을 구현한 반영체인데도 본체와 현상이 차원적으로 이격된 것은 결국 천지 만물이 창조되어서이다. 우리는 이처럼 구분된 경계선과 구분 없는 동질성을 함께 볼 수 있어야 비로소 선현들이 일군 수많은 진리적 명제를 본의 기준에 근거해 일사불란하게 해석하고, 복잡한 논거 과정을 가닥 잡아 창조된 절차에 따라 판가름할 수 있다. 척하면 착이란 말이 있듯, 창조된 역사 사실을 확인하고 증거할 수 있는 판단 기준은 오직 하나이며 일관된 것이니, 이것은 앞으로 하나님의 창조 본의와 어긋난 일체 사념(邪念)을 정죄하는 심판 역할까지 수행할 수 있게 되리라.

그중 제일 먼저, 현상 세계의 특성을 통해 천지가 창조된 사실을 확인할 수 있는 결정적 근거는 **"법칙"**이다. 법칙은 "모든 현상 세계의 원인과 결과, 또는 사물과 사물 사이에 내재하는 보편적이며 필연적인 규칙"[39]인바, 법칙은 하나님의 창조 뜻이 최종 命에 의해 결정된 창조 의지의 원리적 메커니즘 구현이다. 왜 만사는 법칙에 따라 운행되는가? 법칙을 발견하고, 그렇게 된 사실을 확인하는 것이 진리 탐구의 전부가 아니다. 그렇다면?

---

39) 법칙, 다음 어학 사전.

만사에 주어진 법칙성을 통해 그것이 바로 창조된 탓에 드러난 창조 의지의 결정적 규칙이란 사실을 아는 것이 중요하다. 알다시피 영국의 근대 과학 혁명의 주역인 뉴턴은 『프린키피아』에서 "자연은 일정한 법칙에 따라 운동하는 복잡하고 거대한 기계"[40]라고 말한 역학적 우주관을 펼쳤다. 그의 이 같은 기계적 세계관은 창조 역사로 결정된 세계의 법칙적 단면을 엿본 것이다. 다시 말해, **일정한 법칙에 따라 운동하는 기계적인 결정성은 천지가 창조된 사실을 증거하는 현상적 세계의 특성 요인이다.** 하나님의 창조 의지가 창조 목적에 따라 창조 원리로서 결정되었다. 치밀하게 설계한 탓에 지극히 복잡하지만, 또한 지극히 규칙적이다.

다음은 현상 세계의 **"자화"**적 특성이다. 만물과 우주는 스스로 자생하고 스스로 변화할 수 없는데도 자생, 자화하는 것처럼 보이는 것은 창조 본체가 그러하듯, 천지 만물도 그와 같은 특성을 반영해서 창조된 시스템화 결과이다. 그러니까 현상 세계 안에서는 어디에서도 자생, 자화된 원동력을 찾을 수 없게 되었는데, 자율 주행하는 차처럼 스스로 운행하는 것으로 보이는 것이다. 하지만 밝힌 본의 기준에 근거하면, 무엇보다도 완벽한 창조 시스템의 작동 결과이다. 따라서 "물질은 어떤 물리적인 조건을 주면 일정한 구조를 형성해서 아무런 사전 계획 없이도 점점 더 복잡하게 발달하여 가는 성질을 가지고 있는 것이 자기 조직화(self-organization)"[41]라는 특성 이해는 더 이상 발붙일 곳이 없게 된다. 무엇을 어긴 것인가? 현상 세계 안에서는 일어날 수 없도록 결성한 창조 법칙 탓이다. "자기 조직화는 한 시스템이 외부로부터 조종되지 않고 자체의 역동성을 가지고 발

---

40) 『철학 콘서트(2)』, 앞의 책, p.209.

41) 『신 인간 과학』, 한스 페터 뒤르 외 4인 공저, 여상훈 역, 썽크스마트, 2018, p.101.

전하는 과정"[42]이란 뜻이다. 알고 보면, 이것은 사실상 본체로서 지닌 창조 권능인데, 그런 역할을 구분하지 못하고 전혀 수동적인 피조체에 창조 권능을 붙여 놓은 격이다. 이런 곡해는 앞에서 지적한 대로 동양의 노자가 말한 '무위 자연설'에도 적용된다. 여기서 무위란 인간의 인위적인 작위가 개입되지 않은 자연을 의미한다. 그런 자연이 완벽한 생성 시스템을 갖추고 질서가 조화로운 것은, 다름 아닌 우리가 그처럼 완벽하게 창조된 결과 현상을 목도하고 있기 때문이다.[43] 그래서 본의를 모르면 무위가 되고, 그렇게 말한 노자의 道를 "우주 만물의 자기 전개 원리"로 해석할 수밖에 없지만, 깨달으면 그것이 곧 창주된 결과 현상에 대한 억설적 승거 인식이 된다. 『중용』 제25장에서 "誠者 自成也(誠은 스스로 이루어 가는 것), 道 自道也(道는 스스로 인도하는 것)"라고 하여, 자연은 스스로 道를 만들어 간다. 즉, 이 우주를 외재적 존재의 간섭 없이 자기 자신을 끊임없이 조직해 가는 우주라고 한 것은 본의에 무지한 선천 인식의 한계성 탓이다.[44]

엄연히 엔트로피 법칙을 공인하고 있는 세계 안에서 조건만 주어지면 물질이 일정한 구조를 형성해서 사전 계획 없이 점점 더 복잡하게 발달해 간다는 것은 심대한 모순이다. 처음 질서의 질서화는 법칙의 순행이며, 단순으로부터의 복잡화는 역행이다. 그런데도 이런 결정 법칙의 이탈을 지성들이 공공연하게 인정한 것은 그 이유가 무엇인가? 창조 본체의 이미 완비한 통합적 특성을 알지 못해서이다. 일체를 갖춘 사전 바탕을 보지 못

---

42) 위의 책, p.101.

43) 道는 언제나 무위하지만, 하지 않는 것이 없다. 자연은 스스로 그러할 뿐이다. 창조 인식의 미완성 매듭 상태. 이런 진리 인식 상태로서는 영원할 수 없다. 그렇다면? 무위적 창조 시스템→현상 통합적 생성 시스템임.

44) EBS 기획 특강, 중용, 인간의 맛, 제35강, 김용옥 강의.

하고 알지 못해 만물의 드러난 결과 현상을 전혀 다르게 보고 판단했다. 노자의 자연관은 자체로 완성된 존재, 독립적인 존재, 항상적인 존재이고, 서양의 자연관은 문명 이전의 야만 상태를 의미한바,[45] 어느 쪽이 과연 옳은 것인가? 영화는 작품을 제작하는 과정이 있고, 그렇게 해서 완성된 작품을 영화관에서 상영하는 과정이 있다. 굳이 판가름한다면, 노자는 전자 관점이고, 서양은 후자 관점이랄까? 후자가 확보한 상영 과정에서는 영화를 끝까지 상영해야 내용의 결말을 드러낼 수 있는데, 사실상 영화는 이미 제작되었고, 결말을 낸 작품이다. 여기에 바로 수많은 곡해와 오판을 불러 일으킨 현상의 분열적 특성이 있다. 창조 본체의 통합성이 생성함으로써 분열한다고 볼 때, '생성성'은 앞에서 말한 결정성과 함께 천지가 창조된 사실을 증거하는 또 하나의 현상 특성이다. 통합성이 생성으로 분열한 탓에 전에는 없었던 것이 드러나고 만변, 만화한 현상을 일으켰다. 누가 태초에 시계의 태엽을 감아 놓은 것이냐고 했을 때, 서양의 기계론적 세계관은 답할 수 없지만, 통합 본체 관점으로서는 답할 수 있다. 서양이 문명적으로 창조 본체의 통합적인 생성성을 무시하고, 그로 인해 드러난 현상의 변화성에 오히려 창조 권능을 부여한 것은 그 이유가 분명하다. 창조 본체의 통합적 특성을 알지 못해서이다. 마치 불교가 제법은 무아이며, 空이라고 말한 것처럼…… 부처님이 현상적인 관점으로 연기법을 펼친 것처럼……

그러므로 만인은 태초의 첫 시작, 그러니까 생성의 첫 출발이 시계의 태엽을 완벽하게 감아 놓은 통합 본체로부터 있었고, 이것을 기독교에서는 하나님이 태초에 천지 만물을 한순간에, 한꺼번에 창조하였다는 것을 열

---

45) 『강의』, 앞의 책, p.297.

린 가르침의 본의로서 깨달아야 한다. 그런데도 대다수 현대인은 여전히 그런 풀림 현상을 조임 현상으로 곡해했다. 이 얼마나 심대한 착각인가? 또한, 통합 본체로부터 시작된 생성 운동은 지극히 입체적, 메커니즘적이다. 구조적으로는 창조 본체의 영원성을 구현했다. 단순한 풀림과 조임 현상만으로 보면 작동 운동에 끝이 있지만, 생성 운동은 영원한 창조 본체의 시스템적인 구현인 탓에 통합 본체를 분열시킴으로써 생성 에너지를 영원하게 충당한다. 곧, 통합을 완료한 힘으로 분열하고, 분열을 완료한 힘으로 통합한다(有함 본질). 그래서 우주의 생성 운동은 영원하다. 이를 일컬어 동양의 『시경』에서는 "하늘이 정한 이치[天命]가 어찌 그리도 아름답고 끊임이 없는지요!"라고 했다. "생성을 스스로 관장하는 理는 하나의 일이 끝나면 다음 일을 쉼 없이 수행한다. 그 끊임없는 생성 과정[生生]을 가리켜 易이라고 했다."[46] 여기서 하늘이 정한 이치는 바로 천지 만물이 창조된 사실을 증거하는 우주 법칙의 **"결정성 원리"**이다.

그러므로 인류가 오늘날 열린 가르침으로 하나님의 창조 본의를 깨닫는 것은 천지와 우주가 천만 년 동안 간직한 태생의 비밀을 캐서 해석할 수 있는 판단 기준과 관점을 확보하는 것이다. 그것이 무엇인가? 하나님이 계시하고 밝힌 본의는 하나 외에 다른 것이 없나니 만물, 만 현상의 법칙, 원리, 이치가 하나로 일관되어 통합되리라.

---

46) 『이정정서』, 「유서」, 18.-『보편철학으로서의 유학』, 앞의 책, p.129.

제11편

궁극 실재론

기도: 하나님과 존재한 차원이 다른 우리 인간은 궁극적 실재가 정말 하나님의 몸 된 본체란 사실을 어떤 근거로 확인할 수 있는가? 그 궁극적 실재의 본체를 밝혀 주시옵고, 궁극적 실재를 확인할 수 있는 근거를 제시해 주시옵고, 벗어날 수 없는 차원성을 극복할 수 있는 길을 터 주시옵소서!

말씀: "~ 한 사람이 두 아들이 있는데 …… 그 둘 중에 누가 아비의 뜻대로 하였느뇨. ~ 요한이 義의 道로 너희에게 왔거늘, 너희는 저를 믿지 아니하였으되, 세리와 창기는 믿었으며, 너희는 이것을 보고도 종시 뉘우쳐 믿지 아니하였도다(마, 21: 28~32)."

증거: 예수를 어떻게 알 수 있을까요? 왜 믿음이 없는가? 믿음은 능력이고 권능이다. 믿음은 지식이 아니다.

T.P.란 도대체 무엇입니까? 하나님의 말씀에 순종하였더니 말씀 그대로 이루어진 구절에 대한 표시. 이것이 복음의 증거이며, 그리해야 복된 인생이 된다. 하나님의 절대적인 신앙 안에 거하라.

제46장 개관(형이상학적 본체)

1. 길을 엶

선천 하늘의 본질적 조건상 '창조 방정식'에서 빠진 창조 역사의 본의 실 가닥을 붙잡은 이상, 이후부터는 세계에 가로 놓인 궁극적인 실재, 시원, 본질에 관한 문제를 풀고 해결해서 가르칠 수 있는 열린 가르침의 문을 열어야 한다.

길은 과연 하나님의 뜻을 받들어 세계의 "궁극적 실재"와 지성들이 그토록 고심한 形而上學적 문제를 풀고 답할 수 있는가?-제4문 가능한 권능과 지혜를 갖추었다면, 그것은 나 자신이 아니고 길을 인도하고 깨닫게 해서 천상의 지혜를 아낌없이 부어준 보혜사 진리의 성령이 궁극적 실제의 본체자로서 모습을 드러내는 것이 되리라. **세계에 가로 놓인 궁극적 실마리를 푸는 것은 인류 역사에서 진리의 성령으로서 역사한 하나님의 실제 모습을 확인하는 것이다.-제1 신념** 왜냐하면, 그것은 오직 유일한 하나님만 발휘할 수 있는 절대 권능, 곧 만 인류를 가르침으로 깨우치고 인도하고 구원할 수 있는 교화 권능이기 때문이다(2022. 7. 13. 07:00).

인류가 풀 수 있는 문제와 하나님이 답해야 할 문제, 즉 인간이 노력하

면 풀 수 있는 가능한 영역과 아무리 노력해도 해결하기 어려운 불가능한 영역과 조건과 과제에 대해서, 그것을 인지하고 구분하기 위해서는 창조된 세계가 지닌 조건과 영역과 차원화된 본질을 알아야 한다.-제1문

세계의 궁극적 문제를 풀 수 있는 전제 조건으로서는 무엇이 있어야 하는가?-제6문 선천 인류가 풀지 못한 차원의 장벽을 허물어야 하는 문제, 천지를 있게 한 창조 본체를 드러내어야 하는 문제, 결국 하나님의 본체가 드러나야 하는 문제와 직결되어 있다(하나님이 보혜사 진리의 성령으로서 이 땅에 강림하셔야 하는 때에 대한 요청).

인류가 궁구해서 확인하고자 한 궁극적 실재는 사실상 창조된 인간과는 존재한 차원이 다른 하나님의 몸 된 본체인 것이 틀림없다. 그런데도 인간은 그런 실재를 인격도 의지도 뜻도 감정도 없는 객관적인 근원으로 파악해 道, 태극, 理氣, 空, 梵, 일원상 등 形而上學적인 진리 상으로 표현하였다.-제2 신념, 하지만 궁극적 실재의 정체가 정말 하나님의 살아 계신 몸 된 본체 자체일진대, 하나님과 존재한 차원이 다른 우리 인간은 궁극적 실재가 정말 하나님의 몸 된 본체란 사실을 어떤 근거로 확인할 수 있는가? 경계병은 사전에 약속된 암구호로 칠흑 같은 어둠 속에서도 피아(彼我-이편과 저편)를 분간할 수 있는 것처럼, 하나님은 인류가 알아볼 수 있도록, 궁극적 실재가 바로 하나님의 몸 된 본체인 존재 근거를 어떻게 제시할 수 있는가? 또한, 인류는 그것이 바로 하나님께서 자체 본체를 확인시키기 위해 하나님이 직접 보내는 근거 신호란 사실을 어떻게 감지할 수 있는가?-제2문 궁극적 실재와 하나님의 몸 된 본체 간을 상호 연결해서 일치시킬

수 있는 그 무엇? 그것이 결국은 그것이었다는 사실을 깨달을 수 있는 증거 근거?-제3 신념 4차원에 거한 하나님(초월 神)이 3차원에 머문 인류에 대해(인류가 궁극적 실재를 形而上學적인 진리로써 이해한 데는 그만한 이유가 있었다. 마치 입체 영화를 안경을 쓰지 않고 맨눈으로 감상하는 격) 궁극적 실재, 그것이 그대로 하나님의 몸 된 본체란 사실을 하나님이 인류에게 직접 확인시킬 방법? 차원과 차원 간의 소통, 또는 신호 전달 방법? 아무리 하나님이 손짓을 해도 인류가 볼 수 없고, 알아채지 못한다면 아무런 소용이 없다. 그래서 결국은 존재한 인류를 기준으로 궁극적 실재가 하나님의 몸 된 본체란 사실을 감시해서 확인할 수 있는 확실한 존재 근거에 대해 은혜로운 계시 지혜를 간구하고자 하나이다.

궁극적 실재를 추적해서 파고들면 결국 하나님의 창조주적 권능, 역할, 바탕성과 맞닿는다.-제4 신념

궁극적 실재는 만법을 만 가지로 나누고 만화, 분열시킨 본체로서, 만법으로 나뉘고 만화 된 것을 하나로 귀일 시킬 실재이다. 나기 전의 것과 난 것을 일체화시키리라.-제5 신념

궁극적 실재는 하나님의 본체가 드러나지 못한 선천에서 하나님을 진리적으로 표현한, 하나님의 본체에 대한 形而上學적 인식이다.-제6 신념

인류의 선현들이 궁구한 궁극적 실재의 본체는 무엇인가?-제5문

현 존재로부터 추적한 궁극적 존재의 끝은 현 존재를 있게 한 창조의 대시원이다.

실재의 궁극을 찾아 나서면 결국 실체의 궁극에 이른다. 그것이 무엇인가?

하나님 역시 할 일이 많고 풀어야 할 세계적 과제가 산적해 있다. 이 일과 과제를 모두 풀고 완수해야 하나님이 하나님다울 수 있나니, 그 성업을 누가 어떻게 대행할 것인가?

무한 소급은 우리가 존재한 자체 차원 안에 주어진 현상 조건이다. 누구도, 그 무엇도 피할 수 없다. 차원 밖에 계신 하나님께서 해결하셔야 함.

인간이 이해하고 인식할 수 있도록 '물 자체'가 갖춘 차원적인 존재 형식(궁극적 실재=하나님의 존재 본체), 그것을 하나님은 과연 어떻게 인류 앞에 드러내어 줄 것인가?-제3문 인간의 인식 조건과 주어진 현상적 조건 안에서는 불가능하다고 판단한다. 인간은 존재한 차원 조건을 극복할 수 없지만, 하나님은 초월적이라, 하나님이 갖춘 본체적 차원에서 존재, 인식, 증거 문제를 지혜로 강구하고 해결해서 신호(뜻)를 전달할 방법을 제공하시리라.

인류의 지성들이 치열하게 궁구한 形而上學적 물음과 궁극성에 대한 추구가 오늘날에 이르러 흐지부지되고 말아 어떤 결실도 거두지 못하고 결론을 내리지 못한 이유는 무엇인가? 나무가 성장하여 무수하게 가지를 뻗치고 잎을 내는 것은, 그렇게 하는 것 자체가 목적이 아니다. 인류 문명도 그러하다. 열매를 맺고 결실을 거두기 위함일진대, 정작 인류는 궁극적인 목적을 망각하고 뿌리를 뽑아버렸다. 그곳에 인류가 간과한 창조 역사가 도사렸다. 인류는 하나님이 이 땅에 강림하시어 본체를 드러내고 본의를 계시할 모든 때를 기다려야 했다.

2. 간구

하나님, 궁극적 실재는 인류의 지성들이 끈을 놓지 않고 줄기차게 탐구한 진리의 대과제이나이다. 그렇지만 그렇게 관심을 가지고 정열을 바쳐 쌓아 올린 지적 성과가 오늘날은 오히려 존재 가치를 상실해 지성들로부터 외면당하기에 이르렀습니다. 누구도 해결하거나 매듭짓지 못한 문제에 대해 하나님, 아버지께서 권능 어린 지혜를 계시해 주소서! **궁극적 실재의 본체를 밝혀 주시옵고, 궁극적 실재를 확인할 수 있는 근거를 제시해 주시옵고, 벗어날 수 없는 차원성을 극복할 수 있는 길을 터 주시옵소서!-제7문** 하나님은 절대적이지만 세계와 함께하며, 만 영혼과 함께함을 믿습니다. 그 함께함의 차원적 존재 형식과 역사 형태와 소통 방법을 밝혀 주소서! 인류가 지력을 다해 매달렸지만 풀지 못하고 포기할 지경에 이른 문제를 하나님께서 말씀으로 임하여 계시해 주소서! 부족한 이 자식이 눈과 귀를 열고 깨어 있어 하나님이 주실 뜻을 받들고자 합니다. 하나님, 성령으로 역사하여 주소서! 임재해 주소서! **궁극적 실재, 그것이 바로 하나님의**

본체 자체인 결정적 근거란 사실을 하나님은 인류 앞에 어떻게 알리고, 인류는 그것을 어떻게 알아차릴 것인가?

3. 성경 말씀

"~ 한 사람이 두 아들이 있는데 맏아들에게 가서 이르되, "얘 오늘 포도원에 가서 일하라" 하니 대답하여 가로되, "아버지여 가겠소이다" 하더니 가지 아니하고, 둘째 아들에게 가서 또 이같이 말하니 대답하여 가로되, "싫소이다" 하더니 그 후에 뉘우치고 갔으니, 그 둘 중에 누가 아비의 뜻대로 하였느뇨. ~ 요한이 義의 道(궁극적 실재)로 너희에게 왔거늘, 너희는 저를 믿지 아니하였으되 세리와 창기는 믿었으며, 너희는 이것을 보고도 종시 뉘우쳐 믿지 아니하였도다(차원은 믿음이 문제이고, 믿음이 관건이며, 믿음이 차원을 극복하는 방법이다) (마, 21 : 28~32)."

4. 말씀 증거

2022. 7. 20, CTS 기독교 TV, 저녁 7시 30분.

제목: "아버지의 뜻을 따라 행하는 자"

제목을 듣고 직감하길, 여기에 무슨 하나님의 계시 말씀이 있을 것인가? 말씀의 문을 열고 보니 전혀 엉뚱한 곳에 발을 들여놓았다는 느낌이랄까? 하지만 끝까지 기다리면서 살피길, 간구한 것처럼 차원을 달리해 존재한 하나님이 하나님 자체인 사실을 확인할 수 있는 근거는? 간구에 응답한 말씀을 가지고 현 시공간에서 임재해서 역사하고 계심을 증거할 방법은? 그리고 그렇게 역사 된 사실을 하나님과 차원이 다른 우리는 어떻게 알아 차릴 수 있는가? 이 같은 의문 절차는 길이 이 순간 말씀을 접한 성령의 역사를 체험함으로써 확인하고 판단해서 증거할 수밖에 없다. 의심과 의혹으로부터 확신과 깨달음으로 나아갈 일체 과정을 실시간으로 가감 없이 논거를 두고자 한다.

말씀: 어느 때 가장 힘이 들었습니까? 20m 풍랑을 만났을 때, 어떻게 뚫고 나왔는가? 배가 동력을 잃지 않으면 된다. 잃으면 표류, 파편. 아무리 무서운 풍랑이 일어도 동력이 있으면 극복. 하지만 배의 동력 상실=인생의 목적 상실=인생의 방향 상실=인생의 집중력 상실=인생의 동력 상실.

세상 삶에서는 지식과 경험이 많을수록 좋다. 그러나 그리스도인은 오직 한 가지에만 포함되어 있다. 예수가 내 삶에서 체험되고 경험될 때 삶의 목표, 방향, 미래, 운명이 달라진다. **"예수를 어떻게 알 수 있을까요?"**(이 말씀을 듣는 순간 이 말씀이 **"하나님을 어떻게 알 수 있을까요"**라는 길의 간구 물음을 하나님이 재차 확인한 말씀으로 공명하면서 하나님께서 임재한 존재성을 직감했다. 그것은 하나님께 간구한 화두이자 질문한 핵심 요지인 탓이다. 즉, 차원을 달리하고 계신 초월적, 절대적인 하나님을 인간인 우리가 어떻게 알아차리고, 하나님은 하나님인 사실을 하나님 차원에서 인간에게 어떻게 알릴 수 있는가? 여기에 대해 하나님은 길이 품은 의문을 되뇌어서 재확인시키는 방법으로 이 연구의 기도를 열납하심. 나아가 화답 된 말씀 역사에서는 차원을 넘나든 계시 원리가 있다.

사고의 구조적 일치와 공명을 통해 하나님이 하나님인 사실을 자체적으로 증명하였고, 이 연구는 그것이 곧 하나님이 길 위에 보낸 임재 근거의 표식=암구호이자 신호란 사실을 즉각 알아차림. 어떻게 이 같은 일이 가능한가? 그것을 하나님이 밝힌 본의에 근거해서 설명한다면, 인간은 하나님의 본체로부터 창조된바, 하나님의 뜻이 인간의 생각과 의식 속에 반영된 탓이다. 거울은 사물의 모습을 가감 없이 비추듯, 인간은 하나님 뜻의 반영자이자 투영체임. 그래서 길의 간구가 하나님의 뜻에 투영되어 하나님이 가진 뜻을 반영한 형태로 드러나 길에게로 되돌아왔다. 반향되어 응답함. 그래서 이 연구의 간구와 하나님의 말씀이 구조적으로 짝을 이룸). 길은 인간 된 처지에서 궁금증을 가지고 간구한 것이지만, 그 같은 생각이 일어난 것은 사실상 하나님이 그렇게 의도한 뜻을 길의 의식을 통해 표출시킨 것이다. 그래서 이것은 더 나아가 하나님의 뜻과 길의 뜻이 구조적으로 짝을 이루어 일치된 '계시 수용 원리'인 동시에 '신인 간 상호 교감 원리'이며, 본래 그렇게 지어진 바의 '창조 작용 원리'로 이어진다.

예수를 믿는다는 것은 내 삶의 주인인 것을 믿음이다. 길이요 진리요 생명인 것을 믿을 때……

예수님의 비유-포도원에 가서 일하라. 맏아들은 쉽게 대답했지만 안감. 둘째 아들은 안 간다고 했지만 뉘우치고 일함. 맏아들은 청개구리 심보. 지금은 믿음의 상실 시대. 곧이곧대로 믿지 않는 시대. 순수한 믿음, 순종이 어리석게 보일 수 있지만, 주님은 이 모습을 사랑하심. 예수님의 기쁨이 되고 기뻐하는 삶은?

1) 믿고 따라가는 삶

맏아들은 위선적, 처세적이다. 순종하는 것 같지만 순종하지 않음. 처음부터 순종할 마음이 없었다. 아멘이나 할렐루야와 거리가 먼 그 시대의 위선자들 비유.

세상을 이기는 능력, 지식, 경험, 권력……으로 험한 인생의 파고를 넘을 수 있을까? 이기지 못한다. 하나님을 두려워하고 사랑하는 마음이 죄, 염려, 걱정, 고독, 고통을 이긴다.-믿음.

한 목사님이 어린아이들 앞에서 열심히 예수님의 수난에 대해 설교했다. 그러니까 한 아이가 훌쩍훌쩍 울기 시작했다. 목사님이 물었다. "왜 우니?" "예수님이 얼마나 아팠을까요!" 그러자 옆에 있던 아이가 말했다. "그 이야기가 진짜인 줄 아나 봐요." 믿고 행할 때 구원의 역사가 일어난다. 왜 믿음이 없는가? 믿음은 능력이고 권능이다. 믿음은 지식이 아니다(이 증거 말씀을 듣고 궁극적 실재에 대해 품었던 본질적 의문에 관해 답을 얻다. 그들은 **"궁극적 실재"**를 지식으로 추구하고, 인간적으로 사고하고, 주관적으로 판단한 탓에 궁극적 실재=하나님의 본체인 사실을 깨닫지 못했다. 하나님이 진리의 성령으로서 현재의 이 순간에 임재해 지혜로 응답하심). 믿음 위에 풍성한 결실과 열매가 맺힘(계시된 응답 뜻을 어떻게 이해해서 다시 설명해야 하는가? 궁극적 실재=하나님의 본체인 것이 사실인데, 믿음이 부족한 탓에 그것이 그것인 것을 연결 짓지 못한 것이다. 이 거리감은 실로 요원하다. 궁극적 실재는 차원이 다른 절대적인 존재라, 믿음이 없으면 지식과 인간적인 생각만으로서는 하나님의 본체와 궁극적 실재를 일치시킬 방법이 어디에도 없다. 지식과 믿음은 다르다. 참으로 믿음은 능력이고 권능이다. 믿음은 하나님과 인간 사이에 가로 놓인 차원의 벽을 허물고 꿰뚫는 능력이고, 권능이며, 길이다. 믿음이 인간적인 한계를 극복하고, 차원적인 하나님과 소통함으로써 영원히 하나 될 수 있게 함).

2) 마음의 강령을 돌이키는 자

둘째 아들의 성품-강직, 정직함. 다 부정적인 것이 아님. 소신, 철학, 책임을 실행하는 자. 그래서 뒤늦게 뉘우치고 순종함. 회개함=발상의 전환. 자기 생각과 판단을 버림. 아니요=자기 생각, 아버지의 뜻을 생각하지 못함. 예수님의 제자가 되는 것은 나를 버리고 예수를 따라가는 것. 깨달음=생각이 바뀌는 것. 도덕적 전환=가치관이 바뀜. 선악관이 바뀜. 해야 할 것과 말아야 할 것을 분명히 함. 즐길 것과 말 것을 구분함(여기에 무슨 하나님의 뜻이 있는가?). 생각을 전환했을 때 하나님이 기뻐하고 뜻을 이룸.

한 목사님이 평생 간직하면서 읽은 성경을 교인에게 보여 줌. 그곳에는 많은 밑줄이 그어져 있었고, 메모도 되어 있었다. 그런데 곳곳에 T.P.란 암호가 표시되어 있었다. 그래서 한 교인이 물었다. 목사님, 도무지 이해되지 않는 부분이 있는데 T.P.란 도대체 무엇입니까? 목사님이 웃으면서 하는 말. "하나님의 말씀에 순종하였더니 말씀 그대로 이루어진 구절에 대한 저만의 표시입니다." 이것이 복음의 증거이며, 그리해야(순종-믿음) 복된 인생이 된다. 하나님의 절대적인 신앙 안에 거하라(간구에 대해 다시 구체적으로 응답하시다. 하나님이 하나님인 사실을 차원이 다른 인류에게 어떻게 알리고 확인시킬 수 있는가? 그리고 인류는 그것을 어떻게 알아차릴 수 있는가? 길은 그 의문을 차원과 차원 간의 신호로 표현했고, 경계병의 암구호를 예로 들어 뜻을 전달했는데, 하나님께서 그것을 그대로 반영시킨 T.P. 즉, 암호 표시로 단어를 바꾸어 투영시키고 되뇌어서 응답하시다. 그것이 무엇인가? 하나님의 말씀을 믿고 순종하니까 그대로 이루어졌다는 사실 그 자체. 그래서 아버지의 뜻을 따라 행하는 자=아버지의 뜻을 이루는 자로서 일치한다. 이것이 곧 복음의 증거이다. 그 말은 차원이 다른 하나님이 차원이 다른 인간에게 보내는 하나님의 살아 역사한 증거 자체인 근거이다. 통상적인 설교 말씀인 것 같지만, 길의 간구함에 대한 분명한 응답 근거인 탓에 말씀의 초점 포착이 전적으로 하나님의 존재 원리, 계시 원리, 성령으로서의 임재 원리를 뒷받침한다. 다시 말해, 말씀-순종-이루어짐을 통해 하나님은 하나님 자체를 드러내고 증거하며, 인간은 그렇게 살아 역사한 하나님의 존재 사실을 확인함).

하나님은 과거를 묻지 않는다. 되묻지 않음. 돌이킴(회개) 그 자체를 의로 여김. 이것이 하나님의 사랑이다.

전쟁터에 나간 아들로부터 전화가 왔다. 아들-"어머니, 전쟁이 끝나 돌아가고자 합니다. 그런데 한 가지 부탁이 있습니다. 사선을 함께 넘나들던 전우가 다쳐 한쪽 눈과 한쪽 팔과 한쪽 다리를 잃어 불구가 되었는데 고향에 돌아가도 마땅히 돌볼 보호자가 없습니다. 같이 가도 될까요?" 어머니-"그리해라. 그런데 얼마나 같이 있을 생각이냐?" 아들-"일평생 함께하고자 합니다." 어머니-"잠깐이면 모르겠는데, 일평생 돌보고자 하면 너에게 큰 짐이 되고 부담되지 않겠느냐?" 그렇게 대화를 나누고 전화가 끊겼는데, 며칠 뒤에 아들이 전사했다는 전보가 왔다. 부리나케 달려간 어머니가 죽은 아들의 모습을 보니 그 아들이 바로 한쪽 눈과 한쪽 팔과 한쪽 다리가 없는 불구자였다. 어머니의 말씀을 듣고, 아들이 부모님의 짐이 되지 않기 위해 스스로 목숨을 버린 것이었다.

하지만 하나님은 그렇지 않으시다. 내 아들과 내 딸, 남의 아들과 남의

딸을 구분하고 따지지 않으신다. 그 사랑에 감격하는 삶, 그리해야 하나님의 뜻이 우리에게서 이루어진다. 발상, 그 생각의 전환, 말씀에 순종할 때 하나님이 기뻐함. 믿음의 길을 가라.

5. 길을 받듦

"궁극적 실재"가 하나님의 본체인 사실을 하나님이 직접 확언시켜 준 이상, 세계에 가로 놓인 궁극적 실재에 관한 실마리를 푸는 것은 시간상의 문제이다. 정작 중요한 것은 그렇게 밝혀 준 하나님의 가르침에 대하여 인류가 이전까지는 비록 "아니오"라고 부정했더라도 말씀을 받들어 깨닫고 뉘우쳐 순종할 수 있는 발상의 전환 역사, 그것이 곧 오늘날 강림하신 하나님이 원한 뜻이다. 기대한 일련의 역사에 대해 하나님은 과거의 잘못을 묻지 않으리라고 약속하셨다. 여기에 인류를 빠짐없이 구원하고자 한 하나님의 보편적 구원 의지 표명이 있다. 일일이 들추어 따진다면 구원의 문을 통과할 자가 몇 명이나 되겠는가? 그래서 열린 가르침의 사명은 막중하다. 궁극적 실재=하나님의 본체인 사실을 밝힘으로써 만 영혼의 발상을 전환해 하나님의 보편 호혜적인 구원 의지와 한량없는 사랑을 확인시키리라.

하나님의 역사적인 계시 은혜로 인해 인류와 하나님 사이에 가로 놓인 차원의 강을 건널 상호 소통 방법과 신호 체계, 그리고 연결 다리가 이로써 개통되었다고 할 수 있다(하나님과 인류가 상호 존재한 사실을 확인하고 뜻을 전달, 소통, 응답받을 방법을 계시받음). 궁구하고 묵상하라.

도대체 하나님이 인류를 향해 어떤 놀라운 가르침의 역사를 펼치셨는가를……[1]

열린 가르침의 역사 이전과 이후의 차이는 이러하다. 이전까지는 아무리 노력해도 궁극적 실재의 끝이 미궁이었지만 이제는 확연하게 밝혀졌다. 그래서 붙잡은 실 가닥을 하나하나 풀어나가야 하나니, 그것이 곧 하나님의 뜻을 받드는 길이다. 말씀대로 하나님의 뜻을 따라 행하는 자(순종-뜻을 깨닫고 발상을 전환해 실천함)=하나님 아버지의 뜻을 이루는 자가 되리라.

인류가 궁구한 **"궁극적 실재"**는 개념만으로 존재한 관념적 실체가 아니다. 천지 창조 역사를 실현한 하나님의 본체 자체로서 천지 창조 목적을 이루기 위해 인류 역사를 주재하였고, 종말에 처한 인류를 구원하기 위해 이 땅에 강림하신 보혜사 하나님이다.

중복되는 내용도 있겠지만, 길의 간구에 대한 하나님의 응답 말씀을 해석적인 관점에서 다시 정리한다면, "말씀 증거"에서 괄호 안에 설명을 덧붙인 것은 말씀을 받들면서 실시간 주어진 직관적인 뜻을 놓침 없이 기록한 것이고, "길을 받듦"에서 의지를 다진 것은 주어진 말씀에 관해 이 연구의 생각을 이성적인 판단으로 정리한 것이다. 그리고 본 '해석 관점'은 혼재된 하나님의 응답 뜻과 길의 각성, 의지, 판단 과정과 내용을 일목요연하게 정리하고, 합리성과 논리성을 더함으로써 제삼자도 쉽게 판단할

---

[1] 알고 보니 지금의 이 같은 계시 교감 역사가 결국 오늘날 이 땅에 강림하신 보혜사 하나님과 인류가 영적으로 대화할 수 있는 성령의 역사 시대를 여는 기반을 이룸.

수 있도록 간구 기도와 응답 된 말씀을 대비, 비교, 분석하는 방법으로 하나님이 길을 위해 역사한 사실, 임재한 사실, 가르침을 펼친 사실을 증거하고자 한다.

제1문: 인류가 풀 수 있는 문제와 하나님이 답해야 할 문제, 즉 인간이 노력하면 풀 수 있는 가능한 영역과 아무리 노력해도 해결하기 어려운 불가능한 영역과 조건과 과제에 대해서, 그것을 인지하고 구분하기 위해서는 창조된 세계가 지닌 조건과 영역과 차원화된 본질을 알아야 한다.

해석: "그 둘 중에 누가 아비의 뜻대로 하였느뇨?" 믿음은 능력이고 권능이다. 즉, 존재한 차원이 다르고, 거한 존재 방식이 다른 하나님과 인간 간의 차이를 극복하고 교감, 소통할 수 있는 방식(하나님과 인류가 가진 차원성을 극복하는 방법), 그것은 통상 믿음이 믿은 바대로 이루어진다는 말씀을 넘어, 하나님이 원한 진정을 깨닫고 뜻대로 행하는 것(하나님이 원한 뜻을 깨닫고 순종해서 실행하는 것), 그리하면 하나님과 함께하고, 하나 되며, 일체 될 수 있다(하나님의 뜻을 이룬 성업 결과로 확인됨). 차원 방식, 존재 방식, 세계적인 제약 조건이 문제가 아니다. 하나님이 원한 뜻을 알고, 그 뜻대로 행하면 만사 해결, 일체의 차원적인 장벽, 문제, 결정 조건을 극복할 수 있다. 계시, 교감, 소통 측면에서 차원성을 극복하는 것은 물론이고, 세상에서 이룬 결과적 행업을 통해 하나님의 뜻과 일치하고, 하나님의 마음과 함께하여 존재적으로 합일하는 길을 틈. 그래서 뜻을 깨침과 믿음과 실행함이 관건이고 결론임. 신인 간 차원 극복의 제일 방법이다. 인간은 하나님으로부터 창조된 탓에 신인 간에 쳐진 차원적, 질서적, 물리적 장벽은 어찌할 수 없다. 그렇지만 이 같은 일체 장벽을 극복할 수

있는 것이 바로 믿음이다. 믿음은 인간을 차원적인 하나님에게로 인도하는 유일 통로이고, 도달하게 하는 필수 수단이다. 믿음을 통해 비로소 하나님의 살아 계심과 권능성을 확인하고 받들게 되리라. **믿음은 인간이 하나님에게로 이르는 길인 동시에 하나님의 권능이 인간에게 부여되는 유입로이다.**

제2문: 하나님과 존재한 차원이 다른 우리 인간은 궁극적 실재가 정말 하나님의 몸 된 본체란 사실을 어떤 근거로 확인할 수 있는가? 경계병은 사전에 약속된 암구호로 칠흑 같은 어둠 속에서도 피아를 문간할 수 있는 것처럼, 하나님은 인류가 알아볼 수 있도록, 궁극적 실재가 바로 하나님의 몸 된 본체인 존재 근거를 어떻게 제시할 수 있는가? 또한, 인류는 그것이 바로 하나님이 자체 본체를 확인시키기 위해 하나님께서 직접 보내는 근거 신호란 사실을 어떻게 감지할 수 있는가?

제3문: 인간이 이해하고 인식할 수 있도록 '물 자체'가 갖춘 차원적인 존재 형식, 그것을 하나님은 과연 어떻게 인류 앞에 드러내어 줄 것인가?

해석: 제2, 3문은 본 편을 열기 위해 길이 하나님께 간구한 질문의 핵심 요지이다. 즉, 차원을 달리해 존재한 하나님이 차원이 다른 인류 앞에 하나님이 존재한 사실, 혹은 계시 뜻을 어떻게 알리고 확인시킬 것인가? 그 방법과 방식과 근거란? 이 간구에 대해 하나님은 한 목사님의 경험담을 통해 응답하셨다. 목사님이 평생 간직하면서 읽은 성경을 교인에게 보여 줌. 그곳에는 많은 밑줄이 그어져 있었고, 메모도 되어 있었다. 그런데 곳

곳에 T.P.란 암호가 표시되어 있었다. 그래서 한 교인이 물었다. "목사님, 도무지 이해되지 않는 부분이 있는데 T.P.란 도대체 무엇입니까?" 목사님이 웃으면서 하는 말. "하나님의 말씀에 순종하였더니 말씀 그대로 이루어진 구절에 대한 저만의 표시입니다." 이것이 복음의 증거이며, 그리해야 복된 인생이 된다. 하나님의 절대적인 신앙 안에 거하라.

그 뜻은 하나님의 말씀을 인간적인 입장에서 인간이 알아볼 수 있도록 하는 지혜로운 하나님과 인간이 상호 간에 알아볼 수 있도록 사전에 약속한 표식, 암호, 신호를 통해서이다. 서로가 서로를 알아볼 수 있는 그 무엇. 그것만 보면, 혹은 나타내면, 혹은 말하면 그분이 그 분인 것을 즉각 알아챈다. **하나님과 자신만이 아는 그 무엇?** 그런 조건을 갖춘 표식, 암호, 신호가 길의 응답 역사를 통해서는 어떻게 드러났고, 길은 그것을 통해 어떻게 하나님의 계시 뜻을 받들었는가? 다시 말해, 하나님이 임재한 사실, 역사한 사실, 차원을 달리한 하나님께서 인류에게 알린 계시 신호란? 그것은 앞에서도 언급했듯, 길이 간구한 질문과 응답한 말씀과의 구조적인 일치, 그리고 반향된 뜻을 통해서이다. 즉, 이 연구가 하나님의 전에 나아가 간구한 질문의 요지는 차원이 다른 하나님을 인간이 어떻게 알 수 있는가 하는 문제였다. 이것이 길이 발문하여 하나님께 던진 나 자신만의 문제의식이다. 그런데 이 마음속 질문을 하나님께서 그대로 받아 "예수를 어떻게 알 수 있을까?"라는 말씀으로 응답하셨다. 그러니까 그 말씀을 듣는 순간 본인은 즉각 하나님의 임재 사실을 직감하였다. 전지 만상 누구도 알지 못하는 마음속 질문을 하나님께서 말씀으로 반향해 주시니, 시종일관 말씀의 역사가 끝날 때까지 임재하심을 온몸으로 체감하지 않을 수 없다. 계시 역사로 간구한 질문에 대해 직접 가르침의 역사를 펼치겠다고 한 하나님의 의지 표명이다. 이처럼 **간구한 기도와 응답한 말씀과의 구조적 일치, 대비, 대조, 짝을 이룸, 반복, 반향, 되받음, 재확인, 겹치기, 공명 방식으로 차원적인 하나님이 차원이 다른 인간에게 임재한 사실을 밝히고, 인간은 그 같은 근거를 가지고 하나님이 임재한 사실을 확인할 수 있다.** 이런 일체 조건을 충족시키는 역사적 근거가 이 연구가 간구한 '경계병의 암구호' 대 'T.P.란 암호 표시'라는 말씀이다.

제4문: 길은 과연 하나님의 뜻을 받들어 세계의 **"궁극적 실재"**와 지성들이 그토록 고심한 形而上學적 문제를 풀고 답할 수 있는가?

제5문: 인류의 선현들이 궁구한 궁극적 실재의 본체는 무엇인가?

제6문: 세계의 궁극적 문제를 풀 수 있는 전제 조건으로서는 무엇이 있어야 하는가?

제7문: 궁극적 실재의 본체를 밝혀 주시옵고, 궁극적 실재를 확인할 수 있는 근거를 제시해 주시옵고, 벗어날 수 없는 차원성을 극복할 수 있는 길을 터 주시옵소서!

해석: 제4문~제7문까지는 본 편 저술 주제인 **"궁극적 실재"**에 관한 직접적인 질문이다. 이 연구가 길의 추구를 통해 일군 궁극적 실재에 대한 진리적 판단을 하나님으로부터 인준받고자 한 절차이다. 그 이유는 반드시 확인해야 그와 같은 방향으로 하나님의 뜻을 대언해서 펼칠 수 있기 때

문이다. 그러기 위해서는 궁극적 실재에 관해서 이 연구가 길의 추구로 일군 사전 신념부터 살펴보아야 한다.

제1 신념: 세계에 가로 놓인 궁극적 실마리를 푸는 것은 인류 역사에서 진리의 성령으로서 역사한 하나님의 실제 모습을 확인하는 것이다.

제2 신념: 인류가 궁구해서 확인하고자 한 궁극적 실재는 사실상 창조된 인간과는 존재한 차원이 다른 하나님의 몸 된 본체인 것이 틀림없다. 그런데도 인간은 그 '실재'를 인격도 의지도 뜻도 감정도 없는 객관적인 근원으로 파악해 道, 태극, 理氣, 空, 梵, 일원상 등 形而上學적인 진리 상으로 표현하였다.

제3 신념: 궁극적 실재와 하나님의 몸 된 본체 간을 상호 연결해서 일치시킬 수 있는 그 무엇? 그것이 결국은 그것이었다는 사실을 깨달을 수 있는 증거 근거?

제4 신념: 궁극적 실재를 추적해서 파고들면 결국 하나님의 창조주적 권능과 역할과 바탕성과 맞닿는다.

제5 신념: 궁극적 실재는 만법을 만 가지로 나누고 만화, 분열시킨 본체로서, 만법으로 나뉘고 만화 된 것을 하나로 귀일시킬 '실재'이다. 나기 전의 것과 난 것을 일체화시키리라.

제6 신념: 궁극적 실재는 하나님의 본체가 드러나지 못한 선천에서 하나님을 진리적으로 표현한, 하나님의 본체에 대한 形而上學적 인식이다.

이 연구는 지난날 이룬 길의 추구 과정을 통해 인류가 궁구한 궁극적 실재와 하나님과의 연관성을 끊임없이 살펴왔다. 물론 동일한 하나님을 두고 지역과 문화적인 여건상 이름을 달리 말한 예도 있지만, 궁극적 실재 역시 선현들이 도달한 결론은 한결같이 하나님이 존재한 조건과 동일한데도 누구도 그것이 곧 그것이란 판단과 연결고리를 찾아내지 못했다. 그것을 이 연구가 길의 신념을 통해 해결했기만, 문제는 그것이 세상의 조건으로서는 확인할 수 없는 이 연구의 주관적인 판단이며, 신념인 것 이상을 벗어날 수 없다. 여기에 대해 하나님이 어떤 말씀의 응답 메시지를 주셨는가? 인간으로서는 풀 수 없는 지혜 영역임에, 하나님이 진리의 성령으로 임하여 이 순간 가르침의 역사를 펼치시다.

하나님께서 말씀하시길, "~ 요한이 義의 道로 너희에게 왔거늘, 너희는 저를 믿지 아니하였으되 세리와 창기는 믿었으며, 너희는 이것을 보고도 종시 뉘우쳐 믿지 아니하였도다."

이 말씀에 길의 간구와 길이 일군 신념에 대한 일체 확언 지혜가 함축되어 있다. 지혜 가르침의 근거를 제시하였으므로, 이제는 이 연구뿐만 아니라 모두가 오늘날 하나님이 진리의 성령으로서 밝히는 가르침의 말씀을 받들 수 있는 눈(영안)과 통찰력(지혜)을 가져야 한다. 즉, 궁극적 실재에 관한 인류의 유구한 진리 탐구 역사가 세계 본질적인 조건상 미처 본체를 드러내지 못한 하나님의 실체성에 관한 추적 노력이고, 인식 상태란 사실을 확인할 수 있다면(궁극적 실재=미완성된 하나님의 존재 본체), 인류가 선천 하늘을 수놓은 진리 탐구 목적과 하나님이 진리의 성령으로서 일군 섭리 영역을 일관하고, 세계적으로 확대할 수 있다.[2] 그만큼 궁극적 실재＝ 하나님의 존재 본체란 길의 신념에 대한 계시 메시지는 본 편의 저술 방향은 물론이고, 인류가 나아가야 할 미래 역사의 추구 방향을 지침하기 때문에 귀추가 주목된다.

이에, 하나님은 어떻게 말씀하셨는가? "요한이 義의 道로 너희에게 왔거늘, 너희는 저를 믿지 아니하였다." 그러니까 궁극적 실재＝義의 道＝하나님의 몸 된 본체란 사실을 이미 수없이 계시하여 지성사를 수놓았는데 불구하고, 인류가 그런 사실을 깨닫지 못하고 도무지 믿지 않았다. 그 어리석음이 어느 정도인가 하면, 직접 눈으로 보고 동일성을 자기 입으로 말해 놓고서도 하나님이 세계적인 조건상, 궁극적 실재로 모습을 나타낸 것뿐인데, 이런 하나님을 알아보지 못했다. 그 말씀 의도가 바로 "요한이 義의 道로 너희에게 왔거늘, 너희는 이것을 보고도 종시 뉘우쳐 믿지 아니하였도다" 이다. 그러므로 하나님이 응답으로 확언해 준 이상, 지금부터라도 진리 탐구 발자취를 살펴서 깨닫고 믿으면 궁극적 실재＝하나님의 몸 된 본체란 사실을 확인할 수 있다. 그 길을 이 연구가 열린 가르침으로 안내하고 논거하리라.

그렇다면 인류는 그동안 왜 모든 조건을 갖춘 상태인데도 궁극적 실재 ＝하나님의 존재 본체란 사실을 알아채지 못했는가? 인간적인 지식으로 판단해서이다. 어떤 세상의 근거로서도 궁극적 실재-하나님의 존재 본체

---

2) 알고 보니 이것은 세계 가운데서 임재하고 역사한 하나님의 존재 사실을 확인하는 그것이 일차적인 목적이 아니고, 살아 계신 하나님을 세계의 어디를 통해서도, 무엇을 통해서도 하나님이 존재한 사실을 확인하고 체득함을 통해 인류 영혼을 보편적으로 구원하기 위한 예비 역사 일환임.

란 사실을 증거할 수 없다. 그렇다면? 결국 믿음이 관건이다. 이 연구가 밝힌 '길의 신념'도 하나님의 확인이 있기 전에는 주관적인 판단에 불과했다. 믿음을 가져야 했나니, 그리하면 성령의 역사가 함께하여 진리의 길로 인도받아 지혜로운 가르침을 받들 수 있다. 즉, 길 위에 주어진 응답 말씀을 통해 보면, 길의 의식과 궁극적 실재에 관한 신념이 하나님이 밝힌 계시 뜻과 일치된 합일 상태를 확인할 수 있다. 그리고 그것은 이 연구가 선지자로서 하나님의 말씀을 대언할 수 있는 필수 자격이자 조건이다. 이 연구는 일찍이 추구한 길의 과정에서 "진리 통합의 완수 위에 드러난 보혜사 성령의 실체"를 증거한 바 있거니아, 본 편의 긴구를 통해서도 그 진의를 재차 확인한 이상, 이 연구는 이후의 논거 과정을 통해 궁극적 실재=하나님의 본체 등식을 성립시키는 일체 조건을 갖추었다는 사실을 확실하게 증거하리라. 아멘.

제47장 궁극성 추적

궁극은 "어떤 과정의 마지막이나 막다른 고비"이다. 삶의 궁극적 의미와 하나님의 궁극적 목적 등, 그래서 **"궁극적 실재"**는 실재하는 모든 것의 궁극은 무엇인가 하는 것이다. 여기서 실재(實在)는 사실로서 현실에서 존재하는 것이고, 실체(實體)는 어떤 대상의 진정한 정체나 본질로서 인식 주체로부터 독립해 객관적으로 존재한다고 여겨진 그 무엇이다(실제로 존재함). 즉, 표상을 변화시키는 사물의 배후에 있다고 하는 '불변의 실체'를 의미한다.[1] 이런 개념을 종합할 때, 실재의 궁극을 찾아 나서면 결국 실체의 궁극에 도달한다. 궁극이란 말 그대로 形而上 중의 形而上으로서 인류가 궁금하게 여긴 것 중에서도 제일 정점에 있다. 인류가 구하고자 한 것 중에서도 정점에 있고, 인류가 해결하기를 바란 것 중에서도 정점에 있다. **세상 위에 나 있는 길은 여러 갈래이지만, 궁극은 하나이다.** 가치, 존재, 의미, 변화, 생성 등등. 운동의 궁극은 정지인가, 고통의 궁극은 죽음인가, 종의 궁극은 진화인가? 등등. 왜 이처럼 인류가 유사 이래 쉬지 않고 실재의 궁극성을 추적한 것인가 하면, 현재 오감으로 확인할 수 있는 삼라만상 존재는 과정적이고 변화하는 것이기 때문에 원판, 원 모습이 아니라고 여긴 탓이다. 서울에서 버스를 탄 사람은 한두 번 휴게소에 내리기는 하지만, 그곳이 최종 도착지는 아니다. 잠시 내렸다가는 다시 타는 것처럼,

---

1) 궁극적 실재 · 실체, 다음 어학 사전.

현재 존재하는 삼라만상 현상과 모습도 그러하다. 현실에서 존재하는 것은 사실이지만, 그것만이 전부가 아니며, 실제로 존재한 원 모습도 아니다. 그래서 인류는 이런 문제에 대해 궁금증을 일으켰고, 궁극적인 실재를 추구해야 할 필요성을 절감했으며, 나름대로 궁극적 실재가 무엇인지 밝혀서 정의하고자 했다. 그런 의미에서 생성의 궁극(실재)은 결국 존재의 궁극(실체)과 일치한다. 하지만 지성들이 그처럼 존재한 모든 것의 궁극적 일치점, 그러니까 사고적, 존재적, 생성적 도달 지점을 찾아 나섰는데도 불구하고 최종적인 결론을 내리지 못한 이유는 그렇게 추적한 인간 삶의 과정 전체가 생성하고 있어서이다. 그렇다면? 사고와 존재와 생성을 지배하는 것은 그것을 있게 한 창조에 있다. 따라서 창조가 무엇이고, 존재한 실체가 어떻게 창조되었는가를 알아야(본의 관점) 탐구한 실재의 궁극성 추적 도착지를 찾을 수 있다. 그런 만큼, 인류가 찾아 헤맨 궁극적 실재는 지금 존재한 만물과 현상과 법칙이 있기 이전의 形而上學적 본체인 것이 분명하고, 본의로서 가늠하는바 하나님의 본체가 드러나지 못한 세계적 조건 속에서 지성들이 얼굴 없는 하나님의 본체를 무형의 작용 실체, 道, 기운, 본질 등으로 인식한 것이 틀림없다. 이런 사실을 이 연구가 증거하는 단계를 넘어서 열린 가르침으로 밝히고자 한다. 모든 창조 역사와 만물과 생성의 너머에 존재한 실재의 궁극자가 어떻게 거룩한 하나님의 形而上學적 본체였다는 사실을 알지 못한 것인지 이유와 원인을 밝히리라. 유사 이래로 추구하고 궁구했지만 해결하지 못하고 결론 내리지 못한 인류의 심원한 정신적 과제라, 얽히고설킨 실 가닥을 하나하나 풀어나가고자 한다.

"궁극적 실재"를 추구한 것은 사고하는 인간이 가진 숙명인 만큼, 인류가 쌓은 지성사에 나타난 보편적 성향이다. 이유는 지적했듯, 현재 실재한 존재 상황이 변화무쌍하고 지극히 생성적인 탓이다. 그런 만큼, 세계의 궁극성을 찾고자 한 노력은 결국 실재한 '존재의 시원', 가늠하고자 한 '인식의 시원', 그리고 그것을 있게 한 '창조의 시원'과 맞물리게 되었다. 지금까지 지성들은 존재와 인식 영역까지는 파고들었지만, 창조의 근원 영역은 관심 밖에 있은 탓에 나름대로는 궁극적 실재가 무엇인가에 대해 주장했지만, 규명할 방도까지는 찾지 못했다. 인식적으로는 실체 규명을 아예 포기한 지경이다. 하나님의 본체가 드러나지 못한 선천의 본질적 조건 안에서는 창조 역사로 인해 성립한 '창조 방정식'을 풀 길이 없었다. 그래서 현재 주어진 조건을 가지고 최선을 다해 끝 간 데까지 추구했지만, 막상 도달하고 보니까 그곳은 인간으로서는 도무지 헤쳐 나갈 수 없는 망망대해가 가로놓인 격이라고 할까? 그런 **"궁극적 실재"**의 추적 동기와 인식의 끝은 칸트라는 철학자를 통해 가늠할 수 있다. "칸트에 따르면, 인간은 본성적으로 形而上學적인 것을 묻는 존재이다. 인간은 살아가면서 누구나 자연스럽게 삶의 궁극에 관해 물음을 던진다. 인간 이성은 그 자연 본성으로부터 부가되어 결코 물러날 수 없는 물음을 묻되, 그에 대한 답은 그의 능력을 벗어나 있어 결코 답할 수 없는 그런 물음으로 괴로워하는 운명을 갖고 있다."[2] 인간이 살아가면서 자연스럽게 던지는 물음이란 바로 자신의 영혼, 세계 자체, 그리고 神에 관한 물음이다. 즉, 나는 죽으면 어떻게 되는가? 영혼은 불멸하는 존재로서 사후에도 존속하는가? 인과 필연성의 세계 안에서 과연 자유는 있는가? 神은 존재하는가? 등등. 인간은 본성적으로 이런 문제에 관해 물음을 던져왔고, 철학자는 이런 물음에 대해 학문적으로 답해왔다. 하지만 그들은 실체의 단순성, 객관적인 인과의 필연성과 자

---

2) 『순수이성비판(1)』, 박종현 저, 아카넷, 2006, p.165.

유, 최고의 실재성 등에 근거해서 궁극적[形而上學] 대상인 영혼, 세계, 神에 관해 어떤 결론을 끌어낸다고 해도 그것은 끝내 개념적인 논의에 그치는 것일 뿐, 물음을 제기한 일반인에게 충분한 설득력을 갖지 못한다.[3] 궁금증을 해결할 만한 근본적인 키를 찾지 못한 것이다. 칸트도 살펴보면 이와 비슷하게 판단한 것이겠지만, 이 같은 여건이 보편적이라는 사실은 동서양의 지적 전통을 통해 여실하게 확인할 수 있다. "무엇이 궁극적 실재인가? 현상 세계의 궁극적 바탕은 무엇인가? 나라는 존재의 근원은 무엇인가? 이런 물음에 대해 서양에서는 소크라테스 이전 철학자들이 추적해서 답을 내어놓았다. 물, 불 같은 자연물, 혹은 수 같은 추상적 관념"[4] 등. 그리고 동양에서 道를 구하고자 한 것, 깨달음을 얻고 열반에 이르고자 한 것, 공자가 아침에 道를 얻으면 저녁에 죽어도 좋다고 한 것 등도 궁극성에 관해 답을 얻고자 한 노력 일환이다.

이처럼 **궁극적 실재**는 존재의 근원, 생성의 근원, 사고의 근원을 추적해서 도달한 그 무엇인 탓에 한편으로는 모든 원인 발생의 궁극이기도 하다. 근원 된 그 무엇인 탓에 궁극적 실재는 정작 지성들이 찾은 원인적 요인과 경과적 요인과 변화적 요인을 모두 제거했을 때 드러나는 그 무엇이다. 궁극적 실재는 곧 形而上學적 본체로서 현재 존재한 것 자체와는 차원을 달리한다. 이것을 철학, 곧 "形而上學 영역에서는 존재자의 특정 속성이 아니라 존재자 자체를 탐구한다고 하고, 존재자의 이런저런 속성이 아닌, 존재자 자체를 실체(實體, substance)라고 하는데, 실체에 상응하는 그

---

3) 『실체의 연구(서양 형이상학의 역사)』, 한자경 저, 이화여자대학교 출판문화원, 2019, pp. 309~311.

4) 위의 책, p.36.

리스어는 '본질'을 의미하는 '우시아(ousia)'이다."⁵⁾ 이런 개념 연결을 통해 궁극적 실재, 즉 존재자 자체, 존재자의 본질, 그렇게 부르는 실체란 과연 무엇인가? 누구도 단도직입적으로 답(규정)하기 어려운 문제점과 맞닥뜨린다. 헝클어진 실타래는 한두 가지 고를 푼다고 해서 정리되는 것이 아니다. 궁극적 실재는 존재자 자체인 形而上學적 본체로서 정작 실체 자체는 현재 존재한 상태와는 차원이 다르고, 현재 존재한 요인과도 원인이 끊어져 있어 존재한 것 자체만으로서는 실체 파악이 어렵다. 그런데도 선현들은 이런 조건 상의 불미에도 불구하고, 현재 주어진 상태를 토대로 궁극적 실재의 形而上學적 실체성을 규명하고자 하였는데, 다름 아닌 제 현상을 일으킨 기반을 통한 추적 관점이 그것이다. 궁극적 실재=形而上學적 본체=실체, 곧 존재하는 것에 대해 그것의 최초, 원리, 근본, 근원(arche)을 묻게 되었다. 온갖 생성과 소멸과 변화의 근거를 이룬 존재 자체, 존재의 근원, 곧 궁극적 존재(실재)란 과연 무엇인가? 그처럼 처음부터 존재하는 것에 대해 "서양 形而上學자들은 크게 두 가지 측면으로 나누어 추적했다. 하나는 물질적 질료(재료) 측면이고, 다른 하나는 정신(관념=형상)적 측면이다. 이처럼 만물의 근본이 되는 근원(궁극적 실재)을 찾는"⁶⁾ 접근 방법은 지적했듯, 단일한 현상적 차원 안에서 차원 밖의 실마리를 찾고자 한 격이라, 도무지 해결할 수 없는 문제였다. 形而上學적 실재에 대한 개념적 접근과 추적 방식이 그러하고, 설정한 조건도 그러하다. 인간이 지닌 존재 조건으로서는 도무지 파악할 수 없는 그 무엇을 궁극적 실재로 규정하고, 도달할 수 있는 가능한 조건이 모두 끊어져 있는 사실을 모르고 무모

---

5) 위의 책, p.22.

6) 위의 책, pp. 26~27.

하게 도전해서 단정한 격이다. 실재를 추적한 접근 방식과 관점이 제한적이다 보니 무엇을 궁극적인 것으로 보는가에 따라 다양한 방식으로 이해하고 말았다. "실체를 궁극적인 것으로 규정하면서도 자아와 세계를 이루는 궁극의 존재에 대한 답이 분분하게 된 이율배반이 있게 되었다."[7] 실체가 궁극적이라면 그런 실체를 이룬 궁극의 존재 역사도 궁극적인 그 무엇이어야 하는데, 다양하게 규정했다는 것은 모순이다. 이런 문제를 이 연구가 열린 가르침의 지혜로 해결하고자 한다.

이렇듯 제한적인 조건 속에서 동서양의 선현들은 "궁극적인 존재자가 실재한다는 것의 의미가 무엇인지, 그런 존재자는 이렇게 해서 존재하는지, 존재의 원리, 존재의 근원은 무엇인지, 왜 아무것도 없기보다는 오히려 무엇인가가 존재하는지, 그런 궁극의 존재자 자체를 과연 무엇이라고 하였는가?"[8] 깨어 있는 선각들이 아무리 문명 전환과 무극대도 시대가 도래한다고 예고해도 인류 앞에 당면한 문제, 곧 **궁극적 실재**가 무엇인지를 밝히지 못한다면 한발도 그렇게 예견한 방향으로 나갈 수 없다. 그것은 비단 철학 영역에서의 形而上學적 해결 과제인 것만이 아니다. 그런데도 지난날에는 세계와 진리와 역사적인 문제를 모두 짊어진 궁극적 실재 규정 과제가 어떤 타당한 이유와 근거도 내세우지 못한 상태에서 선언되었고, 단정한 데 그쳤다. 이런 실상을 깨닫고 이유를 알아야 궁극적 실재의 形而上學적 본체, 곧 창조적 실체를 규명하는 방법과 길을 모색할 수 있다. 즉, "서양의 플로티노스는 시간 너머 영원, 변화 너머 하나인 一者를 궁극

---

7) 위의 책, p.6.

8) 위의 책, p.20.

의 존재"[9]로 보았고, 동양에서는 "우주 만물의 실체, 또는 실체를 이루는 근본 이치를 道라고 하고, 그 道가 우주의 실체이자 우주를 운행하는 근본 원리",[10] 곧 궁극적 실재라고 하였다. 중세 시대 교부 철학자 아우구스티누스(354~430)는 우주 만물 존재의 유일한 궁극은 오직 단 하나의 神일 뿐이라고 말했다. 그리고 근대를 연 철학자 데카르트는 세상 모든 존재와 현상을 의심할 수는 있지만, 그렇게 의심하고 있는 자신이 존재한다는 사실 자체만큼은 의심할 수 없다는 사실을 자각하고, "의식 활동의 주체로서의 자아란 존재를 절대적으로 확신했다."[11] 궁극적 실재로서 합당한 조건을 갖추었다고 선언한 것이다. 유구한 세월을 두고 선현들은 나름대로 궁극적 실재를 추적해서 규정한바 一者, 道, 神, 사고하는 자아 등을 내세웠지만, 오늘날에 이르러 분명해진 사실 하나는 이들 모두가 자체 지닌 존재 조건만으로서는 궁극적 실재가 될 수 없다는 데 있다. 하나 정도는 정말 궁극적인 조건을 갖추었다고 할 수 있겠지만, 그러기 위해서는 충분한 근거를 제시해야 하는데, 그런 측면에서 볼 때 모두 자격 미달이다. 그렇다면 남아 있는 방법은? 지금까지 규명한 실재들을 인정한 바탕 위에서 그것을 포괄하는 것이다. 그리하면 궁극성에 대한 기나긴 인류의 추적 과정을 일단락할 수 있다. 선현들은 도달한 세계의 근원과 도달처를 다르게 말했지만, 실재 자체까지 그런 것은 아니다. 관점의 제한으로 표현은 달랐지만, 궁극적 실재로서 내세운 차원적인 조건은 비슷했다. 그렇게 궁극성을 지향한 존재 조건은 과연 무엇인가? 天=道=梵=太極=空=理=神이라, 결

---

9) 위의 책, p.96.

10) 『지적 대화를 위한 넓고 얕은 지식』, 앞의 책, p.260.

11) 『실체의 연구』, 앞의 책, p.207.

국 천지 만물을 있게 한 바탕체인 하나님의 '창조 본체'였나니,[12] 그 궁극적 실재가 오늘날 이 땅에 강림하신 보혜사 하나님의 지상 강림 본체란 사실을 증거할 수 있으면 된다(창조주 하나님=보혜사 하나님=진리의 성령). 다시 말해, 궁극적 실재가 천지 만물을 있게 한 하나님의 창조 본체로서 조건을 갖추고 규명할 수 있을 때 인류는 비로소 오랜 지적 추구 여정을 끝내고, 궁극적 실재의 形而上學적 본체에 도달하게 되리라. 그토록 궁금했던 궁극적 실재의 정체를 확인할 수 있으리라. 오늘날 진리의 성령으로서 강림하신 보혜사 하나님의 존안을 뵈옵게 되리라.

---

12) "요한이 義의 道로 너희에게 왔거늘……" 즉, 하나님이 이미 궁극적 실재로서 인류 앞에 숱하게 현현했다고 밝힘. 단지 인류가 그런 사실을 알지 못하고, 믿지 못한 것이 문제임.

제48장 사고적 추정

1. 인식성

서양의 플라톤(B.C. 427~347)이 궁극적 존재(실재)를 가시적인 현상계 너머의 비가시적인 이데아계(본체계)에서 찾았던 것은 그만한 이유가 있다. 가시적인 현상계에 속한 우주 만물은 시간 안에서 생겨났고, 시간과 더불어 사라지는 무상한 것인데 비해, 비가시적인 이데아계는 생성 소멸과 변화를 넘어선 것으로써 더욱더 실재적이라고 여겨서인 것만은 아니다. 더욱 근본적인 이유는 바로 현상계와 이데아계와의 차원적인 차이에 있다. 특성을 비교한 것이기 이전에 궁극적 실재로서 갖춘 필연적 조건을 말미암게 한(근원, 바탕, 본질, 창조) 것과 연관된 탓에 이데아계는 현상계와 동일한 특성(권능)을 지닐 수 없다. 그래서 구분할 수밖에 없고, 질적 차이를 지녔다. 그런데도 선현들은 이 같은 사실을 알지 못해 궁극적 실재를 규명하지 못한 이유도 알지 못했다. 플라톤이 "현상계는 각각의 대상이고, 이데아계는 이성적 사유의 대상"이라고 말한 것이 그러하다. 주어진 특성만 비교하였고, 말미암은 연유를 간과한 플라톤은 궁극적 실재인 이데아계를 사고적인 방법으로 추정하였다. 감각적 인식과 **"사고적 추정"**은 궁극적 실재를 추적하는 것과는 거리가 있는데, 지성들은 지금까지도 이런 사실을 자각하지 못하고 있다. 왜 관념론이 유물론과 함께 근원과 우선성 자리를 두고 다투게 된 것인지에 대한 원인도 여기에 있다. 사고를 통하면 무궁한 상상력을 발휘할 수 있지만, 문제는 사고력을 지배하는 인간의 인식적 조건은 분열하는 현상적 특성을 벗어날 수 없으므로 사고를 통한 궁극적 실재 인식은 추정할 수밖에 없다. 살펴보면, "그리스인은 세계의 보편자를 찾아 철학 했고, 동양의 현인은 우주의 본체를 찾아 철학을 했지만",[1] 궁극적 실재를 추적하고자 한 방법과 인식적 수단에 제한이 있다는 사실을 모른 상태에서는 궁극적 실재와의 거리를 좁힐 수 없는 것은 물론이고, 사고적 추정이 지닌 한계성도 극복할 수 없다. 그래서 이런 사실을 늦게나마 눈치챈 자가 나타났는데, 그가 서양 철학에서 인식 이론을 대성한 칸트이다. 그는 "뉴턴 물리학에 커다란 감명을 받고 뉴턴이 개척한 과학을 바탕으로 인간이 무엇을 알 수 있는지, 인간은 또 무엇을 해야 하는지를 밝히려고 했다."[2] 하지만 단도직입적으로 말해, 칸트가 펼친 인식 이론은 뉴턴의 영향을 크게 받았다고 하였듯, 앎의 대상이 현상계에 국한되었고, 궁극적 실재에 해당한 물 자체 영역은 의도적으로 제외했다는 사실을 알아야 한다. 따라서 서양 인식론이 제공한 방법적 틀 안에서 궁극적 실재를 규명하려고 한 그동안의 지성사적 노력은 재고해야 한다. 당연히 그로 인해 단정한 물 자체에 대한 부정적 인식 역시 지금의 단계에서는 불식시키고 수정해야 함이 마땅하다. 서양 철학이 인간의 앎과 진리에 대한 인식 영역을 철저하게 분석해서 개척한 이론을 세웠다고 자부하고 있지만, 현상적 대상과 차원이 다른 궁극적 실재에 관한 접근 방법과 정보에 대해서는 전혀 무지했다. 이런 근본적인 문제점을 알고 칸트의 순수이성

---

1) 『철학 콘서트』, 앞의 책, p.155.

2) 『철학의 모험』, 앞의 책, p.199.

비판 철학을 살펴야 한다.

"서양은 고대로부터 이성을 인간 사고의 본질로 간주해 왔다. 이성은 명석 판명한 의식을 가지고 개념적으로 사유하고 판단하는 능력으로서 인간을 인간답게 하는 인간의 본질로 여겨졌으며, 따라서 인간은 늘 '이성을 가진 동물'로 정의되었다."[3] "이성(Vernunft)은 이론 이성과 실천 이성을 포함해 인간 정신을 총칭하는 광의의 개념으로서 객관 세계를 인식하는 이론 이성의 활동을 논할 때, 칸트는 인간의 인식 능력을 크게 '감성'과 '지성'으로 구분했다. 여기서 감성은 대상으로부터 인상 또는 감각 자료를 받아들이는 능력이며, 지성은 주어진 감각 자료를 정리하고 개념화해 사고하고 판단하는 능력이다. 대상을 보고 듣고 만지는 등 감성의 활동을 직관(Anschauung), 그리고 대상에 대해 사유하고 판단하는 지성의 활동을 사고(Denken)라고 부른다."[4] 인간은 인식하고자 하는 대상에 따라 다양한 능력을 발휘할 수 있는 유연성을 가졌는데, 칸트는 그런 대상 영역을 현상계에 국한하다 보니 인식 수단도 대상으로부터 인상 또는 감각 자료를 받아들이는 능력을 감성이라고 해 한정해 버렸고, 나아가서는 그렇게 구분한 영역으로부터 받아들인 대상에 대해 사유하고 판단하는 지성의 활동을 사고라고 하여, 사고 능력까지 한정해 버린 결과를 낳았다. 그런 측면에서 칸트가 규정한 '개념적 직관'과 이 연구가 상용한 '의식적 직관'과는 질적으로 차이가 있다는 점을 지적한다. 로마가 제국으로 발전하여 지중해를 장악했을 때는 그것이 그들 세계의 전부였다. 이성 작용도 마찬가지이다. 이성, 그것은 일어나는 모든 현상을 파악하는 무소불위한 사

---

3) 『실체의 연구』, 앞의 책, p.360.

4) 위의 책, pp. 315~316.

고 능력인 것 같지만, 사실은 미치지 못하는 대상 영역이 있다. 이런 사실을 발견한 칸트는 이것이 인식 영역에서의 '코페르니쿠스적 전회'와 같다고 하였다. 그래서 "칸트는 우리가 자연적 본성에 따라 관점을 갖게 되는 形而上學적 대상에 대해 직접 논하려 하기 이전에, 우선 우리가 가진 인식 능력 자체에 대해 먼저 검토해 봐야 한다고 주장했다. 이처럼 이성 자체를 비판적으로 살펴보고(순수 이성 비판), 지성이라고 불리는 능력의 근원을 밝혀서 지성 사용의 규칙과 한계를 규정했다."[5]

그렇게 한 사고방식의 전환 결과를 통해 칸트는 지적하길, "우리에게는 선험적 인식에 해당하는 원칙이 있는데, 이 원칙은 形而下의 영역에 대해서는 타당하지만, 形而上의 영역에는 적용될 수 없는 원칙이다. 그런데 합리론은 그 원칙을 形而上의 영역으로까지 월권해서 적용한 독단주의에 빠졌고, 경험론은 그 원칙을 形而下의 영역에서조차 인정하지 않은 회의주의에 빠졌다. 이것은 칸트가 발견하여 세운 선험적 원칙이 어떻게 해서 가능한지에 관한 물음, 즉 원칙의 근원에 관한 물음과 그것이 어디까지 적용될 수 있는지에 관한 물음, 곧 원칙 적용의 한계에 관한 물음을 제대로 해결하지 않았기 때문이라고 하였다."[6] 그렇게 일체를 고려한 이성 비판의 최종 결론으로서 칸트는 "물 자체는 인식할 수 없다"라는 명제를 세웠다. "우리가 경험하는 세계는 물 자체가 아닌, 우리 자신의 인식 형식에 의해 제약된 현상일 뿐이라고 논하고, 그러한 제약을 벗어난 무제약자로서의 물 자체, 즉 형상 구성자인 초월적 자아 자체는 우리가 알 수 없다. 세계는 우리 자신의 인식 형식에 의해 구성된 현상 세계와 그러한 인식 틀에 의해

---

5) 위의 책, pp. 312~313

6) 위의 책, p.312.

규정되지 않은 물 자체 세계로 구분된바, 순수 이론 이성이 파악하는 세계는 우리 자신에 의해 구성된 현상 세계이고, 그러한 현상 세계를 구성하는 초월적 자아 자체, 곧 물 자체는 이론적 인식 대상이 아니므로 알 수 없는 것으로 남게 된다."[7] 칸트는 물 자체와 현상 세계를 구분하기만 하고, 어떻게 해서 연결 짓지는 못했는가? 그의 말처럼 현상 세계는 우리의 인식 형식에 의해 구성되고, 우리의 인식 형식에 의해 제약되며, 그렇게 해서 결정된 인식 틀로 규정한 세계만 보았고, 현상 세계가 물 자체로부터 말미암았고, 창조되었다는 사실은 알지 못해서이다. 우리의 인식 능력이 무제약자로서 물 자체를 인식하는 데 있어 한계가 있고, 인식 영역 밖이라는 사실은 인지했지만, 그런 제약이 어떻게 해서 주어진 것인가 하는 문제를 설명하지 못했다. 하지만 판단할 수 있는 진상으로서 물 자체는 우리가 인식할 수 없는 것이 아니다. 물 자체와 현상계를 창조된 실마리로 연결하면 인식할 수 있는 길이 있다. 물 자체는 당연히 인류의 온갖 사고적 추정 조건과 무관하게 실재한 것이다. 따라서 칸트가 결론 내린 일체 판단과 그로 인해 파생한 결과는 모두 수정되어야 한다.

지적했듯, 칸트는 『순수 이성 비판』의 「변증론」에서 "합리론자들이 선험적 인식의 한계를 알지 못하고, 그것을 形而上學의 대상에까지 확대 적용하는 잘못을 범했다"라고 하였다. "실체나 인과성 또는 실재성의 범주와 그것으로부터의 선험적 원칙을 우리의 경험 대상이 아닌 영혼과 세계 자체와 神에게 적용하여 설명하는 것은 독단이다. 그래서 내린 판단이 실체의 단순성에 따라서 영혼이 사후에도 존속한다고 증명하는 것, 최고 실재 존재자라는 개념에 따라서 神이 현존한다고 증명하는 것 등은 모

---

7) 위의 책, p.345.

두 인간 인식의 한계를 무시한 독단을 보여 준다"[8]라는 것이다. 칸트는 결국 궁극적 실재의 문을 열 수 있는 열쇠를 찾지 못하고 말았다. 이성이 인간 사고의 정상적인 작동 기능인 것 같지만 제한이 있고, 이유는 다름 아닌 인간의 인식 작용이 창조된 결정성의 제약을 받고 있다는 데 있다. 그래서 구분해야 할 것은 인식 상으로 드러난 결과와 물 자체(궁극적 실재) 사이에는 차이가 있다는 것, 거울이 지닌 특성에 따라 사물도 그렇게 비치는 것처럼, 궁극적 실재를 추적하는 데 있어 한계를 느낀 것은 인식 자체가 지닌 제한된 조건 탓이다. 원인을 안 만큼, 칸트가 말한 사후 영혼의 존속 증명과 神의 현존 사실에 대한 증명이 不가능한 것, 그리고 물 자체를 인식할 수 없다고 한 것은 **"사고적 추정"**의 한계성과 인식 작용의 제한적인 특성을 고려하면, 천만 년 베일에 가린 궁극적 실재(神, 영혼, 물 자체……)의 실존성을 밝힐 수 있다.

예를 들어, 아리스토텔레스가 만물의 근원 된 실재(제일 원인)가 갖춘 존재 조건으로 제시한 '부동의 원동자'는 사고의 결정 질서를 따른 가정한 본체 상태이다. 창조된 세계가 요구하는 조건에 따라 사고적으로 추정한 것이니, 그런 조건을 충족시킨 부동의 원동자(궁극적 실재)는 정작 그런 조건과 동떨어져 있다. 이런 궁극적 실재의 차원적인 특성을 부각하기 위해 오죽하면 "아우구스티누스가 '無로부터의 창조'설을 통해 창조주와 피조물이 질적으로 다르다는 것"[9]을 강조하고자 했을까만, 이러나저러나 문제는 창조로 인해 결정된 사고의 추정 범위 안을 벗어나지 못해 창조주와의 인식적 단절이 불가피했다. 왜 분열하는 현상 세계 안에서는 무한 소

---

8) 위의 책, p.332.

9) 위의 책, p.132.

급 상황을 멈출 수 없는가? "무언가가 다른 것의 원인이 된다면, 그 원인의 원인은 무엇인가?"[10] 왜 원인을 필요로 하지 않는 제1 원인을 가져야만 무한정한 소급 조건을 소멸시킬 수 있는가? 무한 소급은 다름 아닌, 우리가 존재한 조건이 피조된 질서 안에 있다는 사실을 증명할 뿐이다. 피조체가 무한 소급 상황을 벗어날 수 없는 것은 창조로 인해 결정된 조건 탓이다. 같은 차원 안에서는 무한 소급될 수밖에 없는 것이 본질이다. 이런 결정 조건을 벗어나기 위해서는 다른 차원 안에서만 가능하다. 1차원 안에서는 1차원이 지닌 결정 조건을 벗어날 수 없고, 2차원 안에서는 2차원이 지닌 결정 조건을 벗어날 수 없다. 그처럼 어쩔 수 없는 조건이 같은 차원 안에서는 절대적인 지배 조건이지만, 그렇다고 해서 3차원이 존재하지 않는 것이 아니듯(현 세계의 시공간), 선현들은 그렇게 주어진 3차원의 결정 조건을 벗어나지 못한 탓에 궁극적 실재를 인식할 수 없다고 단정하였다. 하지만 그 같은 조건과 상관없이 4차원은 존재하고 있다. 물 자체, 아니 하나님이 우리가 존재한 세계와는 차원이 다른 하늘나라에 엄존하고 계신다는 사실을…… 진실을 모른 상태에서는 모든 것이 모호하지만, 알고 나면 모든 것이 명약관화해진다. 물 자체, 혹은 궁극적 실재의 존재 사실도 그러하다. 실재한 사실을 긍정했건 부정했건 간에 그들이 그처럼 판단할 수밖에 없었던 세계적 조건이 이제는 분명하게 드러났다. 그런데도 천지 만상이 창조된 사실을 모르면 현재 주어진 조건만 세계를 이룬 전부인 것으로 아는 탓에, 궁극적 실재를 오직 자신이 승험할 수 있는 조건만을 기준으로 해서 규정하였다. 영국의 존 로크가 대륙의 합리론자들이 내세운 본유 관념을 비판하면서 일체 지식은 경험을 통해 주어진다고 한 인식 이론

10) 『철학』, 앞의 책, p.36.

을 세운 것은(경험론) 인류 문명의 본말을 전도시키는 데 있어 본격적으로 시동을 건 사건이다. 뿌리가 없는 가지만으로 열매를 맺는다고 한 격이므로 진리 영역을 한정시킨 종말 문명을 자초한 것이다.

이런 지적 전통을 심화시킨 흄은 "그때까지 계속된 본유 관념 논쟁에 대해 종지부를 찍고자 경험론적인 인식 이론을 더 정교하게 가다듬었다. 즉, 복합 관념은 단순 관념으로 분할되고, 단순 관념은 단순 인상으로부터 얻어지며, 인상은 경험으로부터 생겨나기에, 결국 우리의 모든 관념은 경험으로부터 획득된다. 따라서 경험과 무관하게 우리에게 태어날 때부터 주어지는 본유 관념이란 존재하지 않는다"[11]라고 설론을 내렸다. 하지만 이것은 전적으로 현 존재를 기준으로 한 **"사고적 추정"**일 뿐이다. 전제한 본유 관념은 인식 루트의 제일 정점에 있는 궁극적 실재인 탓에 경험을 바탕으로 한 사고적 추정만으로서는 본유 관념에 도달할 수 없다. 주어진 사고 자체가 제한이 있는 탓에 본유 관념을 볼 수 없었던 것이지 본유 관념 자체가 존재하지 않는 것은 아니다. 그렇다면 본유 관념은 어떻게 존재한다는 사실을 확인할 수 있는가? 합리론자들은 이런 사실을 전제만 한 탓에 경험론자에게 비판의 빌미를 제공한 것인데, 심원한 본의에 근거하면 해결할 수 있다. 즉, 경험을 통한 지식, 인상, 관념은 결코 처음부터 전혀 없는 無로부터의 창조가 아니란 사실이다. 이미 有한 존재성으로부터의 발현 요인이다. 그리고 경험은 그 촉매 역할을 한 것이라고나 할까?[12] 다시 말해, 경험을 통해 획득한 모든 관념은 백지와 같은[無] 상태에서 경험이 쌓아 올린 결과 의식이 아니다. 이미 존재하고 있지만 잠재된 본유 관

---

11) 위의 책, p.291.

12) 경험은 잠재된 본질 분출의 창구로서 본질 생성을 활성화함.

넘을 경험이 일구어 발현시킨 상태이다.[13] 그 증거 여부를 곧 "본체로부터의 창조"가 판가름하는 것이니, 경험론자가 경험을 인식의 주체 작용으로 내세운 것은 궁극적 실재에 해당하는 하나님의 창조 본체를 지극히 한정적인 인식 수단과 인식 이론에 의존한 것이 된다. 궁극적 실재를 볼 수 있는 눈을 잃어버린 탓에 궁극적 실재가 인류의 지성사에서 퇴출당하고, 어렴풋하지만 개척해 놓았던 길마저 폐쇄해 버린 결과를 초래하였다. 여태껏 주장한 "자기 동일적 영혼이나 자아 등 불변한 실재에 대한 관념은 모두 상상력이 만들어 낸 관념으로 간주해 버렸다."[14] 인류가 애써 추구해서 규정한 궁극적 실재 대상(영혼, 자아, 실체, 神……)을 상상력이 낳은 허구적 실상으로 매도했다. 이것이 바로 본말을 전도시킨 경험론자의 대 문명적 종말 인식이다. 잘못된 판단을 바로잡아야 했지만, 세계적 추세는 오히려 이 같은 사상이 계속 확산하여 만연하게 된 데 심각한 문제가 있다. 협소한 인식 창구로 무궁한 본질 세계를 재단한 것이 본말을 전도시킨 죄악 역사가 아니고 무엇인가? "흄은 작용력이 있는 구체적이고 개별적인 표상을 '인상(감각 표상)', 작용력이 없는 추상적이고 일반적인 표상을 '관념(인상으로부터 얻어진 개념)'"[15]이라고 했지만, 이 같은 인식 이론은 차원이 다른 궁극적 실재와 무슨 상관이 있는가? 그 같은 인식 작용은 창조 역

---

13) 마음에 생기는 관념은 모두 경험을 통해 주어지는 관념이라고 했을 때, 그 경험은 관념을 창조한 것이 아니고, 경험을 통해 주어진 것이다. 즉, 인식이 관념의 범위를 벗어나지 못한다면, 우리의 인식은 결국 경험의 한계를 벗어나지 못한다(위의 책, pp. 228~229). 지배받고 있다는 뜻이다. 경험은 창조된 결정성의 지배를 받는다. 그러므로 경험은 관념 생성의 주체가 아닌, 이미 존재한 본유 관념의 발현 수단임.

14) 위의 책, p.307.

15) 위의 책, p.286.

사로 인해 결정된 사고적인 특성일 뿐인데, 그렇게 한정적인 인식 창구로 가시적이고 가지적인 영역 밖에 있는 본체계를 과감하게 잘라버렸다.

그만큼 많은 선현이 궁극의 문턱에 다다랐지만 안타깝게도 가로 놓인 차원의 장벽을 보지 못한 탓에 그 너머에 있는 궁극적 실재가 존재한 사실을 부정한 원인이 여기에 있다. "불교는 처음부터 개별자는 자신만의 본질, 자기 자성을 가지는 실체가 아니라 무자성의 空임을 말했다."[16] 이것은 존재한 자성으로서의 궁극성을 따진다면 무자성한 空인 것이 맞지만, 또 한편으로는 최종적인 궁극성이 아니다. 일어난 현상의 궁극으로서는 空한 것이 맞지만, 창조로부터 추적했을 때는 틀린다. 空함의 창조적 본질을 불교가 보지 못한 것이다. 유물론자가 "영원한 진리, 불변한 진리를 찾으려는 철학적 노력을 헛된 시도"[17]라고 단정한 것은 자가당착적 편견이다. 그렇게 단정한 것은 그 원인이 바로 그들이 지닌 인식적 조건을 단정한 자체에 있다. 자신이 자기의 손발을 묶어 놓고 자신은 자유가 없다고 말한 격이다. 회의론자 흄이 "물리적인 사물 세계의 물질적 실체뿐 아니라 현상 세계를 지각하고 의식하는 의식 주체로서의 자아인 정신적 실체도 상상력이 만든 허구적 개념에 불과하다. 그래서 감각 경험을 통해 인상으로 확인하는 자아, 객관적 실재로서의 자아, 그런 정신적 실체는 존재하지 않는다"[18]라고 판단한 것은 실재적인 모습이 그러해서가 아니다. 그와 같이 바라본 왜곡된 안목이 낳은 모습을 판단한 것이다. 그러므로 우리는

---

16) 위의 책, p.425.

17) 『철학의 모험』, 앞의 책, p.201.

18) 『실체의 연구』, 앞의 책, p.308.

중심을 바로잡고 뭇 장애인들의 현란한 사고적 추정으로부터 진의를 분별할 수 있는 눈을 가져야 한다. 현상 세계는 왜 가상이고 환상이며 무자성한가? 세계는 처음부터 有함을 본질로 하는데, 어떻게 제행무상이란 허무적 인식에 머물러 있을 것인가? 환상이라고 여긴 것은 그 너머에 있는 궁극성을 보지 못해서이고, 현 존재가 지닌 결정적 제한성을 극복하지 못해서이다. 궁극적 실재를 확인하기 위해서는 현 세계만으로 구성된 모순된 구조를 벗어나야 하며, 그리해야 영원히 자유로운 구원의 문을 열어젖힐 수 있다. 멈춰버린 인식 영역을 차원적인 본질 영역으로까지 확대해야 하리라.

인도인은 말하길, "우리가 실재라고 부르는 것은 환각(삼사라-samsara), 혹은 마야(mara)에 불과하며, 브라만에 대한 초자연적 경험을 통해서만 처음으로 진정한 실재를 볼 수 있다. 우리의 일상 세계는 충분히 실재적이긴 하지만, 피상적인 실재일 뿐이다. 실재는 많은 수준과 깊이를 가졌으며, 제일 깊은 바닥에 있는 실재가 바로 브라만이자 一者이다."[19] 최종 결론이 브라만이고 一者라고 규정한 것이 중요한 것이 아니다. 현상 세계가 전부가 아닌, 그것을 초월한 제일 깊은 바닥에 궁극적 실재가 존재한 사실을 각성하는 것이 중요하다. "궁극을 추구하다가 구경에는 궁극을 찾을 수 없음을 알아차리는 그것이 大覺의 마음"[20]이라는 것은 차선의 결론이다. 결국은 **인류가 모두 궁극성에 도달할 수 있도록 하는 것이 열린 가르침의 목적이다.** 궁극적 실재는 존재하지 않는 것이 아니나니, 존재하는 한 도달하지 못할 것이 없다. 단지 가능할 수 있는 조건을 갖추는 것이 필요한 것이

---

19) 『세상의 모든 철학』, 앞의 책, p.61.

20) 『실체의 연구』, 앞의 책, p.8.

므로, 그런 세계적 조건을 완비할 때까지는 일체 판단이 유보된 상태일 뿐이다. 그래서 비트겐슈타인은 "말할 수 없는 것에 대해서는 침묵하지 않으면 안 된다"라고 한 만큼, 침묵하는 그 시공간대 사이가 곧 보혜사 하나님이 진리의 성령으로서 강림하시기까지였다. 왜 열린 가르침으로 침묵을 깨뜨릴 때까지는 침묵할 수밖에 없었는가 하면, 주어진 현상적 조건만으로서는 존재한 사실을 증거할 수 없고, 합리적인 인식 근거만으로서는 표현할 수 없었다. 불교의 용수는 "사물(대상)이 空하여 고정된 실체(자성)를 갖고 있지 않은 탓에 궁극적 실재는 언어로 표현할 수 없는 불가언설적이고 불가사의한 것"[21]이라고 누누이 강조했다. 초점을 정확하게 맞춘 더욱 근본적인 이유는 현상적인 질서 조건 안에서는 궁극적 실재를 포착하고 부각할 근거가 없었기 때문이다.

그래서 궁여지책으로 강구한 방법으로서 인간이 인식할 수 있고 또 언어로도 표현할 수 있는 질서적 근거로 그것을 부정한 역설적 방법을 채택했다. 어떤 대상을 묘사하고자 한 조각 기법에는 원판 재료를 돌출시키는 방법도 있지만, 파내는 방법도 있다. 궁극적 실재를 드러내는 방법도 그러하다. 현실로서 인식할 수 있는 질서를 부정함으로써 궁극적 실재를 가늠하고자 한 사고적 추정 방법이다. 세계의 질서가 논리적, 질서적, 결정적, 이치적인 것을 기준으로 그것을 부정한 초월적 질서, 혹은 비논리적인 표현 방법이다. 즉, 용수(Nagarjuna, 150~200년경)는 그의 대표적 저술인 『中論』 서문에서 부처님의 무기를 연기법에 기초하여 희론을 적멸하려는 시도라고 해석하였다. 현상의 인과적, 분열적 질서를 근거로 한 궁극적 실재의 **"사고적 추정"** 과정이랄까? 그렇게 해서 도달한 궁극적 실재의 인식

---

21) 『불교의 언어관』, 이지수 저, 과학사상, 범양사, 2000, p.58.

적 표현이 바로 그 같은 인식의 근거 전체를 버리고 부정한 역설적 방법이다. 강을 건널 때는 뗏목을 사용하지만, 강을 건너고 나서는 뗏목이란 수송 수단을 버리는 격이라고나 할까? 소멸하지도 발생하지도 않으며, 단멸하지도 않고 상주하지도 않으며, 같지도 않고 다르지도 않으며, 나타나지도 않고 사라지지도 않는다. 그것이 곧 空性이고, 일체 연기법의 뿌리이며, 무자성한 것이라고 했지만, 이 같은 사고적인 추정에는 한계가 있다. 당연히 나타나지 않았으므로 사라짐이 있을 리 만무하고, 발생하지 않았으므로 소멸할 리 없는데, 이런 인과 상태는 분명 현상적 질서 안에서는 성립할 수 없는 실존 조건이고, 논리적 귀결이다. 그런데도 그와 같은 존재 상태가 실재하는 것이라면, 그것은 결국 창조 이전인 본체 상태를 말한 것이다. 용수는 연기적 질서로 추정한 空性을 통해 궁극적 실재의 無함을 말하고자 한 것이 아니며, 의도는 분명 有함을 드러내고자 한 데 있을진대, 그렇게 하기 위해서는 현상적 조건을 부정한 방법을 취할 수밖에 없었다. 흔히, 禪에서는 "빈손으로 호밋자루를 쥐어라. 한 손으로 손뼉 치는 소리를 들어라. 줄이 없는 거문고를 타라"[22]처럼 초 논리적인 선문답으로 의식의 문을 열고 현실의 인식적 장벽을 허문 깨달음의 세계로 인도하고자 한 전통을 세웠듯, 현상적 질서 안에서의 장애 조건을 타파해야만 우리는 무궁하게 자유로운 깨달음의 문을 열어젖힐 수 있다. 현실 세계에서는 머무는 바 없이 마음을 내는 것이 불가능하지만(『금강경』), 그런 조건으로부터 자유로운 궁극적 실재를 포착하기 위해서는 초월의식을 증험했을 때 궁극적 실재를 향한 문을 순간적으로 열 수 있다.[23] 왜 노자는 "道는 텅 비어 있

---

22) 『한국과 중국 선사들의 유교 중화 담론』, 앞의 책, p.59.

23) 하나님의 창조 본체가 드러나지 못한 선천의 세계적 조건 속에서는 현 질서를 부정하는 방법을

으나 아무리 써도 다하지 않는다"[24]라고 표현하였는가? 그것은 결코 無를 강조하기 위해서가 아니다. 道의 창조적인 본체성을 현상의 질서 조건과 구분함으로써 차원적 실재를 드러내기 위한 표현 방식이었다.

이처럼 궁극적 실재는 인식하기 어려운 제약이 있고, 도달하는 데도 부족함이 있지만, 존재하는 것과는 또 다른 문제이다. 실재하지 않는다면 지금까지 쌓아 올린 인류의 추구 노력이 허사가 되고 말겠지만, 밝힌 바대로 그럴 가능성은 없다. 궁극적 실재가 존재하는 한 그곳에 이르는 길은 있고, 그것은 창조주인 하나님에게로 이르는 길과도 방향이 같다. 그 궁극의 정점에 하나님이 계시나니, 그러므로 **궁극에 이르는 길은 무 싣이 있을 수 없다.** 그리고 그것은 궁극적 실재와 하나님을 연결시키면 된다. 만사는 창조된 피조체인 탓에 그렇게 부여된 결정 본질 자체를 어찌할 수 없지만, 선현들은 어려운 여건 속에서도 극복하려고 발버둥 쳤다. 하지만 때가 이른 오늘날 하나님이 밝힌 본의 계시에 입각하면 가로 놓인 제약 조건을 극복하고 궁극에 이르는 길을 확보할 수 있다. 궁극적 실재와 현상적 존재는 차원의 벽을 사이에 두고 있지만, 그런 실재도 창조 역사로 인해 현재 존재를 이룬 바탕체로서 함께하고 있다는 점에서 길을 찾을 수 있다.

이에, 궁극적 실재에 도달하는 길은 온갖 외부적 대상을 통해서도 사고적 추정을 통해서도 아닌, 존재한 본질과 맞닿아 있는 의식을 정제시키는 방법 속에 숨어 있다. 그것이 무엇인가? 수행을 쌓아 의식을 본질화시키는 방법이 그러하다. 그렇게 정진하면 의식이 걸림 없는 순수 본질 상태에 도달한다. 내면 깊숙한 곳에 잠재한 바탕 본체와 상통하게 되고, 상통하면

통하지 않고서는 궁극적 실상과 본체를 드러내고 설명할 방법이 없음.

24) 『노자철학과 도교』, 앞의 책, p.36.

본질적으로 일체 되어 차원이 다른 궁극적 실재와도 상통할 수 있다. 天人 [神人] 합일과 만물 일체 도달 경지가 그러하다. 불교에서 말한 망념을 여 인 돈오적 깨달음은 의식이 가로막힌 차원의 벽을 뚫고 궁극성의 문으로 진입한 상태를 뜻한다. 지난날은 현상적인 조건으로 궁극적 실재를 바라 본 탓에 제눈의 안경 격이 되고 말았지만, 극복하고 보면 결국 한 모습, 한 이름, 하나인 실재이나니, 그 문 너머에 계신 분이 바로 오늘날 이 땅에 강 림하신 보혜사 진리의 성령이시다. 실재가 하나이면 이르는 길도 하나이 고, 진리도 하나이다. 선현들은 각자가 다르게 진리 세계를 개척하였지만, 궁극의 도달 지점은 결국 천지 창조 역사를 실현한 하나님의 본체로 집결 되고, 그것을 **"궁극적 실재"**로서 각성하였다. 그 하나님의 몸 된 창조 본체 를 드러내기 위해 선현들이 궁극적 실재 자리로서 추적하였고, 하나님은 진리의 성령으로서 인간 의식을 주재한 섭리 역사를 수놓았다. 그 우주적 인 참모습과 본체를 밝히기 위해 지성들이 만난을 무릅쓰고 세계를 탐구 했나니, 그것이 그대로 인류 역사를 수놓은 하나님의 섭리 의지이다. 그래 서 선현들이 홀로 진리를 구하고 진리의 길을 추구한 행업은 그대로 구원 과 영생을 얻는 길과도 연결되어 있다. 궁극적 실재의 정체가 객관적인 실 체라면 그 같은 가치 부여가 어렵겠지만, 끝내 하나님으로까지 연결되어 있으므로 하나님이 그 뜻과 헌신을 義로 여겨 구원을 보장하게 되리라. 그 래서 궁극적 실재를 진리적으로 추구한 것은 결국 하나님의 창조 뜻과 교 감한 계시 말씀과 같다. 선현들의 추구 정신과 몸 바친 헌신과 이룬 노력 이 있었기 때문에 오늘날 하나님이 존엄한 모습을 완성해서 이 땅에 강림 하실 수 있었다. 모든 논거에 대해 믿음을 가지고 순응함으로써 열린 가르 침을 하나님의 말씀으로 받들어야 하나니, 그리하면 궁극적인 실재를 통해서도 하나님의 거룩한 존안을 뵐 수 있게 되리라. 궁극적 실재=하나님의 形而上學적인 본체란 사실을 이 연구의 증거로 확인해서 받들어야 하리라.

2. 시원성

1인 2역, 혹은 다역을 한다는 말이 있듯, **"궁극적 실재"**는 궁극적인 것만큼 궁극성다운 자리와 위치와 비당 역할을 맘에 수행한다. 그중 시원성을 추적하고 따지는 것은 궁극적 실재로 나갈 수 있는 첫 관문이다. 그리고 이것은 하나님이 창세기를 통해 일찍이 공언한 바이기도 하다. "하나님이 태초에 천지를 창조하시니라." 이렇게 말한 선언이 역사적으로 사실일진대, 인류가 궁금하게 여긴 만물과 인류 역사와 대우주의 시원은 하나님이 이룬 천지 창조 역사가 되어야 하는 것이 맞다. 하지만 이전까지는 궁극적 실재가 하나님의 창조 본체로서 확인되지 못한 상태라, 믿음 안에 있었던 역할일 뿐, 실질적인 시원으로서는 인정되지 못한 상태였다. 그러니까 명목상일 뿐, 유구한 역사 동안 선현들은 만물의 시원을 따로 구했고, 또 설정하였다. 물론 그럴만한 빌미를 창세기도 제공한 것이지만, 근본적인 문제는 인류가 가진 믿음의 부족에 있다. 믿고 순종하면 언젠가는 하나님이 문제를 해결할 것인데, 그때를 끝까지 참고 기다리지 못했다. 하나님도 중요성을 알고 계신 탓에 인류 앞에 나선 최초의 공언 계시로 만물의 창조 시원을 밝혔다. 시원 역사에 대한 일종의 사전 전제였다고나 할까? 그렇게 앞서 계시한 역사 의도를 인류가 알아야 했다. 밝힌 바 **"시원성"**

은 당장 한순간에 추적할 수 없는 문제였다는 것을…… 다양한 추적 과정을 거쳐야 했고, 본질적인 측면에서도 생성 과정을 완료해야 한 만큼, 때가 될 때까지는 소정의 믿음 견지가 불가피했다. 그런데도 인류는 이런 사실을 무시하고 주관적인 판단으로 추정한 결과, 본말이 전도되어 버린 종말 국면을 맞이하고 말았다. 때가 때인 만큼, 하나님이 보혜사 진리의 성령으로 강림하시어 천지를 지은 창조주답게 만물의 시원을 밝히고자 하신다. 태초에 하나님이 천지를 창조하였다고 한 말씀이 하나라도 사실과 다르거나 변한 것은 없다. 단지 하나님이 강림하시기 전까지는 전제였지만, 지금은 결론이다. **만물의 궁극적 시원은 결국 창조의 궁극적 시원이고, 창조의 궁극적 시원은 결국 만물의 궁극적 시원이다.** 궁극은 하나라, 출발점이 동일하다. 시작에서부터 끝을 추적하든, 끝에서부터 시작을 추적하든, 결국은 동일한 지점에서 만난다. 지구가 둥근 사실을 실감하기가 어려웠던 시절, 용기 있는 항해사들이 직접 세계 일주에 도전하여 증명했던 것처럼, 하나님이 천지 만물을 창조했다고 한 선언 말씀이 사실인 한, 선천 본질이 분열을 완료한 지금은 역사 된 과정을 추적하면 결국 하나인 창조 시원에 도달하게 된다. 이런 사실을 이 연구가 확인해서 밝히고자 한다. 여기서 역사된 일체 과정이란 사고적, 물리적 形而上學적 루트 시원을 모두 포함한다. 산에서 보아도 들에서 보아도 어디서 보아도 태양은 보이는 것처럼, 어떤 영역을 통해서 추적해도 창조된 시원에 이른다. 추적하고 추적하면 하나님의 창조 본원에 이른다. 종의 기원이든, 우주의 생성 기원이든, 아무런 상관이 없다. **궁극적 시원은 하나이며, 한 점일 뿐이다.** 만물의 시원 문제는 세계의 알파 문제이고, 세계의 알파 문제는 천지의 창조 문제이다. 이 문제를 풀어야 이어서 논거를 둘 궁극의 **"귀의성"** 문제도 풀 수 있게 된다.

인류의 지성들은 지난날 세계의 궁극적 시원에 대해 다양한 추정을 하였다. 하지만 한결같이 만인이 공인할 수 있을 만큼 확실하게 추적한 성과는 없다. 그 이유는 사실상 만물의 시원과 창조의 시원이 맞닿아 있는데도 정작 그 사이에는 차원적인 경계가 있었기 때문이다. 그래서 만물의 시원인 궁극성에 도달하고 보면, 애써 근원을 추적한 길이 사라져 오리무중이 되어버린다. 우주의 시원은 무시무종이다. 물 자체는 인식할 수 없다. 닭이 먼저다, 달걀이 먼저다 등등. 영원히 해결할 수 없는 문제에 직면한다. 그런데도 그것은 엄연한 현실의 조건이나 사실이기도 하다. 그래서 우리는 존재한 세계 안에서는 왜 시원에 관한 추적이 어렵고, 결국은 불가능한 것인지에 관한 이유를 알아야 한다.

첫 번째 이유로서 만물의 궁극적 시원은 창조의 궁극적 시원과 맞닿아 있어 주어진 현상적 조건 안에서는 어떤 방법을 통해서도 추적한 시원이 부차적일 수밖에 없다는 사실이다. 흔히, 왈가왈부한 정신(관념)이 먼저냐, 물질(유물)이 먼저냐 하는 대립 논쟁은 그렇게 추적한 대상인 정신과 물질 모두 궁극적인 근원 본체가 아닌 탓이다. 존재한 일체 대상은 창조된 피조물일 뿐이다. 두 번째 이유로서는 생성 과정을 일체 제한 色卽是空 空卽是色 인식이 있다. 이 명제는 즉각적, 단도직입적인 탓에 시원에 관한 궁극점을 분리할 수 없다. 시원은 어디까지나 과정을 전제한 경과 추적이다. 따라서 원인과 결과가 함께한 것은 현상계 안에서는 성립할 수 없는 조건이고, 중요한 것은 창조 역사 과정을 무시한 등식은 궁극적 시원 문제를 풀 수 있는 식이 될 수 없다는 데 있다. 그래서 결과적으로 식은 세웠지만, 그것만으로 창조된 사실을 확인할 수 있는 여지는 없다. 그것이 선천 하늘이 지닌 세계 본질적 한계이다. 세 번째 이유로서는 태초에 하나님이 말씀으로 천지를 창조하였지만, 그때로부터 천지 우주가 무수한 생성 과정에서 변화를 거듭한 탓에 태초의 창조 시원이 아득한 세월 속에 파묻혀 버리고, 본 모습이 감추어졌다는 데 있다. 그래서 현재 존재한 모든 것은 태초의 우주 상태가 아니다. 그런 만큼, 현시점에서 주어진 존재 모습만으로서는 우주의 궁극적인 생성 시원을 추적한다는 것이 사실상 불가능하다. 네 번째로서는 설사 생성 과정을 추적할 수 있다고 해도, 세계 자체가 분열을 완료하기까지는 궁극의 시원이 드러날 수 없었다.

이런 이유로 만물의 근원에 관한 문제, 시원에 관한 문제, 궁극적 실재를 추적하는 문제는 끝내 분열 중인 세계 안에서는 풀 수 없다. 그리고 그 불가능한 조건은 창조된 본질에 근거한 세계적 특성을 그대로 나타낸 상태이다. 풀 가능성이 세계 안에 있다면 그것이 오히려 비정상적이다. 그런데도 인류는 아직도 궁극적인 시원문을 존재한 세계 안에서 찾을 수 있다고 생각하는 데 문제가 있다. 피조체는 피조체다워야 하는 만큼, 그것의 필수 조건이 세계 안에서는 만물의 궁극적 시원이 없다는 사실에 있다. 그리고 이 같은 판단은 현상적 조건에 따른 결정 인식이다. 이런 사실을 시인하고 확인할 수 있어야 우리는 선현들이 찾지 못한 **"궁극적 시원"**의 실 가닥을 차원 밖인 창조 역사 사실을 통해 찾아 나설 수 있다.

인류의 선현들은 다양한 추적 방법을 통해 세계의 궁극적 시원을 추정하였다. 태초에 로고스가 있다는 말을 빗대어 태초에 입자가 있었다[25]고 하였는데, 입자가 정말 궁극적 시원이라면 입자로부터 어떻게 로고스와 정신과 마음이 나온 것인지를 설명해야 하고, 태초의 로고스도 그처럼 설

---

25) 『창조설계의 비밀』, 리 스트로벨 저, 홍종락 역, 2005. 두란노, 2005, p.322.

명해야 할 의무를 피할 수 없다. 창조의 시원은 이런 문제를 빠짐없이 감당해서 해결해야 하는데, 그렇게 하지 못한 것은 전제한 추정에 불과했다는 지적을 피할 수 없다. 물리학자들은 "우주가 빅뱅이라는 사건에서 출발했다"[26]라고 주장하였다. 하지만 빅뱅, 그것은 빅뱅을 일으킨 원인이 무엇인가란 또 다른 꼬리표를 달고 있다. 궁극적 시원이 아니란 뜻이다. 궁극적 시원을 사고적으로 추정한 사례로서는 플라톤과 아리스토텔레스가 있다. "플라톤은 선의 이데아로부터 출발해서 개별자의 존재 자체에 관한 물음으로 나아갔고, 아리스토텔레스는 개별자로부터 출발해서 순수 형상인 부동의 원동자[神]로 나아간 차이가 있는비"[27] 결과는 어떻게 되었는가? 어디에서부터 출발했고, 어떤 방식으로 추정했건 결국은 한 지점에서 만나는 것인데, 그들이 도달한 궁극점은 오히려 하늘과 땅만큼 거리가 멀어졌다. 원인이 어디에 있는가? 창조된 시원을 간과하고, 현상계의 지배 아래 있는 사고적인 추정만으로 궁극의 **"시원성"**을 상정했다. 그러니까 궁극적 존재(이데아)와 개별자가 분리되고 말았다. 서양의 플라톤이 이데아를 전제한 것처럼, 동양의 주자는 천지가 생기기 전에 理가 먼저 존재했다고 하였다. 하지만 理가 선재한 이유는 설명하지 못했다. 이것이 바로 세계가 분열함에 따른 제한 탓이다. 그런 조건을 벗어나 있는 창조적 시원 관점을 확보해야 비로소 궁극에 관한 실마리를 풀어낼 수 있다. 이런 차원성을 극복한 방법적 시도가 불가능했던 선천에서는 막무가내로 주어진 조건을 불식하고자 했으니, 익히 지적한 "無로부터의 창조"설이 그러하다(기독교). 그 착안자인 아우구스티누스는 하나님이 태초에 우주 만물을

---

26) 『빅뱅에서 인간까지(우주, 생명, 문명)』, 마그나 히스토리아 연구회 저, 청아출판사, 2020, p.324.
27) 『실체의 연구』, 앞의 책, p.37.

하나님 자체로부터가 아니라, 無로부터 창조했다고 하였다.

> "당신은 일체를 無로부터 창조했습니다. …… 당신 이외에는 다른
> 어떤 것도 존재하지 않았으므로, 당신이 가지고 만들 수 있을 그
> 런 어떤 것이란 존재하지 않았습니다."[28]

하나님이 천지 만물을 어떤 무엇으로부터도 아니고 無에서 창조했다는 것은 궁극적 시원 문제를 하나님에게로 의탁할 수 있는 추정 방법이기는 하다. 하지만 그로 인해 우리는 사고적이든 논리적이든 현상적이든 물질적이든, 무엇을 통해서도 만물의 궁극성에 관한 시원 추적이 불가능해져 버렸다는 사실이다. 굳이 단정하자면, 無 자체라고 할 수 있는데, 그 無는 정작 하나님과도 단절시켜 버린다. 결과로써 하나님으로부터 말미암은 어떤 피조체를 통해서도 하나님이 이룬 창조 역사의 근원을 추적할 수 있는 길이 차단되고 말았다. 그런데도 창조설의 신학적 문제 초래를 기독교인이 전혀 자각하지 못하고 있다. 하지만 동양의 노자가 말한 無는 有를 전제한 無로서 능히 만물의 시원을 추적할 수 있는 본체적 조건을 갖춘 無이다.

> "無(無名)는 천지 만물의 시원을 일컫고, 有(有名)는 만물의 어머
> 니를 일컫는다."[29]

여기서 말한 無有는 충분히 창조 이전[無]과 창조 이후를 구분한 인식으로 이해할 수 있고, 창조 시점을 경계선으로 차원을 넘나들기 때문에 능

---

28) 『고백록』, 제12권 7장 7절.-위의 책, p.131.
29) 『노자 도덕경』, 제1장.

히 有의 궁극적 시원인 동시에 창조적 시원으로서 자리매김할 수 있다. 단지 이 같은 명제가 창조론으로서 완성되기 위해서는 차원이 다른 無가 만물을 有化시킨 창조 메커니즘까지 밝혀야 했지만, 그렇지 못했던 노자는 어떤 지혜를 동원해도 해명하기 어려웠다. 하지만 방법상의 적절성과 사실성 여부를 떠나서 동서의 선현들이 밝힌 명제를 보면 모두 만물의 궁극적 시원 추적을 통해 창조의 궁극적 시원을 밝히고자 한 하나님의 섭리 의지를 반영한 추구 행위였다는 점에서는 공통점을 지녔다. 불미한 조건인데도 불구하고 해결하기 위해 신념을 굽히지 않았던 진리혼과 사명 의지를 이해할 수 있어야 한다. 어떤 존재의 원인을 찾기 위해서는 예외 없이 그런 대상이 존재하기 이전의 원인을 찾지 않을 수 없다. 그리고 그렇게 하기 이전의 처음 원인을 찾기 위해서는 또다시 그런 존재가 있기 이전의 처음 원인을 찾아야 한다. 이전의 이전의 이전의…… 이것은 원인을 필요로 하는 현상적 질서 안에서 존재가 존재하기 위한 필연적인 선행 조건이다. 이처럼 원인의 원인의 원인이 또다시 원인의 원인의 원인을 필요로 하는 조건 상태, 그 끝없는 무한 소급 상황을 종식하기 위해 고안한 것이 곧 시간도 생멸도 어떤 원인도 없는 열반공, 적멸공, 부동의 원동자적 상태이다. 하지만 그것은 사고적으로 추정한 맞춤형 조건 구성일 뿐이고, 실질적으로 차원성을 극복한 궁극적 원인 발생의 시원이 아니다. 우리는 지금 얼마나 많은 숫자를 헤아릴 수 있을까? 과연 살아생전에 존재한 수를 끝까지 헤아릴 수 있는가? 왜 수는 그처럼 무한하고 끝이 없는가? 그것이 바로 창조된 세계가 가진 생성 본질이기 때문이다. 닭이 달걀을 낳고, 달걀이 부화해 닭이 되고, 그 닭이 다시 달걀을 낳고…… 이런 문제를 해결하기 위해 어떤 생물학자가 달걀이 먼저라고 결론 내려 버린다면 그처럼 어리석은 판단도 없으리라. 문제 대부분은 정답을 요구하지만, 문제가 된다고 해서 그 속에 모두 정답이 있는 것은 아니다. 답이 없다면 답이 없다고 판단하는 것이 정답이듯, 닭이 먼저냐 달걀이 먼저냐 하는 첫 기원에 관한 판단 문제는 닭과 달걀이 꼬리를 물고 있는 조건 구성 상태 그 자체가 정답이다.

이런 무한성 문제는 그렇다면 누가 어떻게 해결할 수 있는가? 우주 생성의 알파와 오메가를 관장한 하나님이다. 생성 밖, 차원 밖에서 창조 역사를 주관한 하나님은 세상 안에서 멈출 수 없는 무한 소급 꼬리를 끊을 수 있다. 인류가 그토록 찾아 헤맨 만물의 궁극적 시원이 세계 안에 아예 없었다니! 세계 밖에 있었다니! 그것이 과연 무엇인가? 토마스 아퀴나스는 물질적 실체에 대한 아리스토텔레스의 질료-형상 합성설을 받아들여 제 질료를 순수 가능태로, 실체적 형상을 물체의 제1 현실태로 규정하였다. 그래서 마치 닭이 없다면 달걀이 존재할 수 없고, 달걀이 없다면 닭이 존재할 수 없는 것처럼, 제1 질료도 자체로서는 존재할 수 없음을 인지하고, 제1 질료는 시간적인 형상을 앞서 있는 것이 아니라 형상과 함께 창조되었다고 생각하였다.[30] 여기서 제1 질료란 모든 실체적 현상을 있게 한 궁극적 실재이다.[31] 하지만 "질료가 형상과 결합하지 않은 상태에서 자체로는 결코 존재할 수 없다"[32]라고 봄으로써 궁극적 실재를 동일한 현상적 차원 안으로 끌어들인 잘못을 범하였다. 이렇게 되면 창조된 역사 과정이

---

30) 「성 토마스 아퀴나스와 둔스 스코투스의 形而上學 비교」, 김중호 저, 가톨릭대학교 대학원, 신학, 석사, 2001, p.20.

31) 제1 질료 역시 물질적 특성과는 차원이 다른 形而上學적 본질체임.

32) 위의 논문, p.75.

모두 실종되어 버린다. 현상계가 지닌 결정적인 틀 안에 묶어버려 마치 닭과 달걀의 최초 시원 문제처럼, 형상과 질료 문제의 우선성을 따진다면 무한 소급의 늪에 빠지고 만다. 질료가 형상을 있게 한 것인가, 형상이 질료를 있게 한 것인가? 하나를 결정하고 보면 또 다른 문제가 불거져 끝없는 자가당착에 빠진다. 제1 질료를 궁극적 실재로 간주한 상태인데도, 그것을 단일한 존재계 안으로 끌어들인 탓이다. 그렇다면? 본의에 근거해야 하나니 제1 질료, 즉 천지 만물을 있게 한 창조 바탕(본체)은 하나님의 몸 된 본체로서 창조 이전부터 이미 존재하였다. 다시 말해, 제1 질료(=궁극적 실재)는 차원 밖에서 선재하고 있어 창조되고 말고 할 대상 자체가 아니다. 그렇다면? 제1 질료(창조 본체)를 바탕으로 창조된 온갖 물질적 요소는 바로 하나님의 몸 된 본체로부터 化한 것이다. 아퀴나스가 말한 제1 질료는 본래 존재한 것이다. 본래 존재한 창조 본체, 그것이 바로 현상적 질서를 초월해서 엄존한 만물의 궁극적 시원이자, 창조의 궁극적 시원이며, 인류가 그토록 찾아 헤맨 궁극적 실재이다. 다시 강조해, 붕어빵에는 진짜 붕어가 없는 것처럼, **현상계 안에서는 궁극적 시원이 없다.** 없는 그것이 현상계가 지닌 창조 특성을 증거하는 참 본질이다. 이런 사실이 의미하는 것은? 그 정답을 인류는 열린 가르침을 받들고 깨닫고 구해야 한다. 하나님이 계시 역사로 이 연구의 어두운 안목을 틔워주셨듯, 이 연구는 하나님의 은혜로운 성업 역사를 받들어 만 영혼의 안목을 빠짐없이 틔우리라. 이 존엄한 길을 하나님, 지켜 주시옵고, 함께해 주소서! 아직도 남은 여정은 험난하기만 합니다. 끝까지 모든 과정을 완수할 수 있도록 은혜를 더해 주소서!

3. 귀의성

　현 존재를 기준으로 시원성은 태초의 첫 시작점, 출발점, 근원성을 추적
한 것이고, 본 귀의성은 마지막 도달처, 또는 귀의처를 추적하는 것이다.
시간으로 치면 시원성은 과거를 더듬는 것이 되고, 귀의성은 미래를 가늠
하는 것인바 난 것, 생긴 것, 존재한 것이 궁극적으로 어디로 가고, 어디에
당도하는가 하는 것은 인간으로 태어나서 궁금하지 않은 자가 한 사람도
없으리라. 죽어보아야 저승을 안다고 했지만, 그러나 죽어서 저승을 알았
다고 해서 그들이 다시 태어나 저승에 대해 말한 자가 없다. 선천 세월을
통틀어 삶이 다하도록 생멸함의 귀의처를 확실히 알고 눈을 감은 자가 없
으니, 얼마나 심각한 문제인가? 이것이 이 연구가 일깨워 확신시켜야 할
주제이다. 生한 자 生의 비밀을 풀 길 없었으니, 그 원인은 첫 시작이 어
디서 어떻게 출발한 것인지 모른 탓에 어디로 돌아가야 하는지도 알지 못
한 것이다. 하지만 이제는 비밀의 고를 풀 수 있는 필수 조건인 세계의 창
조 시원을 밝힌 이상, 만 영혼이 그토록 궁금하게 여긴 이승을 떠나서 가
야 할 귀의처를 지침할 수 있게 되었다. 일찍이 선현도 만법은 귀일한다고
일갈하였듯, "천하에 두 道가 없고, 선인에게 두 마음이 없다(天下無二道,
聖人無兩心-탄허)."[33] 두 道, 두 마음이 없다는 것은 비단 인간 영혼에만
해당하는 것이 아니다. 만법, 만상, 만 현상이 그러하고 역사, 문명, 우주의
운행 법칙이 모두 그러하다. 道, 성인의 마음이 그러하기 이전에 천지 만
법을 결정한 창조 법칙이 그러하다. 어떻게 존재하였든 그것은 상관없다.
천변만화해도 법칙은 한 원리로서 적용된다. "만법은 一心을 나타낸 것이

---

33)　『한국과 중국 선사들의 유교 중화 담론』, 앞의 책, p.269.

니",[34] 그것이 곧 창조 법칙이다. **너도나도 만물도 우주도 生하여 滅하면 다시 生한 곳으로 돌아간다.** 단지 귀의 행로 앞에 차원의 강이 가로놓여 있어 돌아가는 자의 발자국이 남아 있지 않는 것이 문제일 뿐이다. 이런 강 탓에 유물론자는 삶의 일회성과 영혼의 단멸성을 주장하였지만, 우리가 어디서 生했는지를 추적하고 보면, 그 역시 無한 有 앞에 가로놓인 차원의 강을 건너왔다는 사실을 확인할 수 있다. 이것은 전생을 기억하는 문제와는 무관하다. 하나님의 열린 가르침을 받들면 이해할 수 있다. 앞에서도 지적하였듯, 세계의 궁극적 본질은 세계의 궁극적 시원처와 맞닿아 있고, 세계의 궁극적 귀의처는 하나님의 궁극적 시원과 맞닿아 있다. 시원처와 귀의처는 결국 두 곳이 아니다. 난 곳이 있어서 가야 할 곳도 있게 되는데, 그 귀의처가 곧 生한 시원처이다. 우주선은 일정한 임무를 수행하다가 우주 저편으로 사라지지만, 다시 돌아오는 왕복 우주선도 있다. 돌아온다면 어디로 돌아오겠는가? 출발한 지구이다. 그리고 그렇게 돌아올 수 있는 것은 우주선이 귀환할 수 있도록 설계해서이다. 만법, 만물, 만생의 귀의처도 마찬가지이다. 귀의처가 있다는 것은 시작이 있었던 근원이 있다는 것이지만, 근원이 있다고 해서 그것이 귀의처는 아니다. 그렇다면? 세계가 그렇게 귀의할 수 있도록 창조되어서이다. 그런 조건을 모두 갖춘 근원이란 과연 무엇인가? 바로 하나님의 몸 된 본체이다. 존재한 본체 안인 탓에 몸 안에서의 본질 작용은 아무리 만법, 만물, 만생을 생성시켰어도 한 몸인 몸통 안만 맴돈다. 生한 모든 것이 본체 안에서 生했다가 다시 그 자리로 돌아간다. 그리고 근원은 본래 하나인데, 창조 역사로 生과 滅로 나뉜 만큼, 세계 안에서는 生[남]과 滅[감]로 구분되지만, 본래는 하나이다. 남

---

34) 『선불교 개설』, 정성본 저, 민족사, 2020, p.242.

이 감이고 감이 남이다. 하나가 나뉘었다가 다시 하나 됨에, 그것을 우리가 남[生]과 감[滅]으로 구분하였다.

따라서 하나인 본체 안에서는 남과 감이 없지만, 창조된 역사 과정을 거치면서 몸 된 본체로부터 만화 된 탓에 하나인 본질이 因과 果, 生과 滅, 음과 양으로 구조화되었고, 본질이 생성으로 온갖 변화를 일으켰다. 이처럼 만물을 만화시키기 위해 존재한 본질이 움직이기 시작한 것, 이것이 곧 '생성 운동'이다. 생성 탓에 하나인 본질이 비로소 시원처와 귀의처로 구분되었다. 이런 이유로 창조주 하나님은 시공의 생성 운동과 우주 운행의 알파와 오메가를 관장하고 주관할 수 있으며, 그렇지 못한 피조체와 차원적으로 구분되었다. 그래서 생성 운동의 알파와 오메가를 피조체 안에서는 찾을 수 없고, 생멸과 생사문은 바탕인 본체 안에 있다. 우리로서는 불가능하지만, 생성의 알파와 오메가를 관장한 하나님은 만사와 만 영혼의 생멸문을 주관해서 심판할 수 있다. 그런 궁극적 귀의처를 선현들이 사고적으로 추정은 하였지만, 밝히는 것은 때가 이른 오늘날 하나님이 직접 강림하셔야 했나니, 그렇게 해서 하나님이 계시한 것이 열린 가르침의 말씀이다. 인류가 궁구했던 궁극적 실재는 결국 궁극의 시원처와 궁극의 귀의처가 일치한(둘이 될 수 없는) 하나님의 창조 본체이다.[35] 다시 말해 창조 진리, 창조 바탕, 창조 본체가 만법이 生한 시원처이자, 만생이 돌아가야 할 귀의처이다.[36] 그 道, 그 길, 그 法은 하나이다. 둘이 아니다. 이런 사실 하나만 기준으로 삼으면 선현들이 끝내 알지 못한 궁극의 귀의처를 만 영

---

35) "오성(性)자리=中=未發=佛性=覺=마음의 본체=천하의 근본[大本]=우주의 핵심체……."-『한국과 중국 선사들의 유교 중화 담론』, 앞의 책, p.268.

36) 창조되었기 때문에 하나님의 몸 된 본체로부터 궁극의 시원처와 귀의처가 생겨났고, 구분됨.

혼을 향해 답할 수 있다. 그 하나, 곧 一은 본체로서 분명히 존재하지만, 생성이 있기 이전, 생멸 법칙이 결정되기 이전, 남과 감의 방향이 나뉘기 이전, 시작과 끝이 구분되기 이전이다.

"한 가지인 一은 하늘과 땅이 합쳐지는 지평선 모양으로 무한과 영원을 상징한다. 나아가 일체의 상대적 차별성이 사라진 곳, 오직 신성한 밝은 빛만이 내리쬐는 절대 평등의 지평선이다."[37] 여기서 절대 평등의 지평선은 인류가 실감할 수 없는 그 무엇이지만, 본의에 근거해서 말하자면, 창조 이전에 존재한 하나님의 몸 된 본체이다. 불교에서 말한 "근본, 본래, 근원, 절대의 경지, 깨달음의 세계, 진여 일심이며, 반야경에서의 如如, 不異, 不二 경지이다."[38] 바탕이 된 근원으로서 본래성, 창조성, 초월성을 갖춘 탓에 有我가 아닌 "無我가 시공의 본처"[39]이고, 一心(歸一心源)이 우리의 목적이자 돌아가야 할 자리이다(원효).[40] 노자 역시 "道를 모든 有의 근원적 존재로 상정하고, 道로 돌아갈 것[歸]을 주장한 바", 一의 귀일적 특성과 원리를 간파하였다. 하지만 다시 묻노니 그 一, 하나, 一心, 道를 만법의 귀일처로 명시하였지만, 영혼의 안주처를 살필진대 상징화되고 상정된 상태라, 그런 귀의처가 어떻게 바른 지침이 되겠는가? 어디로 가야 하고, 어떤 곳에 머물러야 하는지에 대한 안내가 전혀 없다. 그래서 선사가 물었다. "모든 것은 하나로 돌아간다는 데, 그 하나는 또 어디로 돌아가는가(萬法歸一 一歸何所處)?"[41] 선천 인류의 귀의 길이 가로막힌 차원의 절

---

37) 『밥그릇이나 씻어라(중국 선불교 답사기 1)』, 이은윤 저, 자작나무, 1997, p.73.

38) 『선불교 개설』, 앞의 책, p.242.

39) 『부처님이 계신다면 』, 앞의 책, p.183.

40) 「원효의 교육사상」, 양예승 저, 조선대학교 교육대학원, 역사교육, 석사, 1983, p.13.

41) 『밥그릇이나 씻어라』, 앞의 책, p.72.

벽 앞에서 끊어지고 말았다. 그것은 결국 처음 출발한 시원처로 돌아왔다는 뜻이다. 애써 찾아서 도달하였는데, 또다시 궁극의 시원처를 물어야 한다니! 시작의 문이 끝의 문과 연결되어 있어 끝의 문을 열기 위해서는 다시 시작의 문에서 열쇠를 찾아야 한다. 그런 본체문을 동시에 통과할 수 있는 문고리를 누가 열어젖힐 수 있는가? 생성의 알파와 오메가를 관장한 하나님이시다. 그런데도 선현들이 궁극의 귀의처가 그대로 궁극의 시원처란 사실을 알지 못한 것은, 다름 아닌 그 시원과 귀의를 관장한 하나님의 통합 본체[一]를 알지 못해서이다. 알면 창조 원리는 '하나 원리' 외 더 이상 다른 원리가 없다는 사실을 깨닫게 된다. 그렇다면 인류가 확실하게 감지해서 확실하게 찾아갈 수 있는 그곳은 과연 어디이며, 무엇인가? 존재하는 우리의 입장과 위치에서 본다면 우리가 生해서 난 곳, 그 방향, 그 근원인 하늘 본체, 하나님의 본체, 궁극적으로는 창조 뜻이 발현된 하나님의 한량없는 사랑 안에 머물러 함께하는 것이다. 또한, 하나님의 몸 된 본체와 창조 뜻에 의지해서 나아가야 할 지향처는 바로 창조로서 실현된 이 세계이며, 뜻으로 실현된 결과체인 자기 자신이다. 온 길이 그대로 돌아가는 길이 되듯, 알고 보면 그처럼 애써 찾아서 돌아간 그 길은(죽음) 다시 生해야 하는 삶(환생)의 길이다.

"근본 이치는 하나이나니(萬物與我同根), 한 원리가 만 현상으로 드러났다."[42] 生의 원리와 歸의 원리, 그것이 작동하는 방법과 도달 목표는 본래 하나이다. 생성으로 인해 나뉜 것일 뿐, 전체는 하나이고 한통속인 본질 안인 탓에, 한 원리로 지배된다. 존재의 생멸 법칙과 연관 짓는다면 생즉사인 동시에 사즉생이다. 즉, 生한 것은 죽음이 필연적이고, 그렇게 죽어

---

42) 위의 책, p.58

야 다시 삶이 필연적일 수 있게 된다. 하나, 道, 一인 존재 상태로서는 어떤 변화도 일어날 수 없지만, 하나님이 몸 된 본체를 이행시켜 창조 역사를 실현한 탓에 하나인 본체 원리로 하나인 본질을 生과 滅로서 나누었고, 갈라진 生과 滅의 시작과 끝을 다시 이어 결국은 하나 자체가 아무런 변함이 없게 구조화했다. 그것이 곧 현존하는 세계에서는 그 무엇도 벗어날 수 없는 생멸 법칙이고, 양 끝을 이어서 생성 운동을 무한하게 한 근간이다. 생성 운동이 하나 창조 원리를 따라 生과 滅, 옴과 감, 나고 귀의함을 동일하게 적용했나니, 그것을 일컬어 하나, 一, 道, 一心, 神이라고 하였다. 하지만 그처럼 상징화, 도식화에 그친 개념만으로서는 차원적인 메커니즘 체제를 이해하기 어렵다. 왜 생겨난 것 일체가 풍선을 불면 부풀어 올랐다가 바람을 빼면 다시 본래 모습으로 돌아가는 것처럼, 궁극의 귀의처에 도달하면 절멸하지 않고 본래의 시원처와 다시 이어지는가? 그 이유는 오직 생성 과정의 알파와 오메가를 주관하는 하나님의 뜻이 불변하고, 온갖 생멸 법칙을 관장한 탓이다. 생멸 현상은 불변한 본체가 창조 역사로 인해 화생한 것으로서, 그것도 100% 불변성을 영원성으로 반영해서 구조화한 생성 시스템이다. 그래서 일체 존재는 변화하고, 변화하므로 생멸하지만, 그렇게 변화하는 본질은 바로 **"하나 창조 원리"**에 근거한 메커니즘의 구현일 뿐이다. 그러니까 천지 만물이 아무리 만화해도 有한 본질 자체가 변한 것은 없다. 장기에는 외통수가 있고, 외나무다리에서 만나면 달리 피할 길이 없는 것처럼, 생성 운동을 일으킨 바탕 본체는 이미 有한 본질이고, 생성 운동을 통해 나뉜 것이 生과 滅의 길인 탓에, 아무리 生과 滅이 형태를 달리해서 작동한다고 해도 이미 존재한 본질은 소멸하지 않는다. 그렇다면 남게 되는 길은 오직 하나, **生한 것 일체는 귀의할 수밖에 없고, 귀의하는 목**

적은 다시 生하기 위해서이다. 이미 有한 본질이 지닌 특성을 반영한 것이 생성 운동이기 때문에, 생성 과정을 통해 구분된 生과 滅의 차이는 오직 형태상의 변화일 뿐이다. 창조되기 이전인 바탕 본체는 一이며 하나로서, 그것을 동양에서는 양의 되기 이전의 태극 본체라고도 했다. 구분, 차이, 상대, 운동, 움직임, 개성, 특성이 없다. 반면에 창조 역사로 일체 특성이 드러난 세계 안에서는 그 같은 하나 상태(일원성)로 존재할 수 없다. 그래서 양의 된 절차를 거친 生함의 길과 滅함의 길이 있게 되었고, 난 것은 반드시 돌아가게 결정되었다. 영원히 감은 어디에도 없다.

생멸 법칙은 그것이 전부가 아니다. 창조 본체의 이미 有한 특성을 반영해서 有함성을 지속하기 위해 시스템화된 운동 형태이다. 즉 **만법, 만물, 만생은 하나로 돌아가고, 그 하나는 다시 만법, 만물, 만생으로 生한다.** 그러므로 창조 역사의 근본적인 지향 목표는 歸가 아닌 生에 있다. 창조되었기 때문에 歸할 수밖에 없다. 하지만 歸하는 궁극적 목적은 오직 生함에 있다. 하나님은 천지를 지은 창조주이지만, 그런 하나님도 마음을 두고 거하고자 한 이상처는 사랑을 다 해 창조한 이 천지 세상이다. 그 하나님이 오늘날 이 땅에 강림하시어 지상 강림 역사를 실현한 보혜사 진리의 성령이다. 시원처와 귀의처가 둘이 아니고 하나로 일치되는 것은, 세계가 하나님의 몸 된 본질체 안에서 구조화된 생성 운동인 탓이다. 그렇지만 이후부터는 이 같은 생성 운동 본질을 一, 하나, 道처럼 도식적, 개념적으로 말하는 것이 아니고, 열린 가르침을 받들어 궁극적 실재의 形而上學적 본체가 그대로 하나님이 천지 만물을 지은 몸 된 창조 본체란 사실을 알고, 하나님과 일체화시켜야 한다. 그렇게 했을 때 인류는 비로소 돌아가야 할 귀의처를 정확하게 알고, 그곳을 향하여 나갈 수 있다. 인류가 진정으로 삶을 헌신해서 당도해야 할 궁극의 귀의처는 천지 만물을 창조하고 너와 나의 소중한 삶을 허락한 하나님 아버지이시라, **한량없는 사랑과 은혜로 충만한 하나님의 품 안이 만 영혼의 안식과 평안과 영생을 보장하는 궁극의 귀의처이리라.**

4. 통합성

창조된 세계는 생성 운동을 본질로 한 탓에 어떤 방법을 통해서도 그 과정을 추적하지 않으면 궁극적 실재에 도달할 수 없고, 形而上學인 본체를 밝힐 수 없다. 그래서 불미한 여건 속에서도 선현들은 인식적, 논리적, 사고적인 방법으로 추적하고 추정한 것이 궁극적 실재에 관한 인식성, 시원성, 귀의성 논거였다. 하지만 그렇게 해서 드러난 특성은 밝혔듯, 이것만으로서는 **"궁극적 실재"**의 본 모습을 보기 어렵다. 영화의 발달사에는 흑백영화 시대가 있었다. 현실의 모습은 그렇지 않은데, 그렇게 제작할 수밖에 없었던 시대이다. 마찬가지로 지난날 선현들이 추적한 사고적 추정은 궁극적 실재를 도식화, 개념화로 표현할 수밖에 없었던 세계 본질적인 조건의 제한이 있었다. 세상은 총천연색인 것처럼, 실재한 궁극적 실재 역시 지극히 입체적이라, 그런 특성을 대표하는 **"통합성"** 본체를 드러내지 않고서는 세상 누구도 본래의 살아 있는 실재 상태를 실감하기 어렵다. 통합 본체는 숱하게 지적한 바로서, 창조 역사를 실현한 삼라만상의 모체이다. 일단 하나님의 절대 본체로부터 이행한 창조 본체이자, 무극 본체로부터 이행한 태극 본체이기도 하다. 이처럼 창조 역사를 실현하기 위해 스탠

바이 된 통합 본체는 일체를 구족한 본질로서 인식적으로는 無有 상태이고, 생성적으로는 창조 역사를 실현하기 직전 상태이다. 존재하지만 현실적으로는 존재하고 있지 않기 때문에 사고로서만 추정할 수 있는 무형의 존재 상태이다. 이런 특성 탓에 그것을 바라본 지성들의 세계적 관점도 크게 갈라졌다. 판정하기는 어렵지만, 그 같은 본체가 존재한다는 주장과 극구 부정한 주장이 그것이다. 하지만 이 연구는 창조된 세계의 有함 본질성을 통해 이미 언급한 바 있으므로 자세한 설명은 피하고, 이 단계에서 **"궁극의 사고적 추정"** 일환으로서 초점 잡고자 하는 것은 통합적인 본체 특성이 창조된 세계 안에서 어떻게 드러나고 규정되었는가 하는 점이다. 창조 본체의 통합적 특성이 창조 역사로 이행되지 않았고, 생성 역사로 드러나지 않았다면 우리는 그런 특성을 추적해서 규정할 수 없다. 하지만 창조 역사는 태초에 이미 실현된 탓에 만상을 있게 한 통합적 특성은 현실 인식을 기준으로 추적하고 규명할 수 있어야 한다. 이것을 이 연구는 궁극적 실재의 **"선재 특성", "초월 특성", "구족 특성", "동시 특성"**으로 구분해서 열린 가르침으로 펼치고자 한다. 이 연구는 현상 질서의 분열성을 극복할 수 있는 안목을 일깨웠듯, 위에서 열거한 특성들은 모두 그렇게 주어진 현상의 질서 인식과는 반한 상태이다. 그러므로 인류는 반한 인식의 제한성과 장애 요인을 열린 가르침으로 극복해야 궁극적 실재의 참 실상을 볼 수 있다.

먼저, 생성적 과정에 따른 선재 특성이다. 궁극적 실재가 창조 본체로서 化하지 않았다면 생성이 일어난 경과를 기준으로 선재와 후재를 구분할 필요가 없다. 하지만 창조 역사 실현으로 생성 운동이 일어난 탓에 과정상의 선재 인식 구분은 불가피하다. 그런 선재 본체 상태를 굳이 따진다면,

시간이 존재하기 이전이다. 우리는 시간을 일직선으로 나열해서 순차적으로 인식하는 단일 차원 안에 있지만, 사실상 시간이 존재하기 이전이란 그렇게 펼쳐진 시간의 첫 시작점과 마지막 끝점을 남김없이 포함한 이전이다. 우리는 생성하는 시간을 펼쳐서 과거, 현재, 미래로 구분하는데, 이 연구가 말하는 선재함의 실상은 시간 안에서가 아니다. 삼세 간을 통틀어 그보다 앞선 존재 상태이다. 그래서 생성으로 펼쳐진 일체 시간성은 통합 본체의 선재성에 휩싸여 있어 한통속인 몸통을 이루고 있다. 삼세가 온통 하나님의 몸 된 본체 안에 속해 있다. 이런 선재성을 피조체인 우리는 인식할 수도 벗어날 수도 없지만 하나님은 가능하나니, 그것을 알 수 있는 것은 하나님이 이룬 성령의 역사를 체험했을 때이다. 하나님은 우리보다 앞서 계신 분이나니, 그 앞섬이란 현 시공간 안에서 거리상으로 앞선 것이 아니다. 현 시공간보다 앞서 있는 미래로부터 다가오심이다.[43] 그래서 선재함은 우리가 처한 현상적 조건을 기준으로 해서는 불가능하지만, 하나님은 시공간 전체를 있게 한 창조주인 탓에 가능하다.

다음은 **"초월 특성"**이다. 이것은 창조 역사의 엄밀한 결정성에 반해 구분되는 궁극적 실재의 본체적 특성이다. 창조 역사는 하나님의 창조 뜻과 목적이 엄밀한 생성 질서로 결정된 것이다. 그래서 우리는 하나님의 창조 뜻이 법칙화된 우주 질서를 벗어날 수 없다. 논리적, 사고적, 인식적, 이치적, 물리적, 현상적 영역을 불문하고 적용되는 법칙은 동일하다. 그리고 **"궁극적 실재"**는 바로 이와 같은 우주 법칙과 질서를 결정하고 생성시킨 바탕 본체이다. 흔히, 하나님은 시공을 초월함과 동시에 만물 가운데 내재한다고 하는데, 그렇게 임재를 자유롭게 함이 하나님(궁극적 실재)의

---

43) 삼세로 구분된 시공간 밖에서 오심.

초월적 특성이기도 하다. 생성 질서의 주관자요 법칙 결정의 발현자인 탓이다.

다음은 **"구족 특성"**이다. 등급으로 따진다면 제일 크게 현상적 질서 감각에 반한 특성이다. 인류가 지닌 인식 수단인 면밀한 탐사 노력과 분석력을 동원해도 감지하거나 경험하지 못했고, 상상력을 동원해도 추정할 수 없었는데, 나와 만생이 생겨나고 존재하기 전에 모든 것을 갖춘(구족함) 통합적인 본체 바탕이 존재하였다니! 궁극적 실재가 지닌 이 같은 일련의 특성 탓에 대다수 지성은 종의 첫 시작이 단순한 것으로부터 복잡한 것으로 진화한 것으로 오관하였다. 하지만 한편으로는 첫 시작을 사전에 감아 놓은 태엽과 같은 것으로 설명하기도 하였다. 알다시피 빅뱅은 상상을 초월할 만큼 거대한 우주를 탄생시킨 대폭발 사건이다. 그렇다면 그런 폭발은 어떻게 해서 일어난 것인가? 마치 포탄이 터지는 것처럼, 이미 제조된 포탄과 같은 것이 궁극적 실재의 통합적 특성이다. 그야말로 빅뱅 이전에는 시간도 공간도 별도 물질도 빛도 생겨나지 못한 상태이지만, 그렇다고 이미 구족한 본체 바탕이 존재하지 않은 것은 아니다. 칸트는 말하길, "궁극적 실재는 현상이나 현상 속 실체가 아니다. 선험적 형식을 따라 현상 세계를 구성하되, 그 자체는 현상에 속하지 않는 초월적 자아이다"[44]라고 하였다. 그처럼 실재의 실체적 가능성을 조건 지은 것이 바로 일체를 구족한 통합 본체이다. 선험적 형식을 따라 사고적으로 구상한 가상적 실재가 절대 아니다. 현상 안에 속해 있지는 않지만, 현실적으로 존재한 모든 것을 뒷받침한다. 물 자체는 초월적으로 존재하지만, 현상의 저변에서 실시간으로 함께하고 있다.

---

44) 『실체의 연구』, 앞의 책, p.198.

예를 들어, "라이프니츠는 단일성 또는 단순성이라는 의미로 모나드란 실체를 세우고, 모나드에 대해 나름대로 존재한 특성을 조건으로 달았다. 즉, 단순한 것 없이는 복잡한 것이 있을 수 없으므로 곳곳에 단순한 실체가 존재해야 한다. 각각의 모나드는 서로 영향을 주고받을 수 있는 창이 없어 제3의 초월자인 神에 의해 통일과 조화를 이룰 수밖에 없다(예정조화설)"[45]라고 하였다. 이처럼 단일성 또는 단순성이라는 의미를 지닌 모나드란 실체는 분할이 불가능한 것인데, 이런 모나드가 세계를 구성한 기본 역할을 하여 복합적인 세계를 표현한다고 말한 것은 충실하게 현상계의 분열 질서를 따른 인식이다(=진화론). 단순한 것 없이 복합적인 것이 있을 수 없다고 말한 것은 모나드의 전개 조건에 비추어 단순한 것으로부터 복합적인 것이 나올 수 없도록 아예 손발을 묶어 버린 격이다. 바로잡을진대, 모나드의 단순성이란 궁극적 실재를 하나, 一로 상정한 것처럼, 생성하여 만화하기 이전의 통합적인 단순성[一]일 뿐이다. 말로는 서쪽으로 가라고 하면서 손가락은 동쪽을 가리키는 경우처럼, 그는 모나드의 통합성을 단순성으로 설명했다. 동쪽을 서쪽인 것으로 착각한 것이다. 처음 단일한 것이 복합적인 것으로 전개되는 것은 처음부터 복합적인 것(통합성)이 분열을 다하지 못해 단일하게 보인 상태였다. 천지의 창조 법칙은 분명하다. 이미 통합된 본체 바탕으로부터 구축된 것이 분열로 인해 점차 드러났다. 그래서 라이프니츠는 "복합적인 현상 세계는 단순한 실체인 모나드가 자신을 전개한 자기표현의 산물이다"[46]라는 식으로 말하였다. "각각의 생명체 모나드는 자신이 전개할 관념을 자신 안에 갖고 있으며, 시간의 흐

---

45) 위의 책, p.263.

46) 위의 책, p.265.

름에 따라 그 관념을 현실화한다."[47] 참 의중은 모나드의 통합적 특성에 있는데, 인식 조건의 제한성 탓에 초점이 어긋나 버렸다. 어떤 방향으로도 설명할 방도가 없게 되므로 神의 조화 권능을 끌어들였다. 즉, 神은 개별 모나드 전체의 통합자로서 존재하기 때문에 따로 떨어져 조화시킬 필요가 없다. 자체 안에서 존재 일체의 생성 과정을 통일하고 일관할 수 있다. 통합성 바탕이 일으킨 생성 운동 특성은 지극히 입체적이라고 하였다. 여기서 입체적이란 원리적, 구조적, 에너지적으로 철저하게 조직적이고 시스템화된 탓에 항구적이란 뜻이다.

통합적 본체는 결코 단일하거나 단순하지 않다. 입체적으로 생성하나니, 그 과정은 크게 인과가 분열되지 않은 '통합적 본질'로부터 인과가 분열된 '생성적 본질'의 과정을 거쳐 인과가 융합된 '합일적 본체'로 나아간다. 그런 과정을 통해 본체의 생성 운동이 통합된 힘으로 분열하고, 분열된 힘으로 통합된다. 따라서 분열을 완료했다고 해서 생성 운동이 끝나는 것은 없다. 분열 과정을 통해 본질이 세분되고 축적되었다가 생성 주기를 완료하면 다시 통합해서 새로운 생성 에너지를 발산한다. 통합과 분열 과정은 물고 물리는 음양의 정동 운동처럼 **분열하는 에너지는 통합을 통해 얻고, 통합하는 에너지는 분열을 통해 얻는다.** 그래서 有함 본질성 자체는 변함 없이 불변한다. 궁극적 실재는 단도직입적으로 드러날 수 없다. 바탕이 된 본질이 분열을 극해야 하는데, 그것이 곧 色의 실상이 만화되고, 과학적 진리가 만개하였을 때이다. 왜 천지의 理는 하나인데, 氣는 만 가지로 다른가(주자)? 생성으로 인해 만화 될 수밖에 없었나니, 그렇게 된 것은 결국 다시 하나인 理로 돌아가기 위해서이다. 이 같은 일련의 과정을

---

47) 위의 책, p.277.

구분하기 위해 理가 생성하기 이전을 一이라 했고, 생성된 결말을 合이라고 했다. 창조된 세계를 항구적으로 지속하기 위한 창조 역사의 입체적인 메커니즘 체제이다.

끝으로 통합성 본질에 근거한 **"동시 특성"**이다. 비록 신앙인일지라도 하나님이 태초에 천지 만물을 한꺼번에, 또한 모든 종류의 동식물과 생명체를 동시에 창조했다고 주장하는 기독교의 창조 교의를 이치로 수긍할 사람은 없으리라. 그런데 그것이 정말 사실이라면? 이치로 따진 것은 창조 역사로 인해 결정된 현상적 질서를 기준으로 판단한 것이므로 통합적 특성을 간과한 것이다. 지적한 것처럼, 생성 중인 세계 안에서는 닭과 달걀이 한 시공간 안에서 동시에 생겨날 수 없다. 이유는 서로가 인과적인 관계를 이루고 있어서이다. 닭이 달걀을 낳아야 닭이 존재할 수 있고, 달걀이 부화해야 닭이 될 수 있다. 닭과 달걀이 동시에 창조된다는 것은 불가능하다. 그런데도 엄연히 그와 같은 방식으로 닭과 달걀이 어떻게 동시에 창조된 것인가? 이런 창조 비밀을 현상적인 질서 안에서는 풀 길이 없다. 여기에 바로 원인과 결과를 구조적으로 나눈 제3의 바탕 본질인 통합성 본체가 존재하였다. 그래서 동시에 창조된 역사의 실마리를 찾기 위해서는 원인과 결과 사이를 촘촘히 채우고 있는 시간의 본질을 알아야 하는데, 그런 관점에서 시간이란 과연 무엇인가? 시간은 어떤 과정을 거쳐 생겨났는가? "플로티노스에 따르면, 一者는 시간 너머에 존재하는 영원이다. 영원은 一者 안에 머무른다. 영원은 항상 동일성 안에 머무르면서 언제나 전체를 현재 상황에 맞게 간직하는 하나의 사유, 하나의 생명이다. 영원은 변화하는 시간 흐름 안에서 변하지 않는 현재로 있다. 一者는 만물 안에 영원한 하나의 생명으로 포함되어 있다."[48] 대상은 그렇지 않지만 그것을 비추는 거울 면이 흐릿하면 대상도 흐릿하게 비치는 것처럼, 바탕 본체인(일체를 발현시킨 시원) 통합적 특성을 간과한 상태에서 一者와 영원과 시간과의 관계는 아무리 설명해도 모호하기만 하다. 그렇다면 다시 확인해서, 시간은 무엇이고 정말 어떻게 해서 존재한 것인가? **시간은 곧 본질의 생성 과정 자체이다.** 본질은 존재를 존재하게 한 자체임에 모든 있음, 有, 존재를 뒷받침한 차원적인 밑바탕이다. 因과 果 사이에 존재한 통합성 본질을 우리가 분열적인 경과 상태로 인식한 것이다. 아울러 순차적인 분열 공간은 시간과 연관해서 생성 상으로 존재한 상태이다. 그래서 시간+공간이 일치하는 곳에 바로 본질 자체의 드러남 형태가 있다. 따라서 과거 시간이 사라진 것이 아닌 것처럼, 미래 시간도 존재하지 않는 것이 아니다. 미래 시간이 존재하지 않는다면 시간이 미래로부터 다가올 수 없다. 수원지의 물이 고갈되면 강물이 흐를 수 없다. 그렇다면 현재로서는 존재하지 않지만 엄연하게 생성하고 있는 미래 시간의 근원처란 무엇인가? 바탕이 된 통합성 본체가 삼세의 시공간을 초월해서 함께한 탓이다. 시공간을 영원히 생성시키는 창조 본체 뿌리로서…… 이런 시간의 본질성 탓에 닭과 달걀, 원인과 결과가 분열하면 시공간 안에서는 동시에 존재하지 못해 경과적, 시간적, 질서적으로 나뉘지만, 통합성인 본체 안에서는 하나, 일치, 동시에 존재한 상태로 있다. 현실적으로는 因과 果가 나뉜 모습이지만, 본체는 분열적인 시공간을 초월해서 엄존한다. 빙산은 바다 수면이 바로 우리가 인지하는 경계를 가르지만, 본체의 통합성은 차원의 강이 우리의 인식을 가르는 경계선이다. 현상계 안에서는 성립할 수 없는 닭과 달걀

---

48) 위의 책, p.115.

의 동시 창조가 본체계 안에서는 가능했나니, 그래서 본체의 **"통합 특성"**
은 창조 본체의 특성을 대표한다. 이런 측면에서 닭과 달걀, 원인과 결과
를 아우른 본체는 삼자 합일이다. 통합성 본체로부터 나뉘었기 때문에 원
인과 결과, 시간과 공간, 닭과 달걀이 긴밀하게 연결된다. 사물과 그림자는
따로 구분되지만 빛이 사라지면 그림자도 동시에 사라지는 것처럼, 현상
계 안에서의 동시 성립 불가 이유도 그와 같다. 현상적 질서 안에서는 불
가능한 성립 조건을 통합성 본체 안에서는 일시에 해소한다.

이에, 플로티노스가 말한 진의를 다시 초점 잡는다면 영원, 즉 통합성
본체는 변화하는 시간 흐름 속에서도(분열하는 현상계 안) 변화하지 않는
현재로서 있다. 따로 존재하는 것이 아니다. 차원이 다른 3축 체제로서 현
재의 시공간과 실시간으로 공존하고 있다. 통합성 본체는 생성을 통해 因
과 果로서 얼굴을 나타낸 것과도 같아, 그렇게 현상화된 모습 이면에는 본
체인 몸통이 뒷받침하고 있다. 이런 연유로 닭과 달걀, 因과 果, 시간과 공
간이 꼬리를 물고 존재한 실상은 그대로 통합성 본체가 존재한 사실을 나
타낸 것이고, 실상 자체를 가감 없이 반영한 상태이다. 그것을 인류는 열
림 가르침을 통해 직시할 수 있어야 한다. 이처럼 3축 체제로 구축된 동
시 존재 실상이 곧 **"궁극적 실재"**의 입체적 메커니즘인 통합 본체의 특성
이다. 그리고 이것은 하나님이 창조된 세계 안에서 존재하는 방식과도 그
대로 연관된다. 칸트는 "초월적 자아(궁극적 실재=하나님의 창조 본체)를
자연의 인과 필연성(현상계의 결정 질서)을 넘어선 자유의 순수 의지"[49]
로 간주하였나니, 그렇게 초월적 방식으로 존재한 하나님(물 자체)은 과
연 차원이 다른 현상계 안에서 어떤 방식으로 존재할 수 있고, 인류가 감

---

49) 위의 책, p.346.

지할 수 있도록 드러내어 줄 것인가? 만약 물 자체처럼 초월적인 존재 방식이라면 현상적인 조건 안에서는 인식할 수 없는 것이 맞다. 하지만 하나님은 몸 된 본체를 근거로 천지를 지은 창조주인 탓에 하나님은 차원 밖에 계신 동시에 차원 안에서도 함께할 수 있다. 동시에 존재함이 가능한 탓에, 그처럼 직접 거하심을 확인시킨 것이 바로 이 연구가 간구하여 받든 "말씀을 순종하면 그대로 이루어지리라"라고 한 가르침 증표이다. 이것이 하나님이 차원 밖에 계시면서 차원 안에서도 존재한 통합적 본체자인 근거이다. 궁극적 실재의 통합적 존재 방식이 그대로 하나님이 세상에 말씀으로 역사한 성령의 임재 방식이다. 차원과 차원 간을 넘나들면서 임하는 명실상부한 초월 교감 방식이다. 하나님이 어떻게 해서 이 땅에 강림하실 수 있었는가 하는 사실을 확인하는 일련의 증거 방식이기도 하다. 본체의 통합적 특성이 궁극적 실재인 하나님의 形而上學적 본체를 더욱 분명하게 나타낸다. 길의 신념이 본체적 특성을 통해 가일층 확고하게 되었다. 궁극적 실재가 선천의 선현들이 궁구한 미완성된 하나님의 창조 본체라는 사실을⋯⋯

제49장 차원적 존재

1. 존재 이유

　서양 관념론의 시조인 플라톤은 궁극적 실재로서 선의 이데아를 제시하였다. 하지만 이후로 선의 이데아는 인류의 지성사에서 얼마나 인준된 실재로서 자리매김하였는가? 오히려 유물론과 대립한 관념론에 머물고 만 것은 여러 가지 측면에서 선의 이데아가 궁극적 실재로서 지닌 창조 조건을 제시하지 못한 탓이다. 차원적인 실재로서 지닌 본체성과 무관하게 사고적인 관념으로 추정하고 유추했기 때문에 존재한 특성과 역할을 명확하게 드러내지 못했다. 궁극적 실재는 形而上學적인 본체이다. 形而上學적인 것은 현상화된(形而下學) 존재와는 차원이 다른 실재인 탓에 정당한 조건을 갖춘 존재로서 인정하길 꺼렸다. 오죽하면, 같은 반열에 있는 하나님까지 부정한 무신론자들이 득세하고 만 실정까지 되었을까만, 이제는 이 연구가 열린 가르침을 통해 궁극적 실재의 形而上學적인 특성을 직시할 수 있는 안목을 틔웠으므로 차원적인 존재로서의 당위 이유와 조건과 역할을 확실하게 제시하고 규정할 수 있어야 한다. 왜 철학자는 존재한 궁극적 실재를 눈앞에 두고서도 또 다른 실재를 찾아 헤매었는가? 거기에는 그만한 이유가 있는데, 그것을 선현들이 인식하지 못했다. 현 존재와 다르다는 사실은 알았지만, 현 존재와 연결된 차원적 존재성까지는 미처 알지 못했다. 形而上學은 실재의 본질을 탐구하는 학문이다"라고 정의하면서도 "形而上學 안에서 존재가 우위에 놓이는가, 본질이 우위에 놓이는가 하는 문제를 두고 논란을 벌였다. 이와 유사한 논쟁으로서는 단어만 바꾼 물질이 먼저냐, 정신이 먼저냐? 주리론이냐, 주기론이냐? 등이 있다. 궁극적 실재가 形而上學적이고 초월적이고 본질적인 것은 기정사실인데, 문제는 왜 그렇게 구분하는 것인가 하는 이유를 알지 못했다. 그것을 순차적으로 밝힌다면, 현재 존재한 존재가 전부가 아니라는 데 있다. 이것은 현재 드러난 현상과 오감으로 인식할 수 있는 세계만 사실인 것으로 여긴 대다수 인류에게 있어서는 청천벽력 같은 선언이다. 그렇게 안 모든 것이 한꺼번에 무너질 만큼 제3의 존재, 곧 궁극적 실재가 차원적으로 존재한 이유를 밝혀 근거를 명확히 해야 했다.

인도 철학에서는 "궁극적 실재는 현상 세계를 초월해서 상주하는 존재이며, 최고의 至福은 현상 세계를 초월하여 궁극적 실재에 도달함으로써 실현된다"[1]라고 여긴 것이 기본적인 생각이다. 그처럼 차원이 다른 궁극적 실재에 도달한 지복 상태를 일컬어 해탈이라고도 한바, 해탈은 다름 아닌 현존재의 현상적 제약을 넘어 차원의 문으로 진입하는 것을 뜻한다. 그래서 삶의 과정을 통해 수행을 쌓아야 했고, 의식을 정화해 고도화할 필요가 있었다. 그렇다면 그렇게 노력해서 일치함으로써 격상시키고자 한 궁극적 실재인 브라만의 정체는 무엇인가? 브라만의 존재 역할과 당위 근거를 명확하게 밝혔는가? 물었나니, "만일 브라만이 어떠한 차별도 없는 순수 有라고 할진대, 어떻게 다양한 현상 세계가 전개될 수 있는가? 순수하게 정신적인 브라만으로부터 어떻게 본질이 다른 물질적인 현상 세계가

---

1) 「샹카라의 가현설 연구」, 이호근 저, 동국대학교 대학원, 박사, 1991, p.1.

생기할 수 있는가? 환희 자체인 브라만이 어떻게 세계의 불공평과 무자비의 근원일 수 있는가?"[2] 브라만이 인도인이 추구해서 도달하고자 한 궁극적 목표인 것이 맞는다면 상정한 추앙 대상으로부터 더 나아가 앞의 물음에 대해서도 답할 수 있는 존재 역할과 근거를 명확히 해야 했다. 하나님에 대해서도 마찬가지이다. 이 같은 물음에 걸맞은 요건을 갖추지 못한 탓에 선천 하늘이 다하도록 믿음 어린 대상에 머물 수밖에 없었다. 그만큼 브라만의 존재 역할과 근거에 관한 질문은 영원한 질문이고 반드시 풀어내어야 하는, 지금까지도 유효한 질문이다. 그런데도 통틀어 질문에 관한 해명이 모호했던 것은 바로 궁극적 실재의 차원적인 특성을 규명하지 못해서이다. 내디딜 땅이 없다면 더 이상 전진할 수 없는 것처럼, 근거와 바탕이 없으면 그 무엇도 그 위에 존재할 수 없다. 그 필연적 근거와 바탕성 역할이 궁극적 실재가 존재한 이유이다. 이 세계가 生하고 존재하기 위한 당위 근거, 그것이 궁극적 실재의 **"존재 이유"**이다. 삶이 내포한 본질도 마찬가지이다. 존재해서 삶을 영위하고 있지만, 그렇게 살고 있는 이유를 모른다면 무익한 삶이다. 궁극적 실재도 그와 같다. 왜 궁극적 실재가 존재하고, 존재할 수밖에 없는 것인지에 관한 이유를 모른 탓에 여태껏 形而上學적인 본체로서 만인의 의식 속에 존재자로서 각인되지 못했다. 노자의 표현처럼 이·희·미(夷·希·微)한 묘체였다(道). 왜 覺者 자신은 차원적인 본체가 존재한다는 사실을 알고(覺함) 법문으로 일갈했으면서도 그것을 세인들이 이해하고 공감할 수 있도록 설명하지 못한 것은, 깨달았다는 것만으로서는 부족한, 직시한 실재가 존재한 근거까지 밝힐 수 있어야 했다.

2) 위의 논문, p.1.

이에, "理의 철학은 현상을 초월한 곳에 본체가 있다고 생각하였다."[3] 왜 理가 선재하는 것이고, 태초 이전부터 하나님이 존재한 것인지 그 필연적인 이유와 근거를 이치로, 조건적으로, 구조적으로 밝히려 했다. 즉, 성리학에서는 소이연(所以然)을 일컬어 존재의 理는 모든 존재를 존재하게 하는 '존재의 근거이다'라고 하였다. 理는 氣와 함께 있으면서 氣로 하여금 氣이게 해주는 이유이자 근거이며 원리이다. 여기에 근거해 인간에게도 마땅히 해야 할 도리가 있게 된다. 당위의 理(소당연)가 있게 되는데, 인간으로서 마땅히 그러해야 하는 도덕적 법칙이 그러하다. 그만큼 밝히고자 하는 궁극적 실재의 존재 이유도 이치적 소당연에 대한 소이연으로서의 존재 역할이고, 그것이 곧 **"존재 이유"**이다. 너와 나, 만물을 있게 하는 이유이자 근거이며 원리란 뜻이다. 이런 소이연 탓에 궁극적 실재의 존재 거리와 위치와 필연적인 근거를 비로소 확보하고 확립한다. 소이연으로서의 존재 이유와 근거를 확고하게 자리매김해야 주자가 "태극, 즉 理가 만물에 선재하고",[4] "천지가 있기 전에 필경 다만 理가 있었다"[5]라고 한 말을 이해할 수 있다. 그것은 기독교인이 하나님을 창조주로 믿는 것 이상으로 주자는 理를 우주의 본원으로 인식한 것이다. 理가 천지보다 먼저 있지 않으면 안 되는 필연적인 이유를 밝힌 것이다. 다름 아닌, "이 理가 있으면 천지가 있고, 만약 이 理가 없으면 천지도 없고 사람도 없고 사물도 없어서 모두 갖추어 실을 수 없다."[6] 하나님이 없다면 천지도 없을 것이

---

3) 「주자학의 철학적 특성과 그 전개 양상에 관한 연구」, 앞의 논문, p.21.

4) 「주자의 격물치지에 나타난 공부론 연구」, 앞의 논문, p.35.

5) 『주자어류』, 권 1.

6) 위의 책, 권 1.

듯, 理도 그와 같은 소이연으로서의 필연적 존재 근거이다. 理=神=궁극적 실재=形而上學적 본체 근거가 선재해야 그런 존재 바탕으로부터 천지 만물이 이 땅에 존재할 수 있다. 부모가 있어야 자식이 태어나고, 하나님이 있어야 천지가 창조될 수 있는 소이연으로서의 당위 요청이다. 그것보다 더 필연적인 존재 이유는 없다. 이것은 현재 존재하는 것만으로서는 존재하는 당위성이 성립될 수 없고, 존재할 수도 없었다는 뜻이다. 당연히 현 존재만이 존재하는 전부가 아닌, 현 존재와는 차원이 다른 존재 근거의 요청이다. 그것은 결코 사고적인 상정 상태가 아니다. 그것이 없으면 삼라만상이 존재할 수 없는 필연적 조건 요구이자 요청이다. 그래서 존재한 形而上學적 실재가 당위적으로 있게 되었다.

　"플라톤이 펼친 이데아의 절대 세계도, 후설이 세운 엄밀한 과학으로서의 철학도"[7] 그것은 제각각 진리로서 영역을 차지한 당연 이유가 있다. 플라톤이 이데아를 현상의 세계가 의미 있기 위한 전제 조건으로서 요청한 것은 논리적인 가정 상태가 절대 아니다. 필연적인 현상 세계의 존재 조건, 또는 인식적 근거로서 제시한 것이다. 곧, 이데아는 개별적 현상 세계를 가능하게 하는 보편자이다. 그렇게 차지한 자리와 위치와 역할은 어디에도 양보할 수 없고, 무엇도 대신할 수 없다. 있어야 할 자리에 있지 못하고, 존재자답게 구실을 못한다면 만물의 법칙과 천지 운행의 질서가 모두 허물어진다. 그런데도 이 같은 중차대한 근본 자리를 뒤흔들고 무시한 것이 중세 시대의 유명론자와 그 지적 전통을 계승한 사상가들이다. "보편자는 개별자 바깥에도 안에도 따로 존재하지 않고, 그것은 단지 추상적인 이름일 뿐이다. 따라서 현상 세계를 설명할 때 더는 초월적 근원 또는 절

---

7)　『세상의 모든 철학』, 앞의 책, p.523.

대의 궁극을 추구하지 않고 일체를 경험적 원리를 갖고 경험적 방식으로 설명한 것은"[8] 근원 된 뿌리를 파헤쳐 버린 격이다. 근본 바탕인 보편자의 역할과 필연성을 기를 쓰고 부정한 종말론적 인식이다. 이 무명, 이 어리석은 무지를 깨우쳐야 했나니, 때가 이른 오늘날 궁극적 실재가 차원적, 초월적, 선재적일 수밖에 없는 당위 조건을 열린 가르침으로 낱낱이 밝혀야 한다.

기본적인 조건은 "존재하는 세계는 이 세계를 가능하게 해준 근본적인 현실(궁극적 실재의 존재 조건)과는 구별된다는 당위적 요구이다. 이에 대해 플라톤은 선의 이념(이데아)은 존재 저편에(초월) 놓여 있다고 하였고, 아우구스티누스는 이 넘어감, 초월이란 말을 하나님의 존재 조건에 적용해서 초월은 감각적인 이 세계를 떠나 만물의 근원인 하나님께로 돌아가고자 하는 영혼 운동을 일컫는 말로써도 사용하였다."[9] 존재 저편에 위치함과 감각적인 이 세계를 초월해 존재하는 것이 천지 만물을 존재하게 한 궁극적 실재로서 갖추어야 할 선행된 조건이자 요청이다. 神이든 이데아든 궁극적 실재인 한, 요구되는 당위 조건을 벗어날 수 없다.[10] 그것이 궁극적 실재다운 차원적인 존재 조건이다. 이처럼 구별된 조건은 아리스토텔레스에게도 변함없이 적용된다. 보편자의 존재 가능성은 부정했지만, "개별자만으로는 존재 성립이 불가능한 탓에 개별자와 구분된 또 다른 차원의 궁극적 실재를 논했는데, 다름 아닌 일체를 움직이되 자신은 움직이

---

8) 『실체의 연구』, 앞의 책, pp. 195~196.

9) 「칸트의 形而上學과 표상적 사유」, 강영안 저, 서강대학교 출판부, 2009, p.61.

10) "플라톤은 우주를 만드는 神조차도 이데아(형상)를 바라보면서 그 질서에 따라 우주를 제작한다고 말할 정도로 이성적 사유 대상의 이데아를 궁극적 실재로 간주함."-『실체의 연구』, 앞의 책, p.91.

지 않는 최초 원인으로서의 '부동의 원동자'를 상정한 것이다. 그리고 이 같은 조건을 완벽하게 갖춘 존재자를 일컬어 神이라고 하였다."[11] 즉, 부동의 원동자는 이 세계가 요구하는 당위 조건을 완전하게 갖춘 실재이다. 모든 것은 원인을 갖고 있고, 모든 것은 원인을 필요로 하지만, 그렇게 요청되는 조건 탓에 모든 것의 원인이 되는 궁극적 실재는 필연적으로 또 다른 원인을 가질 수 없다. 모든 것의 원인이 되는 것은(궁극적 실재의 존재 조건) 자기의 원인을 갖지 않아야 모든 다른 것의 원인이 될 수 있다.[12] 이 것은 원인을 필요로 하는 현상 세계 안에서는 지극한 모순이고, 자가당착이다. 그런 조건을 갖춘 존재자가 세상 가운데서는 존재할 수 없다. 그래서 **"궁극적 실재"**는 현상 세계와 차원을 달리해서 존재해야 하는 것이 당연 조건이다.

이 같은 절대적인 조건을 우리는 현실 속에서 간접적으로 실감하고 있다. "움직이는 모든 것은 다른 것에 의해 움직여진다는 사실을……"[13] 스스로 존재하면서 에너지를 충족하는 항구적인 실체는 세상 어디에도 없다. 영구기관은 있을 수 없고, 누구라도 먹지 않으면 죽고 만다. 그런데도 만상은 여전히 존재하고 있고, 눈을 뜨면 다시 태양이 떠오르는 것은 통합성 본체로부터 생성된 에너지를 끊임없이 공급받아서이다. 현상화된 세계가 자기충족적이라는 것은 존재자가 지닌 필연 법칙을 무시한 무지이다. 하지만 "一者는 최초의 존재인 만큼, 다른 것을 필요로 하지 않는다. 一者로부터 나오는 모든 것은 一者의 규정인 탓에 이미 一者 안에 담겨 있다.

---

11) 위의 책, p.91.

12) 「불교와 노장철학에 관한 일고찰」, 앞의 논문, p.13.

13) 『실체의 연구』, 앞의 책, p.159.

그래서 一者는 자기 이외의 다른 것을 필요로 하지 않는다. 그만큼 자기충족적이다."[14] 우리는 부족한 요소는 외부로부터 채워야 존재할 수 있지만, 一者는 자체로부터 채운다. 이것이 궁극적 실재가 지닌 차원적인 존재 조건이다. **충족 조건=존재 조건=당위 조건으로서 말미암은 현상 세계와 정확한 대칭 관계를 이룸과 함께 구조적으로, 이치로 일치하도록 짝을 이루고 있다.** 현상 세계의 필연적인 요구 조건을 궁극적 실재가 당위적인 조건으로써 제공하였다. 이 같은 관점에서 본다면, "데카르트가 神이 무한 실체로서 우리 의식의 바깥에 존재한다"[15]라고 한 것은 바로 가능한 존재 조건의 차원적인 필연성을 말한 것이다. 그리해야 만유를 포괄하고 주재하는 하나님이 될 수 있다. 단지 차원적인 조건을 곡해해 절대적인 차원 세계로 이격해 버린다면 문제가 되겠지만……

이 같은 차원적인 조건 요청은 동양의 선현들에게 있어서도 그대로 적용된 보편적 인식이다. "理 자체는 이미 그렇게 존재하고 있어서 인간사의 영향을 받지 않는다. 즉, 理는 물질세계의 바깥에서 사물에 의뢰하지 않고 독립적으로 영구히 존재한다. 이것이 일체 사물의 본원이며, 천지 만물은 그것의 체현이다."[16] "천하의 사물은 모두 이로써 비출 수 있다. 사물이 있다면 반드시 법칙이 있으니, 하나의 사물은 하나의 理를 가진다."[17] 그래서 理의 초월성과 선재 인식은 그대로 궁극적 실재의 차원적인 존재 조건으로 이어진다. 당위적으로 사물에는 그것을 있게 한 법칙이 뒷받침하고

---

14) 위의 책, p.97.

15) 위의 책, p.219.

16) 「정이천 리철학의 이론적 체계에 관한 연구」, 앞의 논문, p.42.

17) 『이정유서』, 권 18.

있고, 하나의 사물은 반드시 하나의 理를 지녀서 짝을 이룬다. "조건 없이 존재하는 것, 제약받음 없이 존재하는 것, 영원한 것, 독립해서 존재하는 것은 하나도 없게 된다."[18]

불교는 연기법을 통해 제법이 무아이고, 일체가 자성(고정적인 실체)이 없다고 하였다. 그렇게 결론 내린 명제와 법문만 놓고 보면 허무한 실상을 대변한 것이라고 할 수 있지만, 궁극적 실재의 당위적인 존재 조건 측면에서 보면 무아, 무자성한 본연적 실상이 확연하게 드러난다. 허무한 것으로 판단한 실상이 180도 전환되어 확고부동한 자리를 차지한 필연적인 존재 근거가 되고, 차원을 달리한 존재자로서 자리매김한다. 더는 있는 것도 아니고 없는 것도 아닌(非有而非無) 존재 상태로서의 形而上學적 본체가 아니다. 그런데도 인류는 보혜사 하나님이 진리의 성령으로서 이 땅에 강림하셨다고 말한 선언의 진의를 모르겠는가? 그 뜻을 열린 가르침으로 깨달아야 한다. **하나님이 태초에 천지를 창조한 것은 창조주로서 이룬 권능 역사이고, 하나님이 오늘날 궁극적 실재의 차원적 존재 조건을 밝힌 것은 진리의 성령으로서 이룬 성업 역사이다.** 보혜사 하나님이 궁극적 실재가 바로 하나님의 창조 본체란 사실을 인준한 탓에, 그 실상을 일컬어 지상 강림 본체라고 하였다. 강림하신 하나님은 결코 다른 신격을 가진 하나님이 아니다. 이전에도 인류를 구원하기 위해 역사하였고, 오늘도 인류를 구원하기 위해 역사하며, 미래에도 인류를 구원하기 위해 역사할 영원한 하나님이시다. 항구 불변한 하나님이 이 땅에 강림하시어 열린 가르침으로 무지를 깨우쳐 만 영혼을 빠짐없이 구원하시리라. 하나님과 인류가 함께하는 지상 천국을 건설하시리라.

---

18) 「원효의 교육사상」, 앞의 논문, p.24.

2. 존재 구분(구조)

인류 지성사의 진리 추구 이유를 크게 나누면 세계가 일원적인가, 이원적인가 하는 궁극적인 근원에 관한 문제, 그리고 形而上學적인가, 形而下學적인가 하는 궁극적인 차원성을 구분하는 문제이다. 그리고 이렇게 관심을 가진 이유로서는 궁극적 실재를 규명하는 여부와도 밀접하게 연관되어 있다. 사실상 세계의 일원성 · 이원성과 形而上 · 形而下 문제는 그렇게 나누어서 판단할 수 있는 기준선이 모호한 탓에 맺고 끊음을 확실하게 하지 못했다. 그런데 그 구분선을 분명하게 그은 것이 밝힌 바대로 하나님이 강림하시어 계시한 창조 본의이다. 그래서 앞에서 궁극적 실재의 존재성을 확고히 하고, 차원적인 특성이 있을 수밖에 없는 이유를 밝혔다. 그 결과, 모호하기만 했던 形而上과 形而下 세계를 창조된 역사를 기준으로 구분할 수 있게 되었다. 세계가 차원적으로 양분된 이유 밝힘을 주된 논거 과제로 삼고자 한다. 지난날은 궁극적 실재가 존재자로서의 당위 근거를 확보하지 못하다 보니까 세계에서도 구분선이 유동적이라, 혼란스러운 形而上을 아예 존재 영역에서 제외해 버린 역사까지 낳았다. 이것은 인류가 탐구해야 할 본질적인 진리 이슈 실마리를 끊어버린 격이다. 무자비하게 훼손된 진리 영역을 다시 회복하기 위하여 "철학자는 물론이고 물리학자, 생물학자 할 것 없이 당면한 形而上學적 문제를 피할 수 없다. 形而上學은 물질세계를 초월한 것인데, 그 이유부터 알아야 한다."[19] 이 말은 세계의 이원적 구조를 피할 수 없다는 뜻이기도 하다. 그런 궁극적 실재, 곧 차원적 존재가 실재한 이유는 무엇인가? 창조되지 않았다면 세계가 창조를 경

---

19) 『교육철학』, 김정환 저, 박영사, 1992, p.25.

계로 形而上과 形而下로 구분될 필요가 없다. 일원론 대 이원론 간의 대립 문제도 마찬가지이다. 천지가 창조되지 않았다면 일원론을 넘어선 이원론, 다원론으로까지 나아갈 필요가 없다. 그래서 창조 역사가 문제를 해결하는 실마리를 지녔다. 창조된 탓에 창조주와 피조체, 본체와 현상, 근원과 다양함, 생성과 분열, 本과 化로 구분되었고, 또한 그렇게 나뉜 세계를 다시 일치시키고자 한 색즉시공, 만물 일체, 천인 합일적 노력이 있게 되었다. 세계가 상대적, 결정적, 분열적, 질서적, 법칙적인 것은 창조된 결과로 드러난 현상 세계의 피조적 특성이다. 노자도 일갈했듯, 그런 특성을 결정지은 바탕 道, 곧 形而上學적인 바탕 본체는 "비어 있고, 그 깊음은 만물의 으뜸인 것 같다(『노자 도덕경』, 제4장)"라고 하였다. 道를 의도하여 초월적인 영역으로 이끌거나 이유 없이 현상 세계 밖으로 내친 것이 아니다. 창조로 인해 그렇게 구분할 수밖에 없는 불가피한 이유가 있었다. 단지 정확한 이유를 알지 못한 것이 선천 지성의 한계 인식이었을 따름이다.

하나님이 창조 역사의 근원 본체자로 드러나기까지, 그리고 창조 역사 과정을 밝힌 하나님의 창조 본의가 성령의 역사로 계시되기까지는 形而上學적인 본체 영역이 제대로 된 자리를 차지하지 못했고, 근원 된 자리가 부실하다 보니까 그 위에 기초한 본체 영역도 부유하였다. 그러니까 현상 세계가 마치 뜬인돌처럼 바탕이 된 뿌리가 어디에 있는지 몰라 정체성을 확립할 수 없었다. 이런 차원적인 본체 상태에 대해 노자는 말하길, "道라고 말할 수 있는 道는 항상인 道가 아니고, 명칭을 붙일 수 있는 명칭은 항상인 명칭이 아니다(『노자 도덕경』, 제1장)." 그렇게 말할 수 없고 그렇게 이름을 붙일 수 없는 만큼, 확고한 존재자로 드러날 수 없었고, 이름 붙일 만큼 존재자로서 자리를 잡지 못했다. 그런 形而上學적인 존재이기 때문에 우리는 현상계와는 차원이 다른 道를 보려고 해도 볼 수 없고[夷], 들으려고 해도 들을 수 없으며[希], 잡으려고 해도 잡지 못했다[微](『노자 도덕경』, 제14장). 근본 뿌리가 夷·稀·微 하여 창조된 존재계가 제 자리를 잡지 못했다. 변화만 보고 뿌리를 보지 못하므로 삼라만상 일체가 자성이 없다고 결론 내렸다. 하지만 밝힌 바대로, 形而上學적인 실재에 관한 인식과 명제와 논리는 창조 역사와 깊이 연관되어 있어, 창조로 그어진 차원의 경계선만 명확하게 구분할 수 있다면 夷·希·微한 본체도 존재적으로 파악할 수 있다. 무엇이 악한 것이고 무엇이 선한 것인지 분별할 수 있는 기준이 불명확하니까 죄악이 횡행하는 것처럼, 판정하는 기준 조건은 상대성, 주관성에 휘둘리지 않는 객관성을 지녀야 했다. 생명은 하나님이 주신 소중한 은혜이다. 당연히 잉태된 것 자체가 하나님의 위대한 사랑의 역사가 이루어진 상태인데, 자의적으로 판단한 낙태 행위는 지울 수 없는 인간 죄악이다. 결코 인간이 자의적으로 판단하면 안 된다. 하나님이 그렇게 실행한 창조 뜻이 우주 운행과 만 현상과 인간 영혼에 관여하지 않은 것이 하나도 없다. 본의를 받들어 돌이킬 수 없는 죄악 행위를 더는 반복해서는 안 된다.

그러므로 우리는 니체가 말한 관점주의 부류의 혹세무민 상황을 똑바로 직시해야 한다. "이 세상에 보편적, 객관적, 절대적 진리란 존재하지 않는다. 어떤 현상을 이해하고 해석하는 시각인 관점은 필연적으로 변화무쌍한 현실에 대한 한 점에 불과하기에 진리적일 수 없다"[20]라는 주장이 그러하다. 하지만 그것은 사실이 아니다. 그리고 이제는 그것이 왜 사실이 아닌지를 창조 역사로 구분한 形而上과 形而下란 경계선을 통해 확인할 수

---

20) 『인간의 위대한 질문』, 앞의 책, p.49.

있어야 한다. 반복되는 언급이지만, 플라톤이 이데아계와 현상계를 구분한 것은 천지가 창조된 사실을 알게 모르게 방증한 인식이다. 하나인 본체로부터 천지가 창조된 탓에 세계가 양분되었고, 그러면서도 양 세계는 긴밀한 관계를 맺었다. 따라서 현상계를 이데아계의 그림자로 본 것은 선천 지성의 한계 인식이다. 그렇게 구분한 것은 전에는 없었던 세계가 창조되어서이다. 그러니까 바탕이 된 이데아란 본체와 그로부터 창조된 현상계가 차원적으로 구분되었고, 특성 면에서도 차이가 생겼다. 없었던 것이 창조된 탓에 드러나게 되었고(현상), 바탕이 된 본체는 드러나지 않은 무형의 본질 형태로 존재하게 되었다. 이처럼 形而上學적인 바탕 본체의 당위 이유와 존재 근거를 확실히 구분하고 자리매김해야 말미암은 현상계가 환(幻)이다, 空이라고 하여 그림자 취급하지 않는다. 形而上學과 연관해 현상 세계를 탐구하는 일반적인 학문인 形而下學의 반대 개념 정도로 이해하고 넘어갈 일이 아니다. 경계 사이에 그어진 창조란 구분선을 볼 수 있어야 한다.

『주역』의 「계사전」에서는 "일상적 현상 세계에 나타나는 개별 사물은 形而下로서의 그릇 기[器]이고, 그러한 현상 세계와 우주 만물의 근거가 되는 보편적 원리는 形而上으로서의 道라고 하였다."[21] 이렇게 形而上과 구분한 形而下로서의 器는 현상과 사물 자체가 아니다. 그 전 단계인 그릇 器이다. 그렇다면 形而下란 무엇을 담은 그릇인가? 본질을 담은 그릇이다. 그리고 분명 形而上의 차원적인 경계선을 넘어선 본질이기는 하지만, 그것은 이행된 본질이다. 차원 밖의 절대 본질을 차원 안으로 가져와 특성 성분을 옮겨 이식시킨 규정 틀 상태라고나 할까? 화단에 있는 식물을 화

---

21) 『실체의 연구』, 앞의 책, p.16.

분에 담아서 집안에 옮겨 둔 격이다. 따라서 形而下는 形而上이 지닌 차원 밖의 특성을 형, 구조, 작용, 기능을 통해 차원 안에서 그대로 발현시켜 창조된 피조체로서 아름다운 꽃을 피워낸다. 그러니까 구분이 불가피하게 되었지만, 形而上과 形而下는 창조를 매개로 긴밀하게 연결되어 있다. 그런 만큼, 만인은 形而上과 形而下를 동떨어진 세계와 실재로 간주한 지난날의 무지 상태를 탈피해야 한다. "우주와 인류 안에서 발견되는 보편자인 이데아는 피안의 세계(차원적인 形而上)에서만 존재하며, 현실에는 존재하지 않는다. 그래서 보편자와 개별자는 일치할 수도 만날 수도 없어 분리되어 있다(실재론)든지, 보편적인 개념은 사물 안에 존재할 뿐이고, 보편자는 개별자들에게 이름을 붙여 존재한다(유명론)"[22]라는 판단 등이 그러하다. 보편자와 개별자를 영원히 분리한 것은 문제이지만, 구분한 차원성을 간과하여 形而上(본체)의 존재성을 아예 무시한 것도 문제이다. 차원적인 차이는 있지만, 사실은 끝이 연결되어 있고, 궁극적으로는 합일을 지향한 상태이다. 이런 차이성과 합일성을 함께 볼 수 있어야 대립하고 있는 일원론 대 이원론 문제를 해결할 수 있다.

차원적인 차이 탓에 **일원은 이원적(현상적) 조건으로 존재할 수 없고, 이원은 일원적(본체적) 조건으로 존재할 수 없다.** 닭과 달걀은 시공간 안에서 동시에 생겨날 수 없고(인과로 나뉘어 있어 생성된 경과가 필요함), 동시에 존재할 수 없다. 그것이 창조로 결정된 현상의 법칙 조건이다. 동일한 조건으로서 인과로 나뉜 생성 질서 안에서 인과가 하나인 일원(통합 본체)은 세계 안에서 존재할 수 없다. 이것이 일원과 이원과의 엄밀한 구분이고, 차원적인 존재 조건이다. 그래서 일원론과 이원론을 形而上과 形

---

22) 『신의 위대한 질문』, 앞의 책, p.214.

而下로서 대비시킨 것은 창조 역사를 경계로 한 본체와 현상의 이원적 구분이기도 하다. 즉, 창조를 이룬 바탕인 통합 본체는 하나인 일원성이고, 만화 된 현상 세계가 더해지면 이원성이다. 따라서 이기일원론이냐, 이기이원론이냐 하는 논란은 창조 이전의 形而上 안에서의 이원성 문제이고, 데카르트가 말한 심신이원론,[23] 유물론과 관념론의 논쟁 주제인 정신과 물질 간의 우선성 다툼은 形而下 안에서의 이원성 문제이다. 하지만 만상의 근원은 하나이고, 유일하며, 통합성을 본체로 했다는 사실 하나만 명기하면, 일체의 다원화 문제를 해소할 수 있다. 본류와 지류는 다른 것이듯, 세계의 궁극적인 본류는 바로 차원을 가른 形而上과 形而下가 절대적이다. 이 본류 근원으로부터 천지 세계가 삼세 간을 거치면서 변화했지만, 본체는 변하지 않고 불변한다(실상 반야).[24] 만상은 생멸할 수밖에 없지만, 본질은 여여할 뿐이다. 그 확실한 구분으로서 창조된 피조체는 창조 권능이 없고, 하나님의 몸 된 본체는 능동적인 창조 권능을 지녔다는 사실에 있다. 창조 본체가 만물과 뭇 현상에 대해 마땅히 그러한 당위 이유를 제공했다. 다시 지적해, 왜 세간의 일체법은 자성이 없고, 고정불변한 자성이 없으며, 상주 불변할 수 없는가? 본질적 이유는 창조 권능을 지니지 못해서이다. 자성이 없다는 사실은 부차적이다. 고정불변한 자성이 없는 것이 만변, 만화를 일으킨 근본적인 원인은 아니다. 변화도 불변도 궁극적 원인은 창조 권능의 유무에 달려 있다. 부정적으로 말하면, 空의 실상은 창조 권능을 보지 못한 한계성 인식이고, 긍정적으로 말하면, 空의 실상은

---

23) "물질과 정신의 이원론에 근거하여 데카르트는 이 세계는 사유적 실체인 영혼과 이외에 또 다른 실체인 물체가 존재한다고 말함."-『실체의 연구』, 앞의 책, p.211.

24) 『반야심경』, 지뿌 저, 일빛, 2015. p.126.

만사가 생성하기 이전의 통합성 본체이다. 이 空을 후자인 차원적인 일원성 자리에 놓으면 불교의 팔만사천법문이 일시에 하나님의 창조 본체를 뒷받침하는 진리로서 생명력을 갖게 된다.

이렇듯 창조 역사를 구분선으로 차원 밖의 形而上과 차원 안의 形而下 세계를 명확히 구분하고, 갈라진 본체적 실재와 현상적 실재를 존재자로서 확실하게 자리매김하였다면, 그렇게 나뉘어 있는 차원 간 경계선을 넘어 상호 연결, 소통, 합일할 수 있는 길도 열어야 한다. 유단자는 자신이 둔 바둑을 일일이 기억해서 복기할 수 있는 능력을 갖춘 것처럼…… 창조로 인해 갈라진 形而上과 形而下 세계는 창조된 과정을 추적함으로써 다시 하나로 합치고 통합할 수 있다. 그 가능성의 길을 열린 가르침이 시도하고자 한다. 선천의 불미한 여건 탓에 칸트가 "세계를 현상 영역(形而下)과 물 자체=무제약자(形而上) 영역으로 구분한 것은"[25] 세계의 본질이 분열 중인 과정에 있어서이다. 그렇게 구분한 것은 탁월한 인식이지만, 통합적 안목을 가지지 못한 탓에 한계성을 지닌 인식 역시 불가피했다. 그가 그렇게 구분한 것은 본체를 기준으로 한 것이 아니다. 인간으로서 확보한 인식 범위와 인식 능력을 기준으로 현상 세계 밖인 물 자체 영역을 상정한 것이다. 그도 그럴 것이, 칸트가 제기한 인식 수단의 특성을 보면, 왜 세계를 그렇게 나누고 구분한 것인가에 대한 이유가 드러난다. 이것을 알아야 차원 밖에 있는 물 자체를 추적할 수 있는 인식 수단을 다시 마련할 수 있다. 칸트는 물 자체가 차원적인 궁극적 존재란 사실을 간과하였다. 결과적으로 인식 수단에 있어서도 물 자체에 접근할 수 있는 인식 통로를 찾지 못했다. 나아가 물 자체를 인식 불가능한 차원 영역 밖으로까지 몰아냈다. 인

---

25) 『실체의 연구』, 앞의 책, p.311.

식 대상이 차원적이라면 인식 수단도 걸맞은 접근 방법을 마련해야 했다. 물고기를 잡기 위해서는 그물이 필요하고, 새를 잡기 위해서는 엽총을 구해야 한다. 그런데 칸트는 현상 세계를 인식하는 방법론에만 골몰하였다. **물 자체 영역이 차원적인 만큼, 그에 따른 인식 수단도 달리해서 마련해야 했는데, 일률적으로 적용하다 보니 파악할 수 없는 영역이 두드러지고 말았다.**

"플라톤은 선분의 비유를 통해 인간이 알 수 있는 세계를 크게 가시계(감각 세계)와 가지계(사유 세계)라는 두 영역으로 구분했다. 가시 세계에서의 앎은 '감각'이고, 가지 세계에서의 앎은 '인식'이다. 여기서 감각적 인식으로 그은 선분(그림자 영역과 개별 존재자 영역)은 그렇다손 치더라도, 가지계에서 그은 선분인 '오성적 인식'과 '이성적 통찰'은 모두 사유를 통한 통찰이고 추론이다. 오성적 인식은 기하학에서처럼 가설에서 출발하여 추론을 통해 결론으로 나가기 때문에 학문적인 추구 방법이라고 할 수 있지만",[26] 문제는 후자에 있다. 가설에 대해 그것의 근원인 제일 원리를 소급해 올라간 이성적 통찰 수단은 차원의 강을 건너야 하는 교통(인식) 수단으로서 적합하지 않다. 이미 지적한 대로, 감각적 앎과 사유적 인식에 의식(본질)을 통한 직관적 방법을 더해야 했다. 하지만 칸트는 선배 철학자가 활용한 인식 수단 이외에 더 보탠 것이 없다. 그러니까 플라톤의 이데아도 칸트의 물 자체도 차원이 다른 존재자로서 자리매김하지 못하였고, 삼라만상을 있게 한 궁극적 실재다운 구실을 할 수 없었다.[27]

---

26) 위의 책, p.44.

27) "시대와 장소를 넘어 궁극적 존재에 닿고자 하는 모든 이는 어쩔 수 없이 인간 사유의 유일한 도구인 언어의 한계에 닿을 수밖에 없었다(『지적 대화를 위한 넓고 얕은 지식』, 앞의 책, p.539)." 그 이유는 사유와 감각을 통한 인식 수단의 적합성 여부에 있었음.

이에 반해, 에크하르트는 차원적으로 구분한 形而上과 形而下적 세계와 실재 경계를 허물고, 神과 자아의 일체성을 인식하려고 노력한 철학자이다. "神은 모든 것이며, 하나이다." 이유로서 그는 "본체로부터의 창조"와 유사한 논리를 폈다. "神은 피조물이 존재를 가지는 한 피조물 안에 있지만, 그런데도 그것들 너머에 있다."[28] "모든 사물은 서로 분리된 개별적 실체로 존재하는 것이 아니다. 각 개체에서 실체의 자리는 비어 있다. 그리고 비어 있음으로 인해 모든 사물은 자신 이외의 다른 모든 사물과 하나이다. 모든 사물이 서로 하나가 되는 그 지점이 바로 모든 사물이 神과 하나인 그 지점이다."[29] 에크하르트는 분명 차원이 다른 形而上과 形而下의 경계를 허물고 합일점을 찾은 神과의 일치 가능성을 튼 철학자이다. "모든 존재가 오로지 유일한 一者인 神에 의존하는 존재이고, 결국 神의 충만한 존재로부터 유출된 존재인 것을 밝힌다. 인간은 존재의 근본인 영혼의 핵에 있어서는 神과 다르지 않고, 따라서 神과 직접 소통하며, 神과 하나 되는 신비 체험이 가능하다고 보았다."[30] 그런 소통, 체험, 합일 가능성을 한 마디로 말하면, 천지 만물이 차원이 다른 하나님의 몸 된 본체로부터 창조되어서이다. 그처럼 당위적인 이유를 밝혀야 했고, 밝히기 위해서는 창조 역사를 당위 근거로 제시해야 했다. 그런 과정 없이 합일할 수 있다고 주장하니까 비약이 있게 되어 보편적인 기독교 신앙에 반한 이단 사상으로 내몰렸다. 하지만 창조된 사실을 대입하고 보면 세운 명제가 정확하게 확인된다.

---

28) 위의 책, p.182.

29) 위의 책, p.183.

30) 위의 책, p.191.

"내가 神을 바라보는 시선이 곧 神이 나를 바라보는 바로 그 시선
이다. 나의 시선과 神의 시선은 하나의 시선이며, 하나의 봄이고,
하나의 인식이고, 하나의 사랑이다."[31]

곧, 神의 의식과 인간의 의식이 일치된 신인 합일 의식이다. 어떻게 해
서 이런 경지 이룸이 가능한가? 우리가 하나님의 몸 된 본체로부터 창조
되어서이고 창조 뜻, 창조 의지, 창조 본성이 우리의 존재 의식과 본성 속
에 반영되어 있어서이다. 우주의 마음이 내 마음이고, 내 마음이 곧 우주
의 마음임에, 동양적인 사유나 서양적인 사유나 창조 본체를 교감한 인식
방식은 같다. 차원 밖에 있는 초월적인 존재가 차원 안에 있는 존재와 함
께하고 종국에는 합일해서 하나 될 수 있는 것은, 하나님의 본체가 이행해
서 창조된 세계 안에 거한 본체의 내재성에 있다. 가지만 드러났다고 해서
나무에 뿌리가 없는 것은 아니다. 가지와 뿌리가 나무를 구성한 필수 요소
인 한 함께하는 현재성이다. 동시 존재성이다. 그래서 가지는 뿌리가 존재
한 상태를 나타내고, 현상계는 본체계가 존재한 실상을 나타내는 근거가
된다. 바다 표면은 파도가 일고 요동쳐도 바다 밑은 변함없이 고요할 뿐
이다. 바다 밑이 요동치지 않는다고 해서 존재하지 않은 것은 아니다. 집
채같이 이는 파도의 밑바닥에서 실시간으로 함께 존재한다. 구약 시대의
하나님이 그러하고, 신약 시대의 하나님이 그러하며, 오늘날 강림하신 보
혜사 하나님도 그러하다. 역사 방식은 시대마다 달랐고, 화신된 모습이지
만, 하나님의 권능과 신격과 본성은 변한 것이 없다. 그 하나님이 가로막
힌 절대성, 초월성, 차원성의 벽을 뚫고 오늘날 이 땅에 강림하셨다. 그것

---

31) 위의 책, p.191.

도 궁극적 실재=形而上學적인 본체=차원적인 존재자로서 가로 놓인 일체 장벽을 허물었다. 차원적인 구분을 명확히 하고 일치시켰다. 그렇게 한 뜻과 이유가 어디에 있다고 생각하는가? 의도한 목적을 인류가 가늠하고 헤아릴 수 있어야 한다. 인류를 어두운 무명의 동굴로부터 탈출시켜 동굴 밖 밝은 빛의 세계로 인도하고자 한 인류 사랑과 구원 뜻을 깨달아야 하리라.

3. 존재 역할

직장에 관리자가 부임하면 조직체에 변화를 일으키기 위해 지도력을 발휘한다. 그것이 부원과는 다른 관리자로서의 존재 역할이다. 세계는 소이연과 소당연, 形而上과 形而下, 본체와 현상으로 나뉘고 구분된 만큼, 궁극적 실재는 차원이 다른 존재답게 주어진 **"존재 역할"**도 차원적일 수밖에 없다. 차원 안에 속한 우리는 할 수 없지만, 초월한 존재자는 할 수 있고, 우리는 가질 수 없지만, 본체자는 갖추고 있는 것, 그것을 창조주인 하나님과 피조물인 인간과의 차이로서 빗댈 것은 아니다. 궁극적 실재는 形而上學적인 존재인 만큼이나 선현들도 실상을 추적하고 규명하는 과정에서 창조적인 역할과 권능을 기대하였고, 인식하였고, 당위 조건으로서 부여하였다. 그것을 정확하게 꼬집어 하나님과 같은 역할로서 명시한 것은 아니다. 하지만 道로부터 삼생 만물을 낳고, 태극으로부터 만물이 화생했다는 것은 결국 그 말이 그 말이다. **"궁극적 실재"**에 대해 창조적인 지위와 역할을 인정한 형태이다. 그래서 이 연구도 **궁극적 실재=形而上學적 본체 =하나님의 몸 된 창조 본체**라고 결론지었다. 세상 지식으로 보면 창조주와 연결된 고리를 찾을 수 없지만, 본의적으로 보면 道, 태극과 직결된다. 그런 창조 본체로서의 연결고리가 천지 사방으로 펼쳐져 있다. 아리스토 텔레스는 말하길, 세계적 존재는 반드시 4원인인 형상인, 질료인, 작용인, 목적인에 의해 구성된다고 하였다. 또한, 이것은 창조를 위한 필수 조건이 기도 하다. 그것이 차원 안에서는 4원인으로 존재하지만, 차원 밖의 궁극 적 실재는 모두 갖춘 통합자로 존재한다. 그리해야 창조적 역할과 권능을 발휘할 수 있다. 창조된 존재는 4원인으로 구성된 존재이고, 창조를 실현 한 존재는 4원인을 하나로 한 통합자이다. 따라서 아리스토텔레스가 말한 4원인은 궁극적 존재가 아니다. 이처럼 선현들이 궁극적 실재로서 기대되 는 핵심 된 창조 역할을 수박 겉핥기식으로 넘어간 것은 하나님이 선천 하 늘에서 본체를 드러내지 못했고, 창조된 본의를 밝히지 못해서이다. 하지 만 창조된 본의를 가닥 잡고 보면 궁극적 실재가 차원적 존재로서 이룬 창 조 역할을 확인할 수 있다. 미비한 조건 탓에 완성된 존재자로서 구성되지 못했던 것이므로, 때가 되어 조건만 갖추면 누구라도 궁극적 실재가 하나 님의 창조 본체를 진리적으로 인식한 것이고, 그렇게 해서 완성된 모습이 창조주 하나님이란 사실을 확인할 수 있다.

그렇다면 천지는 정말 어떤 과정을 거쳐 하나님의 몸 된 본체로부터 창 조되었고, 실현한 창조 원리와 본질은 과연 무엇인가? 하나님이 천지 창조 역사를 실현한 핵심 된 원리란 바로 사랑을 다한 뜻의 본질화와, 본질의 뜻화 과정으로 요약된다. 몸 된 본질이 뜻의 의지 작용으로 이행, 변화, 형 성, 결정되었다. 이것이 하나님이 천지 만물을 어떻게 창조하였는가에 관 한 대 창조 원리의 정답이다. 하나님의 창조 뜻이 몸 된 본질을 의지로써 변화시켜 구조화, 시스템화, 특성화했다. 그래서 창조 역사는 한 몸인 하나님의 본체와 하나인 하나님의 창조 뜻을 첫 시발로 한 탓에, 창조를 이룬 바탕 근원도 하나이고, 창조를 이룬 원리와 법칙도 하나이다. 아무리 만물이 다양하고 헤아릴 수 없더라도, "각 사물의 본질은 필연적으로 하나이다."[32] 하나는 창조 본체이고, 그로부터 발현한 다양함과 무수함은 창조된 결과 모습이다. 그리고 이 같은 과정을 통해 알 수 있는 창조 역사의 진정한 본질이 피조체인 우리 입장에서는 처음에는 없었는데 존재하게 되었으므로 새로운 것이지만, 하나님으로서는 몸 된 본체의 이행인 탓에 재현(닮음)이 된다. 하나님도 아무것도 없는 無로부터 전혀 새로운 것을 창조하는 것은 불가능하다. 나무를 이식시키는 것처럼 하나님은 자체 본체를 근거로 만물화시켰다. 또 한 가지 사실로서 창조 역사는 태초에 완성되었고, 완료된 역사이다. 그런데도 우리가 나날이 새로움을 더하고 새로운 역사를 창조할 수 있는 것은 일체를 부족함 없이 갖춘 통합 본체의 생성 역사 탓이다. 그런데도 이 같은 창조 본의에 무지한 탓에 선천의 지성들이 심대한 착각에 빠졌다. "만물은 과거가 아니라 바로 이 순간 神에 의해 창조된다. 매 순간 창조되고 있다는 계속적 창조론 주장이 그러하다. 존재자는 언제나 생성되며, 언제나 탄생한 것이고, 또 항상 탄생하고 있다(에크하르트)."[33] 그것은 말 그대로 바탕을 이룬 통합 본체로부터의 생성이며, 전혀 새로운 매 순간마다의 창조가 아니다. 이것을 인류는 확실하게 분별해서 이해해야 한다. 생겨난 것 일체는 창조의 有함 본질인 바탕 본체로부터의 발현이다. 있는 것을 근거로 어떻게 다시 있게 할 것인가에 역점을 둔 것이 하나님의 몸 된 본체를 이전(이행)시킨 방법이며, 닮은꼴의 재현 방식

---

32) 『실체의 연구』, 앞의 책, p.76.
33) 위의 책, p.179.

이다. 부모가 있어 자식을 잉태할 수 있는 것처럼, 하나님이 어떻게 하나님 자신을 꼭 닮은 제2의 존재(자녀)를 재현해서 보존하고 지속할 수 있을 것인가 하는 뜻을 구현한 것이 창조 원리의 메커니즘화, 구조화, 법칙화, 시스템화 과정이다. 이런 창조 역사 본의를 이 연구가 '이행 창조'와 '화현 창조'로서 규정하였다.

그렇다면 본의에 반한 진화론의 경우 도대체 무엇을 잘못 판단한 것인가? 가장 엄밀한 창조 원리인 '결정성 법칙'을 어겼다. 창조 역사가 완료된 세계 안에서는 더 이상 새로운 창조가 없다. 그런데도 진화 메커니즘은 변화를 통해서는 새로운 종의 탄생이 불가능한 것인데, 가능하다고 착각하였다. 반대로 선현 중에서는 본의에 근접한 인식도 있다. 단지 세계적인 여건상 미완의 창조 인식에 그쳐서일 뿐…… 지적한다면, 플라톤의 이데아론은 다양한 측면에서 해석할 여지가 분분한 인류 지성사의 모판인 것이 확실하다. 그래서 그의 이데아론을 궁극적 존재의 창조적 역할 기대 측면에서 다시 살핀다면, 의미 있는 관점을 확인할 수 있다. 즉, "궁극적 의미의 존재는 보편적 이데아이고, 현상 세계의 개별자들은 이데아의 모상"[34]이라고 한 대비가 그것이다. 통상적 이해로서는 이데아=본체, 현상=그림자가 되지만, 창조적 측면에서는 모상이 된다. 모체로서의 이데아는 이 연구가 언급한 대로 궁극적 실재의 形而上學적 존재자로서 요구한 핵심 역할이다. 그 진의가 바로 모상인 것은 본체적으로 뭇 개별자를 낳은 창조적 역할이고, 유전적 닮음을 재현한 모체란 뜻이다. 즉, '본뜸 창조'에 근접했다. 현상 세계의 당위적인 존재 근거로서 차원 밖의 이데아를 근원으로 상정한 상태이다. 진화론이 현상 세계 자체에서 모종의 근원을 찾

---

34) 위의 책, p.59.

은 것과 대비된다. 이것은 플라톤이 연결한 보편적 이데아=원형이고, 개별적 사물=모상이란 등식을 통해 재차 확인할 수 있다. "이데아는 진리의 원천인 동시에 가변적인 존재자의 존재 원인이다. 세계의 가변적 존재자는 바로 불변적 존재자의 참여(분유)로 존재한다. 절대적인 존재자에 의존해서 존재하는 세계적 존재자는 순수한 존재자가 아니다. 그렇다면? 이데아라는 완전한 실재, 완전한 원형에 의존하며, 그것을 닮은 것이다."[35] 문제는 창조된 역사 과정을 뺀 상태로 원형과 모상과의 관계를 설명하려고 하니까 관련성을 명확하게 드러내지 못한 상태이지만, 완전한 원형에 의존해서 원형을 닮았다고 한 것은 이데아가 궁극적인 근원자(모체)로서 이룬 창조 역할 말고는 달리 없다. 창조 본의에 근접한 사실상의 본의 인식이다. 즉, "현상 세계의 다수 개별적 사물은 보편적 이데아계에 참여함으로써 특정 모습의 이데아를 닮은 사물이 된다. 개별 사물은 이데아의 참여를 통해 이데아와의 공존, 공동성을 띤다."[36] 참여를 통한 창조 본의 인식, 이것은 하나님의 몸 된 "본체로부터의 창조" 역할을 확신한 인식 상태이다. 창조든 유전이든 모체가 지닌 본질이 관여한 것은 동일하다.

토마스 아퀴나스는 아우구스티누스가 제기한 "無로부터의 창조"설을 계승한 신학자이지만, 그가 펼친 창조설의 세부적인 내용을 살펴보면, 본의에 근접한 인식을 엿볼 수 있다. 그는 神과 피조물 사이의 관계를 존재의 유비성을 통해 설명하였다. '유비성'의 사전적 정의는 비례적 관계의 닮음이다. 피조물은 神으로부터 존새를 받는 순간 창조되고, 존재하게 된

---

35) 「토마스 아퀴나스의 분유 개념을 통해 바라본 신의 속성」, 정현덕 저, 서강대학교 신학대학원, 철학, 석사, 2017, p.5.

36) 위의 책, p.49.

다. 즉, 神은 피조물에 자신의 존재를 수여하며, 피조물은 神의 존재를 받는다. 여기서 神이 피조물에 자신의 존재를 수여했다는 말은 몸 된 본체를 제공했다는 뜻이리라. 그런 수여 결과로 神과 피조물 사이에는 '유비 관계'가 성립한다. 神의 닮은꼴로 창조되었다. 그것도 비례적일 만큼, 한 치도 어긋남이 없게…… 아퀴나스는 이처럼 시작은 잘 전개했지만, 문제는 결론이 전혀 엉뚱했다. 수여되는 존재가 존재 자체인 神의 존재와 다르다고 구분함으로써 창조주와 피조체와의 차원적인 차이에 더 집중했다. 이런 잘못을 지적한 것이 둔스 스코투스의 '존재의 일의성' 주장이다. 만약, 우리가 존재의 공통된 개념을 발견할 수 없다면 우리는 자기 자신 이외의 어떤 것도 존재하는지를 알 수 없는 불가지론에 빠진다(근본, 근원을 찾을 수 없음. 단절됨="無로부터의 창조"가 지닌 한계성). 더 나아가 만일 神과 피조물 사이에 공통하는 일의적인 개념이 없다면 우리는 피조물을 통해 神의 존재 인식으로 나갈 수 없게 된다. 따라서 모든 존재는 그 안에 하나의 공통된 개념, 즉 존재의 일의성을 지니고 있다.[37] 여기서 공통된 일의성이란 바로 이행을 전제한 창조 본체 인식이다. 그리고 존재의 일의성, 그러니까 神과 피조물 사이를 일관되게 관통하는 그 무엇이 필요한바, 그런 조건을 충족하는 것이 곧 통체일태극과 각구일태극화이다(이일분수설). 하나님의 창조 본체가 피조물의 존재 본체로 이식된 것이다. 과연 어떤 설이 본의에 근접한 판단인가? 이런 측면에서 본다면 가톨릭 신학에서 아퀴나스가 차지한 위상과 권위는 재정립해야 한다. 과정은 옳았더라도 결론이 틀렸다면 일체의 의미가 상쇄되고 만다. 즉, 아퀴나스가 존재와 본질을 실재적으로 구별한 것은 차선의 인식이니, 존재를 단지 본질의 현

---

37) 「성 토마스 아퀴나스와 둔스 스코투스의 형이상학 비교」, 앞의 논문, p.84.

실성, 즉 본질 자신이 충만해지면 저절로 이루어지는 것, 그러니까 존재는 본질에 아무것도 첨가하지 못하며,[38] 그것을 본질과 형상적으로만 구별할 뿐, 실제로 본질과 다른 것이라고 본 것은 오히려 스코투스의 주장이 더 궁극적 인식에 가깝다. 그런데도 스코투스는 形而上學이 존재자의 궁극적인 근거로서의 존재를 망각하는 길로 접어들도록 이끈 장본인이라고 비판하면서[39] 아퀴나스를 드높이고 스코투스를 내친 것은 서양 신학이 선택한 불행으로서 서양 문명을 종말화시킨 원인이다. 언급한 에크하르트도 존재 자체인 神과 그 이외의 개별 존재자를 나누고 구분한 것은 차원 간의 관계 설정이다. 그리고 둘의 존재자는 질적으로 다른 것이 아니란 사실을 강조하기 위해 "창조란 근본적으로 존재의 전달이라고 하였다."[40] "無로부터의 창조"가 아닌 神 자체로부터의 창조란 사실을 애써 역설한 것이다. 그런데도 명백한 옳음을 부정하고 이단시한 것은 서양 기독교의 세계관적 몰락을 자초한 판단이다. 이후에 등장한 헤겔이란 철학자도 궁극적 실재의 존재적 창조 역할에 대해 동의했다는 점에서 진의를 재고해야 했다. 즉, 헤겔이 "세계와 역사는 절대정신의 변증법적 자기 전개"[41]라고 말한 것은 창조 이래의 생성 역사가 하나님의 몸 된 본체를 드러내고 창조 목적을 실현하기 위한 주재 역사였다는 뜻이다. **인류 역사가 추진된 결과로써 끝내 드러날 것은 하나님 본체의 완성된 모습이다.** 그 모습의 실체가 과연 무엇인가? 오늘날 이 땅에 강림하시어 본체를 드러낸 보혜사 진리의 성령

---

38) 창조는 이미 완료됨. 진실로 세상 가운데서 더 이상 창조는 없음. 모든 새로움은 이미 창조되어 잠재된 것이 나타난 것임(=현상의 발현).

39) 위의 논문, p.88.

40) 위의 책, pp. 175~176.

41) 위의 책, pp. 175~176.

이시다. 어떤 경우에도 절대정신=절대 본체=궁극적 실재란 사실에는 변함이 없다. 그래서 **세상 위에 존재한 모든 것은 절대정신의 자체 변신, 현현, 화현일 뿐이다.** 그런 의미에서 절대정신이란 바로 창조 과정의 첫 발현 지점인 하나님의 창조 뜻이다. 그 뜻이 차원의 경계를 넘나들면서 만상과 만법과 만 역사를 이루고, 주재하고, 일관하였다. 천지 만물이 하나인 하나님의 본체로부터 창조되었고, 세계 역사가 하나인 하나님의 창조 의지로 주관되었다는 사실을 확인할 수 있다. 삼라만상 일체가 하나님의 창조 본의 안에서 교감, 소통, 조화되고, 이 땅에 오신 지상 강림 본체 안에서 합일, 일치, 통합되리라.

제50장 존재적 본성

상(像)이 없는 물체는 거울에 비쳐도 볼 수 없다. 형(形)이 없는 존재는 사진을 찍어도 나타나지 않는다. 그처럼 상도 없고 형도 없는 하나님이 본체를 드러내어 이 땅에 강림하셨다고 함에, 인류는 그 대전환 역사로서의 지상 강림 본체와 모습을 어떻게 확인할 수 있는가? **"궁극의 존재적 본성"**을 깨달음으로서이다. 왜 하나님은 상이 없고 형이 없는 본체자인지 창조된 본의를 알면 그것을 명확하게 알 수 있다. 인류의 선현들은 궁극적 실재의 形而上學적 특성을 일관되게 일갈하였지만, 세인이 도무지 이해할 수 없는 문제를 남긴 것은 하나님을 이해할 수 없었던 것과 같다. 인간의 인식 체계에 포착되지 않은 차원적인 존재자를 더는 확인할 방법이 없었다. 하지만 그런 존재자의 形而上學적 특성이 창조로 인해 불가피했던 것이란 사실을 알면, **"궁극적 실재"**의 形而上學적 존재 본성을 명확히 할 수 있듯, 하나님의 차원적인 본체성도 확실하게 이해할 수 있다. 이전까지는 보아도 볼 수 없었고, 들어도 들을 수 없었으며, 만져도 감지할 수 없었지만, 열린 가르침을 받들어 깨우치면 상황이 달라진다. 그리고 그런 역사를 이루는데 하나님이 이 땅에 오시어 본체를 드러낸 '지상 강림 역사'가 있다. 왜 불교에서는 覺者들이 "자성의 궁극적 본체는 남도 없고 없어짐도 없다(無生 無滅)"[1]라고 했는가? 그것이 정말 허무 적멸한 결과 자리이

---

1) 『칸트와 불교』, 김진 저, 철학과 현실사, 2000, p.273.

고, 바탕 자리라서 그러한가? 生하고 滅하게 한 창조의 바탕 자리라서 그러하다. 자성의 본체가 거울이란 인간의 인식 체계 안에서 포착되기로는 무생 무멸한 것처럼 보였지만, 창조란 존재 본성 측면에서 보면 궁극적 본성으로서의 당위 이유가 확연해진다. 무생 무멸하게 한 자성의 본체는 다름 아닌 形而上學적인 창조 본체이니, 이 같은 특성과 조건과 바탕을 수렴해서 모습을 완성한 분이 이 땅에 강림하신 보혜사 하나님이시다. 불생 불멸한 자성체는 세상 가운데서 존재할 수 없다. 하지만 소리가 거울에 비치지 않는다고 해서 소리가 세상 가운데 존재하지 않는 것은 아니다. 그런데도 지난날은 거울 같은 판단 기준과 인식 방법으로 세상에는 불멸한 존재와 영원한 하나님이 존재하지 않는다고 공언한 자들이 있었다. 그런데 지상 강림 역사 시대가 도래한 지금은 조건이 달라졌다. 불생 불멸한 그 무엇이라고 했을 때, 그런 초월적인 존재 조건을 갖춘 분은 절대적인 하나님밖에 없다. 만상, 만물, 만생은 창조된 탓에 필멸할 수밖에 없지만, 하나님은 그렇지 않다. 천지 만물이 창조되기 이전부터 존재하였다. 그렇다면 오히려 창조된 존재 특성과 달리 불생불멸 특성은 하나님의 창조 본성을 확실하게 드러낸다. 생멸 법칙을 초월한 것, 그래서 하나님은 形而上의 본체자이시다. 形而上이라는 말은 본래부터 形象이 없다는 의미이며, 따라서 어떠한 물질적 속성도 없음, 즉 소리도 없고, 냄새도 없고(無聲無臭), 모양도 없고(無形象), 정해진 자리도 없고(無方所), 조작도 없음(無造作)을 뜻한다. 동양의 선현들이 일갈한 理가 形而上인 이유에 대한 밝힘이다. 당위 이유인즉, 어떤 형상이 있고 목적적인 속성이 있다면 物과 같은 것이 되어 物의 원리가 될 수 없을 것이기 때문이다.[2] 그것이 理의 形而上學적 존재

---

2) 「주희의 이일분수 연구」, 앞의 논문, p.7.

본성이고 근거라고 한바, 그렇게 밝힌 존재 이유도 사실상 핵심 된 초점은 비켜 갔다. 본의적인 관점에서 보면 形而上이 형상과 물질적인 속성을 갖지 않은 이유로서, 갖고 있으면 그것과 같아 物을 있게 한 원리가 될 수 없는 것이기 이전에, 형상과 물질적 속성을 가진 것 일체는 바로 없었던 것이 창조되었기 때문이다. 창조된 탓에 창조된 물질적 속성과 그렇게 이룬 形而上적 본성(창조 본성)이 구분된다. 창조되었기 때문에 존재한 것은 형과 물질을 갖추고 있지만, 창조를 이룬 바탕 본성에는 그것이 없다. 심지어 조작이 없다고 한 것은 창조 이전인 바탕 본체의 고요 상태에 대한 인식이다. 생성, 운동, 작용이 없는 정적인 본성 상태이다. 그런데 왜 선현들은 이 같은 본의 초점을 피하고 비켜 갔는가 하면, 창조된 사실을 논거를 두기 위해서는 거대한 작용 메커니즘을 밝혀야 했는데, 때가 이르지 못했기 때문에 문제의 핵심을 피해서 갔다.[3]

다음으로 궁극의 존재자가 가진 形而上적 특성에는 근원 된 본성이 있다. 세계의 근원, 또는 만상의 진원에 대해 궁금하게 여기고 궁구해서 밝히고자 한 노력은 예나 지금이나 인류 숙원의 정신적 과제로서 궁극적 실재와 존재한 본성을 밝히는 문제와 직결된다. 불교에서는 우주 만법의 본체를 법신(法身)이라고 일컫고, 법신을 얻는 것을 해탈의 목적으로 삼았는바, 그렇게 깨닫고자 한 우주 만법의 본체가 곧 천지 만물을 한 이치로 있게 한 천지 창조의 바탕 근원이다. 그 궁극적인 창조 본성을 불교에서 법신으로 표현한 것은 오늘날 진리의 성령으로서 본체를 드러낸 보혜사 하나님을 불교적 안목으로 인식한 것이다. 때가 되어 만법의 본체가 완성되었을 때만 깨달을 수 있는 궁극적인 앎이고, 창조의 근원에 도달했을 때

---

3) 아우구스티누스, 아퀴나스, 기독교 신학자, 철학자, 동양의 주자학자 등이 모두 그러함.

만 확인할 수 있는 인식이다. 즉, **우주 만법의 본체=궁극적 실재=절대 空 =창조의 근원 본체이다.** 인류가 궁구한 만상의 근원 조건을 충족시킨 창조의 대 근원은 참으로 차원적이며, 절대적이다. 그런데도 지난날은 이 같은 궁극적 실재의 창조 본성을 알지 못한 탓에 세계 가운데서 가장 일차적, 본질적, 궁극적 요소가 무엇인가를 분별할 수 없었다. 즉, 유물론에서는 물질을 정신에 대해 우선적이라고 했지만, 물질은 정신을 있게 한 궁극적 근원이 아니다. 지류는 강의 근원이 아니다. 굳이 근원을 따진다면 아예 지상에서는 찾을 수 없는 대기 현상에서 원인을 찾을 수 있다. 마찬가지로 지성들이 찾은 궁극적 근원은 세상 안에는 없다. 세상 밖에 있다. 그렇다면? 만물의 궁극적 근원은 바로 창조에 있다. 그래서 원효는 "한마음이 존재의 근원적 실상이라고 하였지만(일명 唯心論)",[4] 한마음 그것이 있다, 없다(有, 無)의 대립을 넘어선 것이라고 해서 유심론과 유물론 간의 대립을 넘어선 궁극처는 아니다. 존재의 근원 된 실상은 반드시 창조 역사를 발현시킨 바탕체로서 조건을 갖추어야 한다. 그런데 원효의 한마음 사상에는 그런 근거 자체가 전혀 없다. 그것이 하나님의 창조 본의에 무지한 선천 覺者의 한계성 인식이다. 존재의 근원적 실상=우주 만법의 본체=궁극처=창조처다운 조건을 겸비해야 한다. 왜 불교에서는 "제법이 空하다(諸法空=眞空妙有)라고 하였는가? 어떤 물질이든지 실상은 물질 아닌 비물질, 곧 空한 것인가?"[5] 궁극적 본성, 곧 창조를 있게 한 본체 상태를 말한 것이다. 궁극적 실재는 파고들면 종국에 창조의 근원성, 곧 하나님의 창조 본성과 뿌리가 맞닿아 있다.

---

4) 『동양 교육고전의 이해』, 김효선 외 2인 공저, 이화여자대학교 출판부, 1988, p.156.

5) 『정통선의 향훈(청화 선사 법어집 1)』, 성륜불서간행회 편찬, 성륜각, 2003, p.305.

이처럼 궁극적 실재의 形而上學적 특성을 밝혔지만, 무형 무상이란 형상적 조건만으로 궁극적 실재의 창조주다운 본성과 직결시키기는 어렵다. 모르는 사람을 만나면 얼굴만 보아서는 어떤 사람인지 알 수 없다. 성격을 파악하고 여러 상황에서의 행동도 지켜보아야 하며, 대화를 통해 가치관도 살펴야 한다. 궁극적 실재가 갖춘 본성도 마찬가지이다. 참 본성은 세상과는 차원이 다른 본체로서 지닌 초월적인 특성을 파악했을 때 판가름 난다. 그리고 그것은 본체가 생성을 통해 도달한 궁극적 결과를 통해 확인할 수 있다. 도식화된 一과 多와의 관계에 있어서 一卽多 多卽一을 성립시키는 초월적 인식, 초월적 논리, 초월적 본성이 그것이다. 一은 창조로 인해 펼쳐진 多를 온전히 구속하고 주재하고 일관할 수 있다. 그 전적인 가능성은 생성된 것 일체가 하나님의 몸 된 본체 안의 작용이고, 본체의 化이며, 본체에 바탕이 되어서이다. **一은 多를 있게 한 본체 뿌리이며, 多는 一로부터 化한 창조 역사의 화려한 꽃이다.** 그래서 창조 이래 아무리 수많은 세월이 흘렀어도 그렇게 생성한 일체 과정을 제한 본체 자체는 그 즉시 一이며, 창조 본체답게 생성한 것 일체를 하나로 결집한다. 언급한바 "一卽多 多卽一이다(화엄)". 삼세는 하나로 존재하며, 하나로 인식될 뿐이다. 이것이 하나인 창조 본체가 지닌 생성의 비밀이다. 하나가 분열하여 열이 되었고, 그 이상이 되었지만, 결국은 하나이다. 多를 회귀시키고, 꿰뚫고, 일관하는 것이 궁극적 존재의 본질적 특성이다. 그래서 一者(창조주 하나님)는 창조된 삼라만상에 대해 근원성, 바탕성, 일관성, 주재성, 구속성과 함께 통합적인 본성을 함께 갖추었다. 모든 측면에서 창조된 피조체의 존재 조건을 뒷받침하면서 요구된 존재 본성을 충족시킨다. "多者 내부와 多者 너머의 一者를 꿰뚫어 보면서 생성한 다양성을 단일한 원리로 설명할 수 있고",[6] 그것을 결정한 법칙으로 뒷받침한다. 창조 역사로 펼쳐진 일체의 다양성을 같은 본성으로 환원한다. "수백 권의 신성한 경전들이(힌두교) 브라만과 아트만이 같다는 것을 확인시킨 것처럼",[7] 다양하게 된 것 일체가 결국 같다는 것은 바탕이 된 본체가 동일한 탓이다. 一者는 결국 하나이다. "모든 부처님이 일절(一切)을 관조하심에 삼세가 空하여 形相이 없다."[8] 삼세를 일으킨(생성) 본성 자리에 이르면 정작 삼세를 일으킨 자의 흔적이 없다. 왜 그러한가? 바탕이 된 근원이 생성 질서 밖에 있어서이다. 그래서 우리는 볼 수 없더라도 온갖 생성의 근원자인 부처님(창조주)은 앉아서도 천리만리를 내다보면서 일체를 관조함에, 그것이 창조주(부처님)의 눈이고, 본체자의 권능이다. **만물은 생성으로 장엄한 꽃이요, 창조가 결실지은 열매이다.** "一卽三이고 三卽一이다. 空諦, 暇諦, 中諦, 三諦가 원융(圓融)하다."[9] 하나인 창조 본체가 일으킨 생성의 결과 작용이다. 왜 창조된 세계가 다양한 것인지 알 수 있는 당위 근거이다. 하나님이 뜻을 가지고 발현한 몸 된 본체의 본성 규정 탓이다. 하나님이 뜻하고 계획해서 命하심으로써 그렇게 법칙화되고 구조화되고 시스템화되어 엄밀한 질서로 생성되었다.

이 같은 생성 운동이 얼마나 유지되고 지속될 수 있을 것 같은가? 하나님의 창조 본체가 불멸한 것처럼, 그 같은 차원 본체를 재현한 생성 운동역시 그러하다. 세계는 영원한가, 단멸한가? 단멸과 종말도 결국은 창조

---

6) 『영원의 철학』, 앞의 책, p.28.

7) 위의 책, p.29.

8) 『불교의 교육 사상』, 박선영 저, 동화출판 공사, 1981, p.98.

9) 위의 책, p.99.

본성을 구현한 생성 메커니즘의 일환일진대, 영원한 단멸과 영원한 종말은 있을 수 없다. 滅은 없나니, 존재의 길은 오직 하나, 끝없는 생성만 있을 뿐이다. "과학적 사실을 근거로 우주가 영원하지 않다고 보는 것은 대우주 역시 창조 본질의 뒷받침 안에 있다는 사실을 알지 못해서이다. 당연히 우주도 어느 시점에서는 생겨난 것이고, 우주에는 힘, 열에너지와 원자에너지 등으로 가득 차 있어서, 그들은 어떤 강력한 힘이 우주를 만들어 낸 것이 분명한 것이라고 추론하였고",[10] 생겨났기 때문에 때가 되면 언젠가는 소멸할 것이다. 하지만 그들은 어떤 시점에서 우주를 탄생시킨 강력한 힘이 생성된 것인지 모른 탓에 소멸의 끝도 알 수 없다. 그 한계성의 도달 지점에 바로 우주가 영원할 수 없다고 여긴 단멸 인식이 맞닿아 있다. 하지만 그렇게 우주를 탄생시킨 강력한 최초 에너지란 어디서 발현한 것인가? 하나님이 우주를 창조하기 위해 몸 된 본체를 이행한 통합 본체, 태극 본체, 창조 본체이다. 그렇게 바탕이 된 존재 본성으로부터 강력한 우주의 힘, 열에너지, 원자에너지가 한꺼번에 발현한 탓에 통합성 본체부터 분열하는 에너지를 공급받았고, 분열한 에너지는 소멸한 것이 아니고, 분열하는 작용을 통해 고스란히 축적되었다. 생성은 결국 본체를 화현시킨 작용으로써 본체는 영원히 有함 그 자체이다. 가감도 증감도 없이 불변한다. 그렇다고 현상계 안에서의 가감, 증감, 생멸 현상이 환이고 신기루란 말은 절대 아니다. 바로 창조를 있게 한 바탕 본체와 대비해서 그렇다는 뜻이다. 그런데 이것을 지금까지는 연관 짓지 못한 탓에 양보할 수 없는 대립 관점이 발생했다. "이오니아학파의 헤라클레이토스는 우주 만물이 반드시 생성 소멸한다고 하였고, 엘레아학파의 파르메니데스는 존재란 불변하는

---

10) 『창조설계의 비밀』, 앞의 책, p.354.

항구적 一者"[11]라고 한 것이 그것이다. 서로가 자신의 주장이 옳다고 생각한 논리를 펼친 것이지만, 서로가 궁극적 실재를 바라본 관점에 차이가 있는 바에는 옳고 그름을 판가름할 수 없다. 각자의 관점에서는 각자가 펼친 주장이 옳다. 그것이 가능한 것은 생성(현상)과 존재(본체), 形而上과 形而下를 창조를 매개로 연결했을 때이다. 그리하면 대립한 관점이 조화되고, 창조 본체 안에서 융화될 수 있다. 하나님의 열린 가르침을 받들면 실감할 수 있다. 하나님은 영원한 본체자인 동시에 영원한 생성자이시니, 생성의 지배 아래 있는 우리 처지에서는 생자 필멸하는 것이 법칙이기 때문에 영원한 하나님이 존재하는지 긴가민가하고, 심지어는 그런 존재 사실을 정면으로 부정하기도 하지만, 하나님은 아예 생멸 법칙의 바깥에 존재한 탓에 굳이 生과 滅을 분별할 필요가 없다.

그래서 니체는 영감을 얻어 만상이 영원히 회귀한다는 사실을 깨달았다.

> "모든 것이 가고, 모든 것이 되돌아온다. 존재의 수레바퀴는 영원히 굴러간다. …… 존재의 수레바퀴는 영원히 스스로에 충실하다(영원회귀)."[12] "이 출입문을 보라. 난쟁이여, 이 출입문은 두 개의 얼굴을 가지고 있다. 두 개의 길이 여기서 합쳐지고 이어지며, 이 두 길을 끝까지 가본 사람은 아무도 없다. 뒤로 가는 이 긴 오솔길, 그 길은 영원으로 연결된다. 그리고 앞으로 가는 저 긴 오솔길, 그 길은 다른 쪽 영원으로 연결되어 있다."[13]

---

11) 『실체의 연구』, 앞의 책, p.31.

12) 『차라투스트라는 이렇게 말했다』, 니체 저, 강대석 역, 이문출판사, 1994, pp. 337~338.

13) 『실체의 연구』, 앞의 책, p.365.

그 출입문이 바로 창조문이고, 이로부터 나누어진 길, 곧 生과 滅의 길이 여기에서 합쳐지고 이어진다. 이 두 길을 끝까지 가본 사람은 아무도 없다. 본질의 문이요, 궁극의 문이며, 차원의 문이기 때문이다. 그리고 그 문으로 들어서고 보면 生의 길도 滅의 길도 사라져 버린다. 존재의 발자국, 생성의 흔적이 사라지나니, 그 길은 오직 하나이며, 하나인 문으로 출입한다. 뒤로 놓인 그 긴 오솔길과 앞으로 놓인 그 긴 오솔길이 연결되어 정면으로 충돌한다. 그리고 이 출입문에서 하나로 합쳐진다. 두 길의 놓인 방향은 다르지만, 결국은 다시 만난다. 그러니 난쟁이여, 그 길을 중단 없이 계속 걸어가 보라. 그리하면 확인할 수 있으리라. 모든 진리는 굽어 있고, 시간 자체가 원이란 사실을…… 그리고 그 출입문은 창조된 본질과 맞닿아 있어서 영원회귀하는 창조 본체 안에서 생성된 비밀을 미처 알아채지 못했다는 사실을……

따라서 우리는 죽음을 맞이한다고 해서 영원히 사는 삶이 불가능한 것이 아니다. 이미 우리는 모두 영원한 하나님의 본성 안에서 존재하였고, 불변한 하나님의 본성 안에서 다시 생명성을 회복할 수 있는 피조체로 존재한다. 바탕이 된 창조 세계의 有함 본질 자체가 그러하다. "성립한 원에서는 시작과 끝이 사라지는 것처럼, 이미 성립한(창조된) 원에서는 모든 것이 시작도 없고 끝도 없이 무한하게 반복한다. 직선, 그것은 일직선이지만 원을 본체로 한 창조 세계 안에서의 직선은 지닌 특성과 상관없이 구부러진다. 그래서 하나님의 몸 된 본체 인에서는 영원의 길도 구부러져 있다."[14] 영원회귀하는 구성체의 일부 직선으로서…… 滅하고 싶어도 滅할 수 없다. 첫 시작은 있었지만(창조), 완료된 창조 역사 탓에 본질적, 구조

---

14) 위의 책, p.367.

적으로 끝 선과 연결되어 버려 生과 滅이 한순간에 순환 운동으로 전환되어 영원히 사라져 버렸다. 그렇게 계획되고 구성되고 시스템화된 것이 하나님이 창조한 우주 운행의 생성 본질이다. 하나님이 지닌 불변한 본성의 창조적 구현 역사이다. 따라서 불변한 하나님으로부터 피조된 인간은 어떤 경우에도 창조된 결정 법칙을 초월한 초인이 될 수 없다. 이 점을 니체는 오판하였다. 인간 자체로서는 영원할 수 없나니, 영원한 실존자인 하나님의 차원적 본성에 의탁했을 때 비로소 영원할 수 있다. 그 모든 가능 조건을 하나님은 이미 태초에 창조 역사를 통해 분유, 수여, 유출, 이행, 화현시켰다. 그래서 하나님의 열린 가르침을 믿고 받들어 **하나님의 존재 본성과 교감하고 함께하면 아무리 초월적인 하나님이라도 일체가 되고 하나될 수 있다. 그것이 인류가 영원한 하나님과 함께함으로써 영생할 수 있는 보편적인 구원의 길이다.** 그 길은 결코 저 먼 하늘에 있는 것이 아니다. 이 순간 우리가 걷고 있는 존재의 길 앞에 가로 놓여 있나니, 그 길을 활짝 틔우기 위해 하나님이 보혜사 진리의 성령으로서 이 땅에 강림하셨다. 종말에 처한 인류 영혼을 보편적으로 구원하고, 영원한 삶과 세계를 빠짐없이 보장하기 위하여……

세계교육론 총서 목차

■ 약력

1957년 경남 진주 출생. 진주고등학교 졸업(47회). 경상대학교 사범대학 체육교육과 졸업. R.O.T.C.(19기) 임관. 서남대학교 교육 졸업. 1984년 3월 1일, 교직에 첫발을 내디딤. 2020년 8월 31일, 정년을 맞아 퇴임함. 자아와 세계에 대해 눈떴을 때부터 세상의 분파된 진리에 대해 의문을 품고 "길은 어디에 있는가"라는 명제 하나로 탐구의 길에 나서 현재까지 다수의 책을 저술함(총 45권).

■ 주요 논문 및 저서

『길을 위하여 1』(1985), 『길을 위하여 2』(1986), 『벗』(1987), 『길을 위하여 3』(1990), 『세계통합론』(1995), 『세계본질론』(1997), 『세계창조론 서설』(1998), 『세계유신론』(2000), 『작은 날개를 펴고』(2000), 『환경은 언제나 목마르다』(2002), 『자연이 살아가는 동안』(2003), 『세계섭리론』(2004), 『세계수행론』(2006), 「진로 의사 결정유형과 발달 수준과의 관계」(2006), 『가르침』(2008), 『세계도덕론』(2008), 『통합가치론』(2008), 『인간의 본성 탐구』(2009), 『선재우주론』(2009), 『수행의 완성도론』(2009), 『세계의 종말 선언』(2010), 『미륵탄강론』(2010), 『용화설법론』(2010), 『성령의 시대 개막』(2011), 『역사의 본질 탐구』(2012), 『세계의 섭리 역사』(2012), 『문명 역사의 본말』(2012), 『세계의 신적 본질』(2013), 『지상 강림 역사』(2014), 『인식적 신론』(2014), 『관념적 신론』(2015), 『존재적 신론』(2016), 『본질로부터의 창조』(2017), 『창조성론』(2017), 『창조의 대원동력』(2018), 『창조증거론(1, 2)』(2019), 『길을 가며 가르치며 생각하며』(2020), 『교육의 위대한 사명』(2021), 『교육의 위대한 원리』(2023), 『교육의 위대한 실행』(2023), 『교육의 위대한 지침』(2023), 『교육의 위대한 말씀(전편 1, 2)』(2023), 『교육의 위대한 말씀(후편 1)』(2024)

세계교육론 총서 제7권

교육의
위대한 말씀
후편 1
세계교육론 결론

초판인쇄 2024년 04월 30일
초판발행 2024년 04월 30일

지은이 염기식
펴낸이 채종준
펴낸곳 한국학술정보(주)
주 소 경기도 파주시 회동길 230(문발동)
전 화 031-908-3181(대표)
팩 스 031-908-3189
홈페이지 http://ebook.kstudy.com
E-mail 출판사업부 publish@kstudy.com
등 록 제일산-115호(2000.6.19)

ISBN 979-11-7217-224-4 93370